Romanistik in Rostock

Beiträge zum 600. Universitätsjubiläum

Herausgegeben von
Rafael Arnold, Albrecht Buschmann,
Steffi Morkötter und Stephanie Wodianka

Rostocker Studien zur Universitätsgeschichte Band 32
Rostock 2019

Bibliografische Information der Deutschen Nationalbibliothek

Die Deutsche Nationalbibliothek verzeichnet diese Publikation
in der Deutschen Nationalbibliografie; detaillierte bibliografische Daten sind im Internet
über www.dnb.de abrufbar.

Herausgeber: Der Rektor der Universität Rostock
Redaktion: Kersten Krüger
Druckvorlage: Patrick Hilmer
Einband: IT- und Medienzentrum der Universität Rostock

Herstellung und Verlag:
BoD - Books on Demand, Norderstedt
ISBN 978-3-7504-1864-6
Copyright 2019 by Universität Rostock

Inhalt

Vorwort

2019 jährt sich die Gründung der Universität Rostock zum 600. Mal. Mit Blick auf diesen runden Geburtstag lud das Institut für Romanistik im Dezember 2017 eine Wissenschaftlerin und drei Wissenschaftler ein, sich mit Objekten, Konzepten oder Akteuren zu beschäftigen, die exemplarisch für die Geschichte des Faches in Rostock und für die derzeit dort vertretenen Arbeitsfelder – französische, spanische und italienische Literaturwissenschaft, Sprachwissenschaft sowie Fremdsprachendidaktik – stehen sollten. Auf die Perspektive von außen antworteten die vier derzeit in Rostock lehrenden Fachvertreter, und das Resultat dieser sich überkreuzenden Blicke auf ganz unterschiedliche Etappen der Fachgeschichte findet sich in diesem Band versammelt, der als Festgabe des Instituts für Romanistik an die Universität im Jubiläumsjahr erscheint.

Den Zugang über besondere Objekte, im ersten Fall eine Handschrift von Christoph Kolumbus, die Michael Zeuske (Köln/Leipzig) und Albrecht Buschmann wählten. Denn unter den besonders wertvollen Beständen der Rostocker Universitätsbibliothek befindet sich auch ein Autograph des Genuesen in Diensten der Spanischen Krone, verfasst im Jahr 1502, im Verlauf seiner vierten und letzten Reise in die Karibik. Welche Bedeutung hat ein solches Autograph, wie kann man es – über 500 Jahre nachdem es zu Papier gebracht wurde – zum Sprechen bringen?

Kolumbus hatte mit seinen Fahrten die Möglichkeit einer regelmäßig schiffbaren Verbindung zwischen Europa und den Amerikas etabliert, einer Handelsroute, die den europäischen Mächten den Weg zur wirtschaftlichen Beherrschung des Globus ebnete. Im Zentrum der transatlantischen Wirtschaftskreisläufe stand, wie der zuletzt in Köln lehrende Historiker Michael Zeuske in seinem Beitrag zeigt, der Handel mit Sklaven, und das nicht erst zur Hochzeit der karibischen Plantagenwirtschaft im XVIII. und XIX. Jahrhundert, sondern schon im XIV. Jahrhundert und im Umfeld von Kolumbus. Michael Zeuske bettet die Denk- und Vorgehensweise des Admirals ein in die Geschichte des Sklavenhandels um 1500, die Denkmuster der Antike ebenso in sich trägt wie die Erfahrungen portugiesischer Afrika-Erkundungen, aber auch eine Antwort auf Zwang zur ökonomischen Rentabilität der Entdeckungsfahrten. In diesem Sinne zeichnet Zeuske das Bild eines Christoph Kolumbus, das ihn als einen der Gründerväter der *Atlantic Slavery* zeigt, womit er am Anfang der Geschichte eines ‚Kapitalismus menschlicher Körper' steht. Michael Zeuskes Artikel, der sich auf zahlreiche Buchpublikationen und Forschungsprojekte des Autors zur karibischen und Weltgeschichte der Sklaverei stützen kann, schreitet den weiten Horizont ab, der sich hinter der Rostocker Kolumbus-Handschrift auftut.

Der Beitrag des Literaturwissenschaftlers Albrecht Buschmann kon-
zentriert sich demgegenüber zunächst auf die Handschrift selbst, liefert eine
Übersetzung und diskutiert strittige Bedeutungen, bevor er in einem zweiten
Schritt die Bedingungen rekonstruiert, unter denen das Schriftstück – eine
Zahlungsanweisung, mit der wenig später in Sevilla Schulden beglichen wur-
den – seinerzeit vor der Küste des heutigen Honduras zu Papier gebracht wurde. Womit, ähnlich wie im Beitrag von Michael Zeuske, der Bogen in unsere
Gegenwart geschlagen ist: Die Kolumbus-Handschrift ist auch zu lesen als
frühes Dokument transatlantischen Kapitalverkehrs. Anschließend geht der
Autor der Frage nach, wie die Wahrnehmung der Figur Kolumbus seit seinem
Tod im Jahr 1506 immer wieder neu profiliert wurde; dieser wissensgeschicht-
liche Teil macht deutlich, dass es auch das Selbstbild der jeweiligen Erzähler
und Biographen, Politiker und Wissenschaftler ist, das sich über die Jahr-
hunderte höchst aufschlussreich in der Figur Kolumbus spiegelt. Wobei die
Antwort auf die Frage, wie Kolumbus Handschrift nach Rostock kam, mangels
Quellen offen bleiben muss; sicher ist nur, dass sie einer der Schätze der
Rostocker Hispanistik ist, deren Geschichte ebenfalls knapp nachgezeichnet
wird.

Mit einer der zentralen Figuren der romanistischen Fachgeschichte des
XIX. Jahrhundert befassen sich Alexander Teixeira Kalkhoff (derzeit Freiburg)
und Rafael Arnold. Als Fachmann für die institutionelle Geschichte des Faches
Romanistik im XIX. und frühen XX. Jahrhundert, die er bereits in seiner Dissertation (2010) anhand zahlreicher Dokumente und Archivalien erforscht hat,
widmet sich Alexander M. Teixeira Kalkhoff in seinem Beitrag *Der Mittelalterphilologe Karl Bartsch in Rostock* eingehend der Biographie und dem
akademischen Werdegang des Rostocker Professors. Besonders hebt er dessen
Modernität hervor, die sich für Alexander Kalkhoff nicht nur daran zeigt, dass
Bartsch die Lachmannsche textkritische Methode aus der germanistischen in
die romanistische Philologie transferierte und ihr damit starken Auftrieb ver-
lieh, sondern dass er sich auch auf vielen anderen Feldern universitärer und
wissenschaftlicher Tätigkeiten taktisch sehr geschickt zu verhalten wusste. So
ließ Bartsch etwa eigene Texte ins Französische übersetzen, nahm Kontakt zu
vielen Fachkollegen im In- und Ausland auf, zeigte sich also als ein versierter
Netzwerker, legte durch die Gründung des „germanistischen Seminars" an der
Universität Rostock den Grundstein für weitere Seminargründungen und
zeichnete des Weiteren auch für die Institutionalisierung eines Fachverbandes
verantwortlich. Kalkhoffs Beitrag liest sich folglich wie das *Making of* eines
modernen Wissenschaftsmanagers, der Forschung, philologische Praxis, universitäre Lehre, Hochschuldidaktik, Publikationen, Fachkorrespondenz und
Wissenschaftsorganisation äußerst geschickt zu verknüpfen versteht.

Einen anderen Zugang zur Figur Karl Bartsch und der Bedeutung von dessen Zeit als Professor in Rostock (1858–71) wählt der Sprachwissenschaftler Rafael Arnold. Obwohl Bartsch meist nur als Gründer des „germanistischen Seminars" von diesem Fach für sich in Anspruch genommen wird, spielte er de facto als Forscher auf dem Gebiet der romanischen Philologie sowie bei der Etablierung des Faches Romanistik in Rostock, die schließlich 1893 (Gründung des „romanisch-englischen Seminars") bzw. 1917 (Trennung der beiden Fächer) vollendet wurde, eine entscheidende Rolle als Wegbereiter. Rafael Arnold rückt vor allem die Rostocker Tätigkeiten Karl Bartschs auf romanistischem Fachgebiet in den Mittelpunkt. Zwar hatte Bartsch Chrestomathien für das Altprovenzalische und Altfranzösische, die bis ins XX. Jahrhundert viele Neuauflagen erfuhren, bereits vor seiner Berufung nach Rostock veröffentlicht, aber es folgten weitere Publikationen zur mittelalterlichen Galloromania auch während seiner Zeit in der Hansestadt. Hinzu kommen, wie Rafael Arnold betont, in diesen Jahren auch die Übersetzungstätigkeiten Karl Bartschs, der u.a. Dantes *Göttliche Komödie* 1877 ins Deutsche übertrug. Während seine Handbücher wie auch seine hochschuldidaktischen Überlegungen im Zusammenhang mit der Gründung von „Seminaren" für den inneruniversitären Alltag gedacht waren, zielte Bartsch mit seinen Übersetzungen darauf, die Kultur und Literatur der romanischen Völker beim gebildeten Publikum außerhalb der akademischen Welt bekannter zu machen. Schließlich thematisiert der Beitrag Karl Bartschs besondere Verbundenheit mit Rostock und Mecklenburg, die auch nach dessen Weggang nach Heidelberg noch lange andauerte; sie zeigt sich nicht zuletzt in einem Relief, das in Schwerin am Reiterdenkmal des Großherzogs Friedrich Franz II. in Erinnerung an die Eröffnung des Universitätshauptgebäudes im Jahr 1870 angebracht ist und Bartsch im Kreise seiner Kollegen verewigt. Mit seinem Beitrag plädiert Arnold für die Anerkennung Karl Bartschs als zentraler Gründungsfigur der Rostocker Romanistik.

Eng mit der Geschichte der Philologien verbunden ist auch die Geschichte derer, die an einer Universität für das Unterrichten der Fremdsprachen verantwortlich waren. Was heute Fremdsprachenlektoren leisten, wurde in früheren Zeiten von sogenannten 'Sprachmeistern' erbracht, denen sich der Beitrag des Fachdidaktikers Marcus Reinfried (Jena) widmet. Wann und wie kamen die ersten Sprachmeister an die Universität Rostock? Wie nahm dort die Entwicklung des Fremdsprachenunterrichts ihren Lauf? Ausgehend von einem Einblick in die derzeitige Quellenlage liefert Marcus Reinfried einen Überblick über die Vermittlung und Verbreitung von Fremdsprachen durch frühe Sprachmeister, die ab ca. 1200 über England und Flandern begann und sich dann auch in italienischen und deutschen Handelsstädten etablierte. An der Universität Rostock lässt sich mit Franciscus de Marseville der erste hier tätige Sprachmeister erst im XVII. Jahrhundert nachweisen. Marcus Reinfried arbeitet nicht nur die Gründe für das starke Interesse in Deutschland an romanischen Sprachen und speziell der französischen Sprache heraus, sondern geht auch auf die teils prekären Bedingungen ein, denen die Sprachmeister ausgesetzt waren. Deren finanzielle Situation hatte sich nach der Massenflucht der Hugenotten aus Frankreich nach Deutschland ab 1685 durch eine ‚Überfüllungskrise' unter den Sprachmeistern noch verschärft. Marcus Reinfried stellt namentlich nicht nur in Rostock tätige Sprachmeister des Französischen wie beispielsweise Ludwig Karl Schnering und J. C. Schreiber vor. Auch Sprachmeister für das Englische, das sich im XVIII. Jahrhundert zur zweitwichtigsten Fremdsprache in Deutschland entwickelt hat, aber auch für andere, weniger nachgefragte Sprachen, finden hier ihre Erwähnung.

Ebenfalls aus fachdidaktischer Perspektive befassen sich Felix Hartleb und Steffi Morkötter mit den Bedingungen des Unterrichts moderner Fremdsprachen in der DDR. Nach dem Ende des Zweiten Weltkriegs wurde zwar Russisch zur obligatorischen Fremdsprache im Schulunterricht der DDR, aber westliche Fremdsprachen kamen im Bildungswesen der DDR durchaus zur Geltung – wenn auch unter spezifischen ideologischen Vorzeichen. Nach einem historischen Überblick über die damalige Entwicklung werden ausgewählte Schwerpunkte des Fremdsprachenunterrichts in der DDR in ihren Ausprägungen skizziert, die seinerzeit als „Kulturvermittlung" und „Grammatikvermittlung" bezeichnet wurden. Abschließend vermitteln Auszüge aus Interviews mit Rostocker Zeitzeuginnen zum Fremdsprachenunterricht und zur damaligen Lehrerausbildung Einblicke in die Praxis der schulischen Fremdsprachenvermittlung in der DDR.

Der folgende Beitrag der Kulturwissenschaftlerin und Übersetzerin Elena Balzamo (Paris) befasst sich mit Olaus Magnus, der im XVI. Jahrhundert in unserer Universitätsstadt lebte und hier Spuren hinterließ: Der schwedische Geistliche und Gelehrte, der vor allen durch seine im Jahr 1539 publizierten *Carta marina* und seine dazu gehörigen Beschreibungen der nördlichen Länder im XVI. Jahrhundert zu großer Bekanntheit gelangte, ist ein ehemaliger, im Jahr 1513 eingeschriebener Student der Universität Rostock. Er ist auch Autor der in der Rostocker Sondersammlung unter der Signatur Qc-22 bewahrten, weltweit in nur wenigen Exemplaren erhaltenen *Historia delle genti e della natura delle cose settentrionali* (Venedig 1565), die den Lesern seiner Zeit in italienischer Sprache den Norden näherbringen sollte. Elena Balzamo rückt in ihrem Beitrag das Werk des Olaus Magnus als eine mehrfache Übersetzungsleistung in den Blick, die sich zwischen lateinischer Gelehrtenkultur und volkssprachlicher Verbreitung bewegen musste. Sie zeigt, dass der schwedische Geistliche seinen Versuch, den Norden für den Süden attraktiv und ansichtig

zu machen, nicht nur als sprachliche, sondern auch als kulturelle und interme-
diale Transferleistung reflektierte.

Zuletzt befasst sich die Literaturwissenschaftlerin Stephanie Wodianka
mit einem schmalen, äußerlich unauffälligen Band im Bestand der Sondersammlung der Rostocker Universitätsbibliothek, erschienen Anfang des XIX.
Jahrhunderts in der Reihe der *Bibliothèque des Dames chrétiennes*. Hinter
dieser zwischen 1823 und 1829 verlegten Reihe stand die im Zeitalter der In-
dustrialisierung und allgegenwärtiger Zeitregimes nicht einfach zu beantwor-
tende Frage: Wie überzeugt man die bürgerlich-katholischen Leserinnen der
Gegenwart davon, frühneuzeitliche Betrachtungsliteratur zu lesen und sich in
der Frömmigkeitspraxis christlicher Meditation zu üben? Der in Paris erschie-
nene und bis in den Nordosten Europas gelangte Band zeigt, dass bei der Über-
zeugungsarbeit alle Register gezogen wurden: Zum einen setzte man auf das
Versprechen eines spezifisch weiblichen Zuschnitts und philologisch moderner
Fassung der Texte sowie auf das in Aussicht gestellte Betrachtungspotential
schöpferischen Selbstausdrucks. Zum anderen und vor allem aber sollte ein
Spiel mit dem Blick in die intimen Briefwechsel eines frauenumschwärmten
Predigers aus dem XVII. Jahrhundert mit der Gattin linker Hand von Ludwig
XIV. die mittlerweile bürgerlich-katholischen ,*Dames chrétiennes*' zur Lektüre
und Betrachtung verführen: jener Louis Bourdaloue, der zum Namensgeber
eines Keramikgefäßes wurde, das die Zuhörerinnen seiner Predigten im XVII.
Jahrhundert genutzt haben sollen, um den störenden Gang zur Toilette zu vermeiden. Um die christlich gesinnte Damenwelt des XIX. Jahrhunderts von der
,unmoralischen' Lektüre weltlicher Romane und der devianten Idee eigener
Textproduktion abzuhalten, werden die frühneuzeitlichen Erbauungsklassiker
von Lorenzo Scupoli, Jean-Baptiste Massillon und Louis Bourdaloue nach dem
literarischen Geschmack der Zeit vermarktet. Hintergründig werden dabei jene
Attraktionen des Literarischen genutzt, die die Reihenherausgeber ihren Leserinnen vordergründig austreiben wollen.

In der Summe der acht Beiträge führt dieser Band, so die Hoffnung der
Herausgeber, exemplarisch die Bandbreite an besonderen Forschungsgegen-
ständen vor, die am Institut für Romanistik vor Ort gegeben sind, und ebenso
ausgewählte Forscherpersönlichkeiten, die sich in Rostock seit mehreren Jahrhunderten mit den romanischen Kulturen befasst haben. Und selbstverständlich
werden auch die unterschiedlichen Zugänge derer sichtbar, die im Jahr des
Universitätsjubiläums in Rostock lehren und das Fach in seiner Breite vertreten. Aber nicht nur die Arbeit an diesem Band, sondern auch die vorbereitende
Tagung wäre nicht möglich gewesen ohne die Unterstützung aller Mitarbeite-
rinnen und Mitarbeiter des Institutes. Besonders zu nennen sind diejenigen, die
den reibungslosen Ablauf der sehr anregenden Tagung vorbereitet haben (An-

nika Ganse, Julian Ihling, Juliane Pfeiffer, Valerie Stöhr) sowie Patrick Hilmer, der die Redaktion und Formatierung dieses Buches übernommen hat. Dem Department *Wissen – Kultur – Transformation* und der Philosophischen Fakultät danken wir für die finanzielle Unterstützung der vorbereitenden Tagung, und dem Rostocker Universitätsverlag sowie Kersten Krüger und Hillard von Thiessen gilt unser Dank für die Aufnahme in die Reihe *Rostocker Studien zur Universitätsgeschichte.*

Die Herausgeber, Rostock im September 2019

Kolumbus als Sklavenhändler und der Kapitalismus menschlicher Körper

Michael Zeuske

Das Interesse an Kolumbus

Das öffentliche Interesse am ‚wirklich gelebten Leben' des Cristóbal Colón, Kolumbus (geboren um 1450 Genua – gestorben 1506 Tordesillas), bewegte sich nach seinem Tod 1506 gegen Null. Die geadelte Familie der Colón, vor allem die Söhne Diego und Fernando Colón, hatten in Familien des hohen Adels eingeheiratet und die immensen Privilegien ihres Vaters geerbt. Sie befanden sich deswegen in einem komplizierten Rechtsstreit mit der Krone von Kastilien und mit König Fernando von Aragón. Aus diesen Gründen scheuten sie, wie die Krone auch, die Öffentlichkeit. Niemand, in Kastilien schon gar nicht, dachte auch nur im Traum daran, die von Kolumbus ‚entdeckten' Gebiete des ‚Kontinents ohne den Namen Amerika' etwa „Colombia" zu nennen. Im weit entfernten Saint-Dié im Elsass kamen Renaissance-Gelehrte, die zugleich Schul-Professoren waren, nach der Lektüre der Reiseberichte Amerigo Vespuccis auf die überdrehte Idee, aus dem Vornamen des Florentiners die Renaissance-Nomenklatur „Americae" zu erfinden.[1] In Spanien dagegen wäre noch bis weit in das XIX. Jahrhundert kaum jemand auf die Idee gekommen, den Namen „América" für die „überseeischen Königreiche" (*reinos ultramarinos*) oder „Indien" (*Las Indias*) zu benutzen. Kolumbus selbst und die Kapitäne und Schiffsreisenden seiner Zeit hatten für den Kontinent im Süden der Antillen – Gegensatz zu den zunächst von Kastilien besetzten Inseln – von *Tierra firme* (Festland) gesprochen.

Deutliches Interesse an Kolumbus in der Historiografie erwachte erst um 1792 – im Zeitalter der Aufklärung. Es war allerdings Alexander von Humboldt, der Kolumbus 1833 – also im brummenden Biedermeier Berlins – für die europäischen Intellektuellen außerhalb Spaniens –wiederentdeckte. Im Grunde unter Druck des Problems „wie behandele ich Christoph Columbus als heroischen Forscher und Entdecker und wie erkläre ich, wie durch ihn die atlantische Sklaverei in die Amerikas gekommen ist?" gab er einen ersten Abriss über Kolumbus Aktivitäten als Sklavenjäger und Sklavenhändler. Im *Examen critique de l'histoire de la géographie du Noveau Continent …* (1834–38),

---

[1] Lehmann, M.: Die Cosmographiae Introductio, 2010.

dem unterschätzten Abschlusswerk des *opus Americanum*, erwähnt Humboldt sogar den notorischen Florentiner Sklavenhändler Juanoto Berardi.[2]

Aber der Reihe nach – Humboldt erklärte Ideen und Handeln ausgehend von Interessen sowie handfester Politik, Materialitäten, Strukturen, Realia und Räumen. Obwohl der Ansatz zur Erklärung, wie es zu Sklaverei und Sklaven-handel durch Kolumbus kam, bei ihm etwas mystifizierend klingt: „Ein un-glückliches Zusammentreffen von Verhältnissen führte den Admiral, ohne daß er sich dessen bewußt wurde, auf die Bahn der Ungerechtigkeiten und Erpres-sungen, welche er durch religiöse Beweggründe zu rechtfertigen sich be-mühte."[3] Zunächst habe Kolumbus, nach Humboldt, auf *La Española* nur die Idee gehabt, „Indianer festzunehmen [!], um sie in Spanien zu unterrichten und sodann auf die Inseln zurückzuschicken [wie es die Portugiesen mit Menschen aus Afrika machten]."[4] Aber, so fährt Humboldt fort:

seit dem Jahr 1493 und der Errichtung einer neuen Stadt unter dem Namen Isabela wurde Columbus verwegener in den Mitteln der Stren-ge, zu welchen er Zuflucht nahm. Die Kariben und wahrscheinlich auch die Eingeborenen von Haiti wurden als widerspenstige Aufrührer erachtet und daher als Sklaven behandelt. Die zwölf Schiffe des Antonio de Torres, die zu Puerto de la Navidad am 2. Februar 1494 unter Segel gingen, wurden mit unglücklichen karibischen Gefangenen befrachtet. Ganze Familien (*mugeres, niños y niñas*) wurden [als Ver-sklavte] vom heimatlichen Boden fortgerissen ...[5]

Kolumbus hatte zunächst die etwas abseitige Idee, die seiner Meinung nach sehr mobilen, klugen und flexiblen Karibenkrieger in Spanien zu Missio-naren des (katholischen) Christentums ausbilden zu lassen. Die Versklavten (die in Realität keineswegs nur ‚Kariben' waren – siehe unten), die Kolumbus nach Spanien schickte, sollten zur Herrschaftssicherung durch Religion ausge-bildet werden. Als Gegenleistung bat Kolumbus die katholischen Könige um Nahrungsmittel, Wein, Vieh und Werkzeuge sowie weitere Ressourcen. Hum-boldt zitiert Kolumbus im berüchtigten *Memorial de Antonio Torres* (1494):[6]

---

[2] Von Humboldt, A.: Von einigen Tatsachen, 1836–52; hier zitiert nach Ette, O.: Alexander von Humboldt, 2009, I, 189–289, hier 256 (Originalorthografie).

[3] Von Humboldt, A.: Von einigen Tatsachen. In: Ette, O.: Alexander von Humboldt, I, 254.

[4] Ibid.

[5] Ibid.

[6] Colón, C.: Memorial, 1992, 254–68; zur Konstruktion der ‘Kariben' und des Kannibalismus siehe: Keegan, W. F.: Columbus, 1996, 17–32; Zeuske, M.: Schwarze Slawen, 2004, 52–68.

„Alle diese Dinge können in Karibensklaven bezahlt werden."[7] Dieser Satz könnte nachgerade als der innere Funktionsmechanismus einer gigantischen Dimension einer beginnenden atlantischen Sklaverei als ‚Kapitalisierung menschlicher Körper' (auch als Währung und Tauschgut) gelten. Ein aus extremer Gewalt gegen ‚Andere', Mobilität und Marktmechanismen sich selbst in Gang setzendes und erhaltendes System, das enorme Profite abwirft. Dieser Zusammenhang war ganz am Beginn der *Atlantic Slavery* – denn darum handelte es sich – jedem Kapitän, der mit den Problemen des Kolumbus konfrontiert war, deutlich erkennbar. Das Gold, nach dem die Kapitäne der frühen Expansion eigentlich suchten, gab es entweder gar nicht oder es mussten erst Territorien erobert und Arbeitskräfte herbeigeschafft werden, um es zu gewinnen. Kolumbus größte Schwierigkeit bestand im Wechsel von einer Handels-Faktorei zu einer Territorialkolonie. Bereits auf der zweiten Reise (1494–96, siehe unten) mussten der ‚Admiral des ozeanischen Meeres' und seine Familienmitglieder, die er als Unterchefs eingesetzt hatte, erkennen, dass die Menschen auf *La Española* etwas gegen die Besetzung ihrer Territorien hatten. Sie wehrten sich auch gegen die Vergewaltigung ihrer Frauen und Versklavung von Kindern – d.h., gegen die sich mit der Ankunft der Europäer wie ein Lauffeuer ausbreitenden lokalen Razzien- und Haussklavereien. Ich nenne diese lokalen Versklavungs-Aktivitäten ‚Nah-Sklavereien', weil es sich meist um Versklavte aus der unmittelbaren Umgebung handelte. Jedes Mannschaftsmitglied bekam mindestens ein Indiokind oder eine Frau für seinen Haushalt; widerspenstige Männer wurden getötet oder als Träger, Bauarbeiter oder Goldwäscher ausgebeutet.

Kolumbus kam zunächst auf eine Idee, die mit der damals im iberischen und überhaupt im christlichen Bereich unhinterfragbaren Ideologie, die Handlungsmacht legitimierte, im Einklang zu stehen schien: Einerseits wollte er die ‚friedlichen *Taínos*' nach Spanien bringen lassen, um sie dort christlich zu erziehen und andererseits hochmobile kriegerische Schiffsmannschaften der Menschen (vor allem Männer), die er ‚Kariben' nannte, ebenfalls nach Spanien zu transportieren und dort als Missionare auszubilden. Das meint Humboldt mit „religiöse[n] Beweggründe[n]."[8] Allerdings glaubte diese Beweggründe in Spanien niemand, zumal der Transport von vornherein mit dem Ziel begonnen wurde, die *yndios* in Andalusien zu verkaufen (wo die höchsten Sklavenpreise zu erzielen waren) und im Gegenzug Mittel für die Absicherung der Faktorei

---

[7] Von Humboldt, A.: Von einigen Tatsachen. In: Ette, O.: Alexander von Humboldt, I, 189–289, hier 256 (Originalorthografie).

[8] Von Humboldt, A.: Von einigen Tatsachen. In: Ette, O.: Alexander von Humboldt, I, 254.

und dann für die Territorialeroberung, vulgo Kolonisierung, zu bekommen.[9] Alle Kosten, auch und gerade der Transport (denn dieser Teil stellte den Gewinn für die Kapitäne dar) sollte ‚in Menschenkörpern' bezahlt werden – ich wiederhole bewusst: „Alle diese Dinge können in Karibensklaven bezahlt werden."[10]

Diese atlantische Dimension der Sklaverei entstand mit der frühen Expansion iberischer Kapitäne im ozeanischen Raum (den die Spanier zunächst *mar oçéana* und dann *mar del norte* nannten). Die Iberer hatten die basale Kapitalfunktion menschlicher Körper bei afrikanischen Eliten gelernt. Und sie entwickelten das System weiter. Einmal in der Spur der eben genannten Mobilitäts-Dimension als ‚Kapital menschlicher Körper' (‚Mobilität' bedeutet im Klartext für die Versklavten Verschleppung), zu dem auch die Kapital-Potenz als Tauschgut und Ware, als Arbeiter und als weibliche Reproduktionskörper sowie als Luxus (viele Haussklaven als Status- und Machtsymbol) und als Kapitalsicherung (Erbschaften) zählten. Von den finanztechnischen Weiterungen – etwa Versicherungen – rede ich hier noch gar nicht. Diese Dimension funktionierte am besten zwischen den neuen Kolonialgebieten und dem entstehenden ‚Mutterland', aber auch zwischen neuen Kolonialgebieten, d.h., einzelnen Inseln der Antillen bzw. überhaupt auf dem Atlantik. Und später zwischen Inseln und den entstehenden kontinentalen Kolonien auf dem amerikanischen Festland, der Tierra Firme.

In Bezug auf Indios (*indígenas* – sehr viel weiter als Humboldt mit seinen ‚Eingeborenen' sind wir auch heute noch nicht)[11] nennt Andrés Reséndez diese Dimension *The Other Slavery*.[12] Die katholischen Könige erfanden die universale Verwaltungskategorie des *yndios* (die an die Krone tributzahlende Untertanen im Status von Minderjährigen, aber keine Sklaven nach römischem Recht sein sollten) und verweigerten das direkte *slaving* dieser ‚neuen Untertanen' – d.h., im rechtlichen Sinne verweigerte die Krone Privatsklaverei der Konquistadoren. Deshalb kam es zu vielen Formen von *other slaveries* in den Amerikas und auf den Philippinen. Kolumbus ist einer der Gründungsväter

---

[9] Zu Schätzungen über die Gesamtzahl der nach Spanien verschleppten *yndios* von den karibischen Inseln und Küstengebieten siehe: Mira Caballos, E.: Indios y mestizos, 2000, 46–8, 141–3 (Apéndice I: Envío de indios a Castilla, 1492–1550).

[10] Von Humboldt, A.: Von einigen Tatsachen. In: Ette, O.: Alexander von Humboldt, I, 189–289.

[11] Hofman, C. L./Ulloa Hung, J./Herrera Malesta, E./Jean, J. S.: Indigenous Caribbean perspectives, 2018, 200–216; Valcárcel Rojas, R./Ulloa Hung, J.: Introducción, 2018, 5–39.

[12] Reséndez, A.: The Other Slavery, 2016.

dieser ,anderen' Sklavereien. Er hätte am liebsten eine *Atlantic Slavery* von *yndios* nach dem Muster Portugal-Westafrika etabliert. So handelte er auch, indem er zunächst hunderte von Versklavten und Verschleppten über der den Atlantik nach Spanien verschiffen ließ. Diese atlantische räumliche Mobilität hatten aber, wie gesagt, die Katholischen Könige 1495 untersagt.

Dann war da noch die zweite, gewissermaßen klassische Dimension der Verschleppung von Versklavten als *negros* und Zwangssiedler in den Kolonien Amerikas.[13] In den Amerikas arbeiteten sie als Rohstoff- und Ressourcenproduzenten für Europa (in der Tendenz für den ,Norden'), für Europas Gewerbe und Industrien sowie für die Profite ihrer Eigentümer vor Ort. Sie arbeiteten auch für die Versorgung der Konsumenten in Europa und in Amerika (mit Zucker, Tabak, Baumwolle, Kakao, Kaffee, Farbstoffe, vor allem Indigo, Fleisch, Leder, Vieh) sowie für Exporte Europas (vor allem Textilien).

Beide Dimensionen wurden zu extrem wichtigen Grundbestandteilen des europäisch-westlichen Kapitalismus und zugleich der so genannten *great divergence* (unter diesem Stichwort wird der Unterschied zwischen dem ,Westen' und anderen Großregionen der Welt, vor allem China, bezeichnet).[14]

Vorgeschaltet waren diesen beiden, sagen wir, Großdimensionen von Sklaverei (mit in der Tendenz atlantischen Sklaventransport- und Handelssystemen), immer lokale Nah-Sklavereien, die schon vor Ankunft der Europäer existierten, wie die *Taíno*-Sklaverei der *naboría* oder Opfersklaverei (Gefangene wurden als Sklaven gehalten, bis sie geopfert wurden – die Iberer, vor allem auch Kolumbus, bezeichneten das als Kannibalismus). Diese lokalen Sklavereien wurden durch die Iberer übernommen, zum Teil massiv ausgeweitet und verschärft (Frauen- und Kinder-Sklavereien, Razziensklaverei, Kriegsgefangene, d.h. meist, ,widerspenstige' Männer, „Hunger-Kannibalismus"[15] unter den Iberern, etc.).

Sklaverei-Plateaus und europäische Expansion (*Atlantic History*)

Im 15. Jahrhundert, als Kolumbus seine Erfahrungen als Seemann[16] zu sammeln begann, gab es kaum noch ,große' Sklaverei und Sklavenhandel in Europa. Diese ,großen' Sklavereien mit massivem Sklavenhandel auch von Männern hatten im Mittelalter vor allem in den Expansionsgebieten der Araber, der

---

[13] Moya, J. C.: Migración africana, 2012, 321–48; Wheat, D.: Atlantic Africa, 2016.

[14] Zeuske, M.: Andere globale Räume, 2018, 154–71.

[15] Friede, J.: La extraordinaria experiencia, 1965, 33–46; Piqueras Céspedes, R.: Entre el hambre, 1997.

[16] Siehe vor allem: Varela, C.: Cristóbal Colón, 1992.

Mongolen, der Wikinger/Normannen, der Osmanen bzw. zwischen Mameluken und Mongolen oder zwischen expandierenden islamischen Kriegerkulturen Zentralasiens und den Hindu-Gebieten Indiens und Südostasiens (inklusive Java und weitere Inseln des heutigen Indonesiens und der Philippinen) funktioniert. In Nord- und Mitteleuropa wurden, spätestens mit der Christianisierung Litauens, Bauern als christliche Leibeigene und Hörige sozusagen am Arbeitsort (der ‚Scholle') fixiert – eine Art kollektiver Sklaverei in anderen Rechtsformen als der des ‚römischen' Rechts der Privatsklaverei, die nach der Regel ‚ein Herr, ein Sklave' funktionierte. In Russland existierten kollektive und private Formen von Sklavereien. Aber die Süd- und Südwesteuropäer kannten Haus- und Kindersklavereien als Privatsklaverei nach ‚römischem' Eigentumsrecht sowie Versklavung von Männern vor allem aus Nordafrika in Hafenstädten des Mittelmeerraumes. Und sie kannten Razzien-Sklaverei durch Piraten oder aus den Kriegszügen der Reconquista. Allerdings war all dies nicht mehr verbunden mit den großen Transporten kriegsgefangener und versklavter Männer in großen Karawanen quer durch den Kontinent oder Schiffsladungen voller Versklavter. All das lernten die Europäer erst (wieder) in Afrika bzw. an den Küsten Westafrikas im XV./XVI. Jahrhundert.[17]

All diese Sklavereien in Südwest- und Südeuropa gehörten zu den Haus- und Verwandtensklavereien (vor allem Sklavereien von Frauen und Kindern) sowie zu den Razzien-Sklavereien. Viele Kriegszüge während der Kämpfe der Reconquista wurde nur unternommen, um Gefangene zu versklaven oder Lösegeld zu erzielen; Seeräuber und Korsaren beider Seiten – der christlichen und der islamischen – überfielen Küsten, um Menschen zu rauben. Andere Sklavereien, die Iberer kannten, waren auch urbane Handwerkssklavereien; manchmal gab es Konzentrationen von männlichen Versklavten in Häfen, im Salz oder in Bergwerken. Aber das war eher selten. Ordnet man die eben genannten Sklavereien in globalhistorischer Perspektive ein, existierten folgende Plateaus, die – ich wiederhole das – in dieser oder jener lokalen Form, überall auf dem Globus anzutreffen waren: Frauen- und Kindersklaverei war, zusammen mit Opfersklavereien (denen auch oft Kinder unterlagen) das älteste Sklaverei-Plateau (wahrscheinlich schon seit dem Neolithikum). Dieses Sklaverei-Plateau war, wie schon gesagt, extrem verbreitet und eigentlich überall irgendwie ‚da' – oft allerdings unter lokalen ‚Bräuchen', religiösen Codes und Rechten sowie eigenen ‚Namen der Sklavereien' verborgen. Es hatte irgend-

---

[17] Zeuske, M.: Atlantic Slavery, 2015, 280–301.

wann einmal in der Geschichte der Menschheit begonnen und ist seitdem immer noch (zum Teil auch heute) existent.[18]

Das nächste Plateau der Sklaverei wurde gebildet durch Haussklavereien und Sklavereien im Verwandtschaftsverband (Kin-Sklavereien in der Anthropologie). Versklavte waren, oft innerhalb einer Behausung oder eines Gebäudes (das konnte auch Jurte oder Zelt sein), einer Führungsperson (‚Familien'-Vorstand, Clan-Chef, etc., meist Männer) unterworfen und hatten den niedrigsten Status, manchmal auch gar keinen, weil sie nicht als ‚Mitglied' anerkannt waren. Diese Kin-Sklavereien waren meist verbunden mit großen Expansionen. Diese Expansionen brachten einerseits Imperien, aber auch kollektive Sklavereien hervor, wie Massen von Kriegsgefangenen im alten Ägypten oder in Assyrien oder ganze versklavte bäuerliche Gemeinschaften, wie die Heloten Spartas, umgesiedelte besiegte Völker im Inkareich und viele andere ähnliche Sklavereiformen.

Wichtig für die globalhistorische Einordnung des *slaving* durch Kolumbus ist, wie bereits gesagt, dass diese Sklaverei-Plateaus irgendwann in der Geschichte begonnen hatten, aber zur Zeit des Kolumbus in allen Gesellschaften existierten (und auch heute noch ‚da' sind).

Dass sie heute noch existieren, ist aber an dieser Stelle nicht unser Problem. Unser Problem hier ist, dass nur diese, sagen wir, relativ universellen Formen von ‚kleinen' Sklaverei[19] existierten und dass mit der Gruppe von Atlantikexpansions-Kapitänen und Kaufleuten sowie Atlantikkreolen und *tangomãos* (zu denen ich gleich komme) etwas Neues entstand. Dieses Neue war, um es etwas sehr allgemein zu beschreiben, die Absicherung und Finanzierung eines gigantischen Expansions- und Landnahme-Prozesses (vulgo europäische Expansion/Kolonisierung sowie Atlantisierung, d.h., Kapitalakkumulation auf Basis des Sklavenhandels) durch menschliche Körper als Währung. Menschliche Körper waren ganz allgemein Kapital und Spekulationsobjekt sowie Waren, d.h., Interessenattraktor, Arbeitskrafte für Subsistenz und Exportproduktion (etwa von Edelmetallen) sowie Reproduktionspotential und Statuskapital. Wir nennen dieses damals entstandene Neue heute *Atlantic Slavery*.[20]

---

[18] Zeuske, M.: Sklaverei, 2018.

[19] Cameron, C. M.: The nature of slavery, 2018, 151–168.

[20] Zeuske, M.: Atlantic Slavery, 2015, 280–301.

Kolumbus-Itinerar und Imperium der Inseln

Im XV. Jahrhundert setzte die Atlantikexpansion europäischer Kapitäne und Kaufleute, organisiert und legitimiert vor allem zunächst durch die Kronen Portugals und Kastiliens, voll ein. Kolumbus war einer dieser Kapitäne.[21] Allerdings war er eine Ausnahme. Er war Genuese – aber das ist nicht die Ausnahme. Die Ausnahme ist, dass die iberischen Kapitäne, die die Expansion vorantrieben – fast alle Portugiesen aus der Algarve und Kastilier, Andalusier und Basken sowie einige Norditaliener –, den jeweiligen Kronen sehr nahestanden. Sie wurden auch schnell geadelt oder waren es schon, als sie ihre wichtigsten Fahrten unternahmen. Kolumbus kam von außen dazu. Dummerweise hatte er keine Netzwerke bzw. musste sie erst aufbauen. Er konnte zunächst nur auf seine empirische Erfahrung als Seemann und Kapitän, seinen Glauben an die Westroute, seine ‚Software-Kenntnisse' (vor allem Kartenzeichnen) und sein Atlantik-Itinerar bauen.

Die Kapitäne hatten zunächst vor allem Interesse daran, neue Gebiete zu ‚entdecken', in denen es möglichst Edelmetalle, vor allem Gold, und Luxusprodukte (wie Pfeffer und überhaupt Gewürze) gab. Dazu wurde zunächst versucht, die Endrouten des nordwestafrikanischen Handels, auch des Goldhandels, d.h., urbane Zentren an den Küsten des heutigen Marokko und Mauretanien, unter Kontrolle zu bekommen. Das funktionierte auf die Dauer mehr schlecht als recht. Nicht zuletzt, weil sich die islamischen Gesellschaften, u.a. mit vielen Flüchtlingen aus Reconquista-Spanien, relativ schnell auf Abwehr und Gegenangriffe einstellten. Die Iberer waren nicht mächtig genug, die islamischen Gesellschaften zu erobern (auch wenn es heute noch Reste solcher Eroberungen gibt – Melilla und Ceuta). Seit den 1460er Jahren erreichten iberische Schiffe die Senegalmündung in Westafrika. Bis dahin hatten die Kapitäne ihre Fahrten mit Razzien-Sklaverei finanziert und dabei auch ganz gute Gewinne gemacht. Ein Nebenprodukt dieser Razzien-Fahrten war – im Ansatz – die *Conquista* der Kanaren. Ab ca. 1467 begannen die iberischen Kapitäne die westafrikanischen Küsten südlich des Senegal in ihrer ganzen Kompliziertheit kennenzulernen. Es handelte sich um sehr flache, weit in den Ozean hinausreichende Küstenzonen mit hohen Brandungen und komplizierten Küstenlagunen. Die ersten Konflikte mit afrikanischen Küstenbootbesatzungen in *Guiné* zeigten ihnen, dass die großen Kriegskanus mit erfahrener Marinein-

---

[21] Wir kennen die quantitative Größe dieser Gruppe, vor allem die der Kapitäne, nicht. Das ist erstaunlich, aber eventuell dem immer wiederkehrenden Interesse an Kolumbus und dem damit zusammenhängenden Kolumbus-Mythos geschuldet. Ich schätze, dass es sich bei den iberischen Kapitänen der Atlantikexpansion zwischen 1450 und 1550 um ca. 200 Männer handelt; siehe auch: De Almeida Mendes, A.: Les réseaux, 2008, 739–68.

fanterie und effektiven Waffen, die im flachen Wasser gut operieren konnten, mit Schiffskanonen kaum bekämpft werden konnten. Die Europäer wurden nolens volens zu Juniorpartnern der afrikanischen Küsteneliten. Die Iberer konnten mit ihrer maritimen Militärmacht nur eine Reihe von Inselgruppen erobern oder besetzen (wenn diese nicht besiedelt waren) – vor allem die Kapverden sowie die Inselgruppe São Tomé und Príncipe. Um diesen ‚afrikanischen Vorlauf' des Kolumbus-Abenteuers in der Karibik kurz zu halten: Von diesen Inselgruppen aus gründeten die Iberer zunächst Ribeira Grande auf der Kanareninsel Santiago – immer mit dem Einverständnis lokaler afrikanischer Eliten – an den kontinentalen Küsten Handelsstützpunkte (*factorias*), wie zum Beispiel São Jorge da Mina 1482 an der Goldküste (heute Ghana). Einige Männer der Schiffsbesatzungen und der frühen Siedler der eben genannten Inselgruppen entzogen sich dem königlichen Monopol und heirateten in afrikanische Familien ein. Sie wurden zunächst *lançados* („Vorreiter"), ihre Nachkommen *tangomãos*. Diese Kulturbroker wurden zu wichtigen Vermittlern zwischen Europäern und Afrikanern, auch und vor allem im Handel mit Kriegsgefangenen (*cativos*) und Versklavten. Als Atlantikkreolen wurden sie zum wichtigsten Hilfspersonal auf den Schiffen des Sklavenhandels (als Übersetzer, Ruderer, Wachen, Heiler, Köche, sowie Kabinenboys, *grumetes*).[22] Die Iberer stellten sich in die Dienste afrikanischer Eliten (oder wurden gar angefordert): Als religiöse Fachleute (oft Mönche), als kleine Kriegsmannschaften unter afrikanischer Oberkontrolle oder als Schiffs-Transporteure (oft von *cativos* und Versklavten zwischen afrikanischen Eliten). Die Bezahlung der Iberer durch die afrikanischen Eliten erfolgte meist in der Währung ‚menschliche Körper' – des wichtigsten Kapitaltyps in Afrika.

Hier kommt das Atlantikitinerar des Kolumbus ins Spiel – er kannte all dies, denn er hatte lange im portugiesischen Gebiet, vor allem in Lissabon und auf Madeira gelebt.[23] Und er kannte auch die westafrikanische Küste sowie die Faktorei El Mina. Das ist der Hintergrund, wenn er von *negros de Guiné* spricht. Vor den westafrikanischen Küsten hatte sich ein iberisches ‚Imperium der Inseln' gebildet (Azoren, Madeira, Kanaren, Kapverden sowie São Tomé und Príncipe). Einerseits konnten die Europäer auf dem afrikanischen Kontinent nichts erobern, andererseits brachten sie die Versklavten und auch einige afrikanische Frauen auf diese Inseln. ‚Vor Kolumbus', d.h., vor der ersten Fahrt des Kolumbus zu den Antillen (1492–93), war dieses ‚Imperium der Inseln' in einer atlantischen Nord-Süd-Ausrichtung (Portugal/Kastilien – Afri-

---

[22] Zeuske, M.: Atlantikkreolen, 2015, 172–205.

[23] Vieira, A.: Os Escravos, 1991; Vieira, A.: La isla de Madeira, 1995), 333–56.

ka und zurück; seit São Tomé auch in Ost-West-Richtung) organisiert. Und es bestand die Gefahr, dass afrikanische Eliten durch die Massen von afrikanischen Versklavten auf den Inseln, durch afrikanische Frauen und ihre angeheirateten *lançados*, durch *tangomãos* und Atlantikkreolen, auch die Inseln übernehmen könnten. Die ‚Entdeckungen' des Kolumbus in der Karibik verhinderten das. Genuesen, d.h. die Kolumbus-Familie, sowie eine Reihe von Kastiliern und Andalusiern, begannen nun, das iberische ‚Imperium der Inseln' in transatlantischer Ost-West-Orientierung (Europa/Westafrika – Karibik und zurück) zu organisieren.[24] Bis um 1510/11, d.h. fast zwanzig Jahre nach der ersten Fahrt des Kolumbus, war nur *La Española* (heute Haiti/Dominikanische Republik) Teil dieses ‚Imperiums der Inseln' – allerdings mit massiven Sklavenrazzien auf den anderen Inseln und an den Festlandsküsten der Karibik. Seit etwa 1510 griff die *Conquista* auf die anderen großen Inseln (vor allem auf Puerto Rico, Kuba, Nombre de Díos, heutiges Panama, und Santa María del Darién seit 1509, auf Venezuela seit ca. 1512)[25] über. Und erst um 1520/21 auf das mittelamerikanische Festland (*Conquista* Tenochtitláns und des Mexica-Reiches[26]).

Im Grunde stellten die vier Kolumbus-Fahrten über die Kanaren und Kapverden in die Karibik (1492–1504) zunächst eine gigantische Ost-West-Erweiterung des atlantischen ‚Imperiums der Inseln' dar. Seit den formellen Verboten der atlantischen Sklaverei von Indios, wie sie Kolumbus praktizieren wollte, wurde Sklaverei von Indigenen der Karibik zwar massiv (es gibt Schätzungen über Hunderttausende von Versklavten), aber mehr oder weniger informell als das betrieben, was ich als ‚Nah-Sklaverei' bezeichne, als faktisches *slaving* ohne große rechtliche Regelung.[27] Ganze Inseln entvölkerten sich. Zuerst die Lucayas/Bahamas. Ab 1512 wurde zwar eine offizielle Politik des Versklavungsverbotes für *yndios* betrieben. Damit waren *Indígenas* gemeint, die als *guatiaos* („friedlich" und „vertragstreu") gegenüber den Iberern verhielten, also die keinen Widerstand leiteten. Jedoch durften *Caribes* – darunter

---

[24] Otte, E.: Das genuesische Unternehmertum, 2004, 235–83. Zu den Genuesen und zu Santiago de Cuba, siehe: García del Pino, C.: El financiamiento, 1994, 57–78; García del Pino, C.: Corsarios, 2009, 1–14; Fernández Chaves, M. F./Pérez García, R. M.: La redes, 2010, 5–34; Pérez García, R. M.: Las ciudades, 2015, II, 539–52; Fernández Chaves, M. F./Pérez García, R. M.: La élite mercantil, 2016, 385–414.

[25] Zeuske, M.: Fernandina, 1993, 96–121.

[26] Rinke, S.: Conquistadoren und Azteken, 2019.

[27] Zeuske, M.: Schwarze Slawen, 2004, 52–68; eines der wenigen bekannten individuellen Schicksale: Cave, S.: Madalena, 2017, 171–200; zusammenfassend siehe: Zeuske, M.: Sklavereien und Recht, 2013, 231–6.

waren alle *Indígenas* gemeint, die Widerstand leisteten – und Apostaten (d.h., bereits getaufte *Indígenas*, die vom Glauben abfielen), durften weiter legal versklavt werden. In der Karibik, vor allem auf den großen Inseln und einigen Inselgruppen war die demographische Katastrophe nicht mehr aufzuhalten. Von schätzungsweise über einer Million Menschen fiel die Bevölkerungszahl der *Indígenas* auf einige wenige Tausend. Die Gründe waren die *Conquista* selbst, die Sklaverei, vor allem die Razzien auf Menschen, und Krankheiten sowie die Zerstörung der komplizierten indigenen Subsistenzwirtschaft durch europäisches Vieh.

Bis zur Eroberung von Tenochtitlán 1521 kontrollierten die Iberer nur Inseln und Küstenpunkte. Kolumbus folgte vor dem Hintergrund seines früheren Atlantik-Itinerars in der Karibik zunächst den Erfahrungen Westafrikas. Während seiner vierten Fahrt (1502–04) zeigte sich ganz klar das Scheitern dieser ‚portugiesischen' Strategie der Handels-Faktorei.

Kolumbus-Reisen (1492–1504) und der Beginn der atlantischen Sklaverei in den Amerikas.
a) Kolumbus vor der ersten Fahrt in die Karibik und der Florentiner Bankier-Sklavenhändler Juanoto Berardi
Eigentlich ist es, wie oben angedeutet, falsch, im Zusammenhang mit Kolumbus von „Amerika"[28] zu sprechen. Cristobal Colón hat den Wohlklang dieses neuerfundenen Kontinent-Namens nie gehört. Er hat auch nie den Begriff „Kontinent" benutzt für das, was er *tierra firme* nannte (im Sinne eines großen Festlandsblocks) – zumindest nicht so, wie wir es laut der im XVI. und XVII. Jahrhundert erfundenen geographischen Konvention tun.[29] Auch „Karibik" hat er als Raumkonzept nicht benutzt; *caribe/caribes* als Bezeichnung für eine Gruppe widerständiger *yndios* aber, wie oben gesagt, schon. Das, was von Kolumbus wirklich blieb, war die irrtümliche Annahme, dass es sich bei den Inseln der karibischen Teile des atlantischen ‚Imperiums der Inseln' um Inseln *de las Indias*, im Zeitverständnis all das, was Marco Polo bereist hatte, handeln müsse. Deshalb benutzte er immer *Las Indias* als Benennung dessen, was er da ‚entdeckt' hatte.

Vor der ersten Fahrt nach *Las Indias* befand sich Kolumbus in ständigem Kontakt mit Kapitänen und Kaufleuten sowie Wucherern bzw. Bankiers,

---

[28] Darauf hat schon Humboldt immer wieder hingewiesen; siehe: Von Humboldt, A.: Über die ältesten Karten, 2019, 407–430.

[29] Wigen, K.: The Myth, 1997; Wigen, K.: Oceans, 2006, 717–21.

vor allem in Sevilla und andere andalusischen Häfen. Dort operierten viele Handels- und Bankagenten der großen norditalischen Handelskommunen.

Das Bankenzentrum Florenz seinerseits war, zusammen vor allem mit Genua und Venedig ein früher Finanzierungs- und Informations-Schnittpunkt zwischen dem großen Sklavenhandel des Schwarzmeers, des Mittelmeeres, Nordafrikas und des entstehenden Atlantiks. Die Stadt als Zentrum des entstehenden Bankenwesens hatte enge Bindungen in den mediterranen und atlantischen Westen, vor allem nach Lissabon und Sevilla. Dorthin kamen Abgesandte (Faktoren) der Geldwechsler, Bänker und Kaufleute aus dem Italien der Renaissance, vor allem, wie gesagt, aus Genua, Venedig (u.a. Alvise Cadamosto, ein venezianischer Sklavenhändler)[30] und Florenz. In Genua hatte sich vor allem der Schiffstransport und die Vermarktung von Kriegsgefangenen und Versklavten aus dem Schwarzmeergebiet konzentriert. Aus diesem äußerst lukrativen Geschäft waren die Genuesen durch die imperiale Expansion der Osmanen und ihrer Alliierten, der Krimtataren (Reste der Goldenen Horde) verdrängt worden. Sie drängten deshalb ihrerseits in den Atlantik.[31]

Italien selbst war ein Land der Sklavereien (vor allem der Haussklavereien) und des massiven Sklavenhandels.[32] Die italischen Bänker und Sklavenhandels-Großkaufleute hatten eher selten direkt in Kontakt mit verschleppten Menschen und Sklaven, sondern schickten ihre Faktoren, Spekulanten, Wucherer, Lobbyisten und Kapitäne, die sich wiederum auf das Personal des Menschenhandels verließen und sich Erfahrungen der Atlantikkreolen aneigneten oder Allianzen mit ihnen eingingen. Und sie versuchten, nach dem damaligen Grundverständnis von Wirtschaft, Ehre (Status) und Handel, Privilegien und Monopole der Kronen für ihre Unternehmen zu sichern. Einer dieser Geschäftemacher, kosmopolitischen Weltbürger und indirekter atlantischer Sklavenhändler war Bartolommeo Marchionni aus Florenz. Die Familie hatte Sklavenhandelserfahrungen im Schwarzmeerhandel (Kaffa). Marchionni war auch Bänker der portugiesischen Krone während der frühen atlantischen Expansion. Schon in den 1480er Jahren besaß Marchionni Zuckerrohrfelder auf Madeira, die noch recht bescheiden ausfielen. Der Florentiner Bänker in Lissabon finanzierte die portugiesische Expedition nach Äthiopien 1487. In den 1490er Jah-

---

[30] Ankenbauer, N.: Paesi novamente retrovati, 2017.

[31] Zeuske, M.: Europa, 2013, 479–524.

[32] Bresc, H.: Figures de l'esclave, 1996; McKee, S.: Domestic slavery, 2008, 305–26; Guillén, F. P./Trabelski, S.: Les esclavages, 2012; Forret, J./Sears, C. E.: New Directions, 2015; Bulach, D./Schiel, J.: Europas Sklaven, 2015; Schiel, J.: Sklavenbasar, 2015, 179–97; Schiel, J.: Mit zweierlei Maß, 2016, 155–71; Bono, S.: Schiavi, 2016.

ren dominierte Marchionni, zusammen mit Agenten der Medici, den Brüdern Berardi sowie den Brüdern Simon und Donato de Bernardo Nicolini (alle aus dem Bankenzentrum Florenz) auch den Sklavenhandel Sevillas, Valencias und Südspaniens (Andalusien, Murcia). Dort wurden kriegsgefangene Muslime oder Kanarier und Schwarze aus Nordafrika, aber auch Griechen, Russen, Sarden, Slawen vom Balkan und Tataren als Sklaven gehandelt.[33] Einer der Nicolinis war nach 1495 der größte Importeur von Sklaven nach Andalusien.[34] Marchionni schickte ein Schiff mit Vasco da Gamas Expedition 1498 nach Indien und Marchionni war es, der die Expedition Cabrals zum Teil finanzierte, die 1500 – eher zufällig – auf die Küste des heutigen Brasilien traf. Lissabon und Sevilla waren von 1450 bis weit in das XVI. Jahrhundert hinein europäischen Sklavenhandelsmetropolen.[35] Sie wurden seit dem 17. Jahrhundert von Cádiz abgelöst.[36]

Zurück zur *life history* des Cristóbal Colón. Anders als andere ‚Macher' der iberischen Expansion war Kolumbus vor 1492/93 nur ein Kapitän – und dazu auch noch ein ‚angestellter Kapitän' (d.h., er war kein Schiffseigner). Er musste stets nach Geldgebern suchen. Also musste er sich mit solch unerfreulichen Sachen wie Krediten, Schulden, Leihe, Pfand, Gegenwert (Hypothek) und Rückzahlung beschäftigen. Der bereits von Humboldt erwähnte Florentiner Juanoto (Giannotto) Berardi jedenfalls schloss mit Kolumbus, als dessen ‚Freund' er sich bezeichnete, schon 1492, als abzusehen war, dass Königin Isabella Kolumbus Reise nach Westen fördern würde, einen Vertrag über die Ausrüstung von Kolumbus Expeditionen und über Sklavenhandel von den neu zu entdeckenden *islas y tierras firmes de la mar oçéana*.[37] Das bedeutet: Sie machten einen Vertrag über die Finanzierung der Kolumbus-Fahrten. Und über die Rückzahlung der Schulden des Kolumbus in der Währung menschliche Körper.

---

[33] De Almeida Mendes, A.: Les réseaux, 2008, 739–68; siehe auch: Alessandrini, N.: Vida, história, 2013, 105–32.

[34] Varela, C.: Una firma, 1988, 49–57, hier 56.

[35] Phillips Jr., W. D.: La esclavitud, 1989; De Alencastro, L. F.: Lisboa, 2000, 77–116.

[36] Morgado García, A.: Guerra y esclavitud, 2010, 55–74; Morgado García, A.: Una metropolí, 2013.

[37] Varela, C.: Una firma, 1988, 49–57; Arcila Farias, E.: Economía colonial, 1946, 41; Ezquerra Abadia, R.: Los primeros contactos, 1976, 19–47; Varela, C.: Una compañia, 1992, 126–9; Mira Caballos, E.: El proyecto, 2000, 46–8; Mira Caballos, E.: Nicolás de Ovando, 2000.

Die in diese Geschäfte verwickelten Berardis sowie die Nicolinis waren Agenten von Lorenzo di Pierfrancesco de' Medici von Cafaggiolo, dem Chef der jüngeren (und mächtigeren) Linie der Medicis. Der bereits erwähnte Marchionni hatte vom portugiesischen König Bürgerrecht in Lissabon bekommen – eine seltene Ehre für Ausländer. Er erhielt auch mehrere Sklavenhandels-Monopollizenzen – im Jargon der Finanzindustrie eine Verbriefungsform, mit der sich die Kronen und Spekulanten an den Profiten des Sklavenhandels beteiligten (meist noch ehe die Versklavten wirklich als Sklaven arbeiteten). Vor allem, weil das Erst- oder Ausgangskapital Mensch selbst Werte schuf und schnell in andere Kapitalformen umgewandelt werden konnte, standen frühe Bänker-Wechsler sowie Kaufleute, Kapitäne und Sklavenhandel in engstem Zusammenhang. Die iberischen Kronen, die befürchteten, dass ausländische Bänker, Monopolbrecher und Atlantikkreolen oder gar afrikanische Eliten (siehe oben) das große Geschäft mit den menschlichen Körpern machen und damit auch die Dominanz über den Atlantik zwischen Afrika und der Neuen Welt erlangen würden, zogen das Geschäft an sich. Sklavenhandel wurde zu einem Kronmonopol. Anrechtsscheine auf so und so viele Sklaven wurden als Lizenzen (*licencias*) vor allem an Höflinge vergeben. Diese Lizenzen wurden, wie oben gesagt, gerne von Bänkern, Kaufleuten und Wechslern aufgekauft.[38]

Um eine weitere Tendenz anzudeuten: Auch oberdeutsche Bankiers und Handelshäuser stiegen sehr zeitig in das transatlantische Sklavengeschäft ein; die Fugger eher über Portugal, die Welser eher über Kastilien. Die Welser erwarben bereits 1508 eine der größten Ländereien auf Teneriffa und bald Zuckeringenios mit Mühle auf La Palma.[39] Auch auf Madeira und auf europäischen Zuckermärkten waren die Welser und ihre Faktoren sehr aktiv. Fast seit Beginn finden wir die Welser auch auf Santo Domingo (*La Española*); sie vollzogen im Grunde die Monopolkontrolle der *Atlantisierung* zwischen den westafrikanischen und den karibischen Sklaven- und Zuckerinseln. Sie sicherten sich 1528 ein faktisches Monopol auf den *Cativo*- und Sklavenhandel zwischen Afrika und Amerika – die berühmten „4000 Neger", die durch alle Arbeiten der frühen Kolonial- und Sklavereigeschichte geistern.[40] Die Fugger nahmen vor allem durch Metallhandel (Kupfer, Messing) am atlantischen Aus-

---

[38] Vila Vilar, E.: Comienzos, 1999, 29–52.

[39] Weber, K.: Deutschland, 2009, 37–67, hier 41.

[40] Simmer, G.: Gold und Sklaven, 2000; Denzer, J.: Die Konquista, 2005; Zeuske, M.: Los Bélzares, 2007, 44–51.

tausch auf der Basis menschlicher Körper teil und investierten seit ca. 1530 auch an der Küste Brasiliens.[41]

1500 schlug Marchionni dem portugiesischen König jedenfalls vor, den Florentiner Amerigo Vespucci auf eine Fahrt zu den Küsten der Neuen Welt zu senden. Die weltgeschichtlichen Folgen waren großartig – seit 1507 wurde die neue Landmasse außerhalb Spaniens nach Vespucci „Amerika" genannt.[42] Marchionnis Firma schickte auch Kapitäne nach Benin und ließ sie dort Monopolhandel mit Sklaven treiben. Der Florentiner ließ die Sklaven nicht etwa nur nach Portugal, Spanien oder Madeira verschleppen, sondern lieferte sie vor allem auch nach El Mina, wo afrikanische Kaufleute die besten Preise für Sklaven zahlten.[43] In seiner Heimatstadt Florenz verkaufte Marchionni ebenfalls schwarze Sklaven.[44]

Vor seiner Fahrt nach Westen war Kolumbus also bestens vernetzt mit europäischen, vor allem italienischen Sklavenhändlern.

b) Die Fahrten nach *Las Indias* und die Sklavereien des Cristobal Colón
Kolumbus trat bereits seine erste Fahrt nach *Las Indias* als Sklavenhandels-Kapitän an, der vor allem Erfahrungen in der Kapitänssklaverei hatte (Menschen, vor allem Kinder an Küsten rauben für das schnelle Geschäft oder kurzfristige Finanzierungen). Er hatte neben den Vernetzungen mit den Sklavenhändlern/Wucherern bereits als Seemann und Kapitän des Mittelmeeres und des europäischen sowie afrikanischen Atlantiks Sklavengeschäfte gemacht.[45]

Im Bericht über seine zweite Reise beschreibt Kolumbus eine Razzienökonomie auf junge Menschen (eine Spezialität der Portugiesen):

> Ich sorgte dafür, einen Übersetzer zu haben [*lengua*: Zunge/Übersetzer – ein meist junger Mensch, der geraubt worden war, ähnlich den *Cafres*, *Moços* und *Grumetes* in Afrika] und ich erfuhr, dass alle diese Inseln [die kleinen Antillen] von *Caníbales* waren und bevölkert von den Leuten, die die anderen essen […] Was die Insel Mateninó [betrifft], von der alle Frauen sind, hatte ich keinen Ort noch Zeit, wegen meiner großen Eile [Kuba als östlichsten Teil Indiens zu erkunden], sie ist östlicher als Domenica [Dominica]; ich hatte Nachrichten von ihr,

---

[41] Schwartz, S. B.: A Commonwealth, 2004, 158–200.

[42] Lehmann, M.: Die , 2010.

[43] Thomas, H.: Introduction, 1997, 9–15, hier 10–11.

[44] Thomas, H.: I herded them, 1997, 68–86, hier 84–5.

[45] Varela, C.: Cristóbal Colón, 1992.

aber ich lasse die Fahrt dorthin für diesen Sommer, mit Ruderbooten. Als ich alle die Inseln der *Canibales* und die benachbarten befuhr, nahm ich sie ein und verbrannte die Häuser und Kanus. Sehe Eure Hoheit, ob sie gefangen genommen [*captivar* – d.h., versklavt] werden sollen, ich glaube, dass man danach von ihnen und den Frauen jedes Jahr unendlich viele haben kann.[46]

Kolumbus beschreibt hier Razziensklaverei und Sklavenzucht – anders lässt sich der Verweis auf die Reproduktionspotenzen versklavter Frauen nicht verstehen. Wie oben gesagt, schlug Kolumbus 1494 angesichts der Schwierigkeiten der Siedlungskolonisation, den katholischen Königen einen Tausch vor: Rinder und andere Lebensmittel sowie Werkzeuge, um eine neue Siedlung auf der Insel Hispaniola (*La Isabela*)[47] zu gründen, gegen „Sklaven von diesen Kannibalen."[48] „Schwierigkeiten der Siedlungskolonisation" bedeutet im Klartext: Haus- und Gebäudebau, Anlage von Plätzen und Straßen, Anlage und Sicherung eines Hafens sowie Erhaltung und Ausrüstung der Schiffe, kontinuierliche Versorgung der Siedler und der Versklavten, die die Häuser, Infrastrukturen und Mauern bauen sollten. Knapp wirtschaftlich ausgedrückt: Sklaverei und Razzien auf Menschen zur kurzfristigen Ausrüstung der Expansion und zugleich zur Deckung der Kosten (und Schulden) sowie der Arbeiten des Übergangs zur Siedlungskolonisation. Menschen als Kapital; Kapitänssklavenhandel. Kolumbus hielt zunächst Indios für bessere ‚Diener' (Sklaven) als Sklaven von Guinea oder Cabo Verde.[49] Im Februar 1495 waren infolge der kriegerischen Konflikte 1500 *Tainos*, Männer, Frauen und Kinder, in der Nähe von *La Isabela* gefangen genommen worden; 500–550 ließ Kolumbus, wie auch bei Humboldt oben erwähnt, auf die Karavellen als Sklaven verschleppen.[50] Er hatte schon 1493 und 1494 „viele" nach Spanien geschickt.[51]

---

[46] Colón, C.: Textos y documentos, 1992, 235–54, hier 250.

[47] Deagan, K./Cruxent, J. M.: Archaelogy, 2002.

[48] Colón, C.: Memorial, 1992, 254–68, hier vor allem 260–1; siehe auch: Gould, A. B.: Nueva lista, 1984.

[49] Colón, C.: Textos y documentos, 1992, 407–8. Siehe auch: Tardieu, J.-P.: Cristóbal Colón, 2002, 27–40.

[50] Die rund 500 Versklavten waren ebenfalls von Antonio Torres nach Spanien gebracht worden, siehe: Von Humboldt, A.: Von einigen Tatsachen. In: Ette, O.: Alexander von Humboldt, I, 189–289, hier 254–5.

[51] Brief von Michele de Cuneo an Gerolamo Annari, geschrieben in Savona zwischen dem 15. und 28. Oktober 1495. In: Berger, F.: Columbus, Christoph, 1991, 82–105, hier 102–3. Siehe auch: Mira Caballos, E.: Indios y mestizos, 2000, 46–8, 141–3.

Kolumbus und seine Gefolgsleute kontrollierten zunächst einen Küsten-punkt in diesem Meer der Inseln.[52] Sie planten nach westafrikanisch-portugiesischem Vorbild (Arguim, El Mina, Axim, Ribeira Grande), Handels-faktoreien zu bauen. Aber die Indios hatten keine Waren, die einen dauerhaft strukturierten kastilischen Fernhandel wert schienen. Zunächst waren indiani-sche Sklaven wirklich die ‚einzige Ware‘, die schnell Gewinne aus der Gold-produktion, als Währung und Tauschwaren erbringen konnten. Bei Kolumbus wird das ‚Insel-Modell‘ der ‚wilden Phase‘ der Kostenamortisation (Sammeln von leicht erreichbaren Ressourcen, Salz, Häute, Farbstoffen, Gewürze u.a., aber auch Razzien auf Menschen; Verweise auf diese Art Kostenamortisation finden sich in jedem Kronvertrag – *capitulación* – der Iberer) und die Orientie-rung auf die lebendige Ware schon in den ersten Briefen deutlich, mit denen er die ‚Entdeckung‘ ankündigte. Ich sage es noch einmal: Kolumbus hätte lieber viel Gold gefunden. Zunächst war die Realität der frühen Zeit aber die Skla-venrazzia nach dem Muster der 1440–50er Jahre in Nordafrika oder auf den Kanaren, wie sie Michele de Cuneo für Februar 1495 eindringlich beschreibt und wie sie fast alle Kapitäne der Zeit betrieben.[53] Kolumbus verhielt sich, zumindest was Sklavenfang betraf, seit 1494/95 wie ein Kapitän, der im Auf-trag großer Sklavenhändler zum Razzienkapitän wird bzw. in der Kontinuität zu mediterranen und westafrikanischen Sklaverei-Praktiken handelt. Das ist nicht etwa ein rein individuelles ‚Fehl‘-Verhalten, wie heutige Menschen schnell bereit sind anzunehmen, sondern das typische Verhalten iberischer ‚Entdecker‘-Kapitäne ‚on the spot‘. Sklavenfang in Razzien und *rescate* (oder *resgate* = grob: Raubhandel), zum Teil auch als Kronmonopol, fast immer aber von Schiffen aus, bildete die Klammer des frühen Atlantik, trotz oder gerade wegen der räumlichen Unterschiede.

Am Beginn der atlantischen Geschichte, die sowohl die Geschichte afri-kanischer wie amerikanischer Räume sowie das ‚Imperium der Inseln‘ ein-

---

[52] Zu den indianischen und kastilischen Ortsbezeichnungen siehe den Brief von Diego Álvarez Chanca, undatiert, aber möglicherweise Ende 1493 geschrieben, in: Fernández de Navarrete, M.: Colección de viajes, 1825, I, 198–224; Deutsch siehe: Brief von Diego Alvarez Chanca, der als Arzt an der zweiten Reise des Columbus teilnahm, an den Rat seiner Heimatstadt Sevilla (Sommer 1496 [die Datierung ist falsch]). In: Berger, F.: Columbus, Christoph, II, 58–82.

[53] Brief von Michele de Cuneo an Gerolamo Annari, geschrieben in Savona zwischen dem 15. und 28. Oktober 1495. In: Berger, F.: Columbus, Christoph, II, 82–105, hier 102–3. Consuelo Varela publiziert für 1496 eine Verkaufsliste von Sklaven (die wegen der exzeptionellen Seltenheit solcher Dokumente wichtig ist), siehe: Varela, C.: Colón y los florentinos, 1988, 150–7 (Documento XII).

schließt, haben wir es mit Sklavenrazzien von Iberern und anderen Europäern auf und von Schiffen sowie neuen Formen der Unfreiheit von Küstenbevölkerungen zu tun, die von einer Lokalität des Atlantiks in eine andere verschleppt wurden durch Sklavenhandelskapitäne und Sklavenkidnapper auf Kanus.

Am eindringlichsten hat Girolamo Benzoni 1541 die Razzien auf noch nicht unterworfene *Indígenas* beschrieben, die an die frühen Raubzüge (*resgate*) der Portugiesen an der Senegalküste Westafrikas erinnern und an die sich die Iberer in der Karibik seit den Versklavungspraktiken des Kolumbus gewöhnt hatten:

> Zwei Tage danach segelten wir von Cumaná [im heutigen Venezuela] los und folgten der Küste nach Levante [Osten] durch den Golf von Paria und wir fuhren dorthin, wo einige friedliche Kaziken lebten. Oft berührten wir Land an jenen Plätzen und für ein wenig Wein aus Spanien, ein Hemd, ein Messer und andere unsrige Sachen von wenig Wert, die der Gouverneur ihnen [den Kaziken] schickte, sandten sie einige ihrer Vasallen und Untergebenen, um uns jene Länder und Orte zu zeigen, wo wir gewisse Indios einfangen konnten, die ihre eingefleischten Feinde waren.[54]

Die ‚befreundeten‘ Indios (*guatiaos*) führten die europäischen Sklavenjäger und transportierten zugleich Nahrungsmittel für sie; die Razzien-Trupps zogen einige Dutzend Meilen landeinwärts, „und auf diese Art fingen wir zweihundertvierzig Sklaven; Männer und Weiber, große und kleine".[55] Die Sklavenfangtrupps nutzten auch indianische *piraguas* (Großkanus), in denen fünfzig Männer Platz hatten. Wenn sie an den Pariaküsten fischende Indios sahen, „sprangen wir raus wie es die Wölfe mit den Hammeln machen und machten sie zu Sklaven; auf diese Weise fingen wir mehr fünfzig ein, in der Mehrzahl Weiber mit kleinen Kindern".[56]

Damit entstand aber keine weitere Kin-Sklaverei, wie sie in den Amerikas bereits existierte, sondern *à la longue* eine völlig neue Form extremer Unfreiheit in den beiden oben genannten Dimensionen (eher verdeckte Sklaverei im Sinne von von *yndios*, *other slavery,* und Sklaverei von *negros* aus Afrika in den Amerikas), die verbunden waren mit Fremdheit, Kapitalakkumulation und der Konstruktion von Andersheit, konzentriert im Image des Kannibalen.[57]

---

[54] Benzoni, M. G.: La Historia, 1967, 22.

[55] Ibid.

[56] Benzoni, M. G.: De cómo, 1967, 23–4.

[57] Zeuske, M.: Fluch der Worte, 2002, 34–81; zu den Kannibalismus-Vorstellungen aus der

Bemerkungen zum Anfang der *Atlantic Slavery* – keine Konklusion
Emily Berquist hebt auf einer allgemeineren Ebene die Bedeutung der atlantischen Sklaverei, die noch nicht klar nach den beiden oben genannten Grunddimensionen unterschieden war, hervor:

> the Iberian empires developed a strangely symbiotic relationship in the fourteenth- and fifteenth-century Atlantic world, one largely defined by their mutual interests in the profits to be gained from providing, purchasing, and utilizing African slaves. As the economic parameters of the Atlantic slave trade were defined, the Spanish and Portuguese muddled through a conceptual link between servitude and blackness that would be carried to the New World with Columbus.[58]

In diesem Sinnen war Cristóbal Colón, Kolumbus, sowohl ein iberischer Kapitän, der genuesische Erfahrungen der Mittelmeersklaverei sowie portugiesische und kastilisch-spanische Erfahrungen der Ostseite des Atlantiks (Westafrika) gesammelt hatte und auf der Westseite des Atlantiks (Karibik; Antillen) anwandte. Er war ein Negrero-Kapitän in einer Gruppe von iberischen Sklavenhändlern und Kapitänen. Und er war einer der Gründerväter der *Atlantic Slavery* und des ‚Kapitalismus menschlicher Körper'.

Perspektive afrikanischer und afroamerikanischer Kosmologien, siehe: Thornton, J. K.: Cannibals, 2002, 273–94.

[58] Berquist, E. S.: From Africa, 2018, 16–39, hier 15; Delgado Ribas, J.: The slave trade, 2013, 13–42.

Bibliografie

Alessandrini, Nunziatella: Vida, história e negócios dos Italianos no Portugal dos Filipes. In: Cardim, Pedro/Freire Costa, Leonor/Soares da Cunha, Mafalda (Ed.): Portugal na Monarquia Hispânica. Dinâmicas de integração e conflito. Lissabon 2013, 105–32.

Ankenbauer, Norbert (Ed.): Paesi novamente retrovati – Newe unbekanthe landte. Eine digitale Edition früher Entdeckerberichte. Wolfenbüttel 2017: Editiones Electronicae Guelferbytanac. URL: http://diglib.hab.de/edoc/ed000145/start.html (23.03.2018).

Arcila Farias, Eduardo: Economía colonial de Venezuela. México 1946.

Benzoni, M. Girolamo: De cómo los españoles hacían esclavos a los indios. In: Benzoni, M. Girolamo: La Historia del Nuevo Mundo. Traducción y Notas de Vannini de Gerulewicz, Marisa. Estudio Preliminar de Crozat, León. Caracas 1967, 23–4.

Benzoni, M. Girolamo: La Historia del Nuevo Mundo. Traducción y Notas de Vannini de Gerulewicz, Marisa. Estudio Preliminar de Crozat, León. Caracas 1967.

Berger, Friedemann (Ed.): Columbus, Christoph: Dokumente seines Lebens und seiner Reisen. Auf Grundlage der Ausgabe von Jacob, Ernst Gerhard (1956) erweitert, neu herausgegeben und eingeleitet von Berger, Friedemann, 2 Bde. (Bd. I: 1451–1453, Bd. II: 1493–1506). Leipzig 1991.

Berquist, Emily Soule: From Africa to the Ocean Sea: *Atlantic Slavery* in the origins of the Spanish Empire. In: Atlantic Studies 15 (2018), N° 1, 16–39.

Bono, Salvatore: Schiavi. Una storia mediterranea (XVI–XIX secolo). Bologna 2016.

Bresc, Henri (Ed.): Figures de l'esclave au Moyen-Age et dans le monde moderne. Paris 1996.

Bulach, Doris/Schiel, Juliane (Eds): Europas Sklaven. Essen 2015.

Cameron, Catherine M.: The nature of slavery in small-scale societies In: Lenski, Noel/Cameron, Catherine M. (Ed.): What is a slave society? The practice of slavery in global perspective. Cambridge/New York 2018, 151–168.

Cave, Scott: Madalena: The entangled history of one indigenous Floridan woman in the Atlantic world. In: The Americas 74 (2017), N° 2, 171–200.

Colón, Cristóbal: Memorial que para los Reyes Católicos dio el Almirante Don Cristobal Colón en la ciudad de Isabela, a 30 de Enero de 1494 a Antonio Torres (30. Januar 1494). In: Colón, Cristóbal. Textos y documentos completos, Edición de Varela, Consuelo, Nuevas cartas: Edición de Gil, Juan. Madrid 1992.

Colón, Cristóbal. Textos y documentos completos, Edición de Varela, Consuelo, Nuevas cartas: Edición de Gil, Juan. Madrid 1992.

Deagan, Kathleen/Cruxent, José María: Archaelogy at La Isabela. America's first European town. New Haven 2002.

De Alencastro, Luiz Felipe: Lisboa, capital negreira do Ocidente. In: De Alencastro, Luiz Felipe: O Trato dos Viventes. Formacão do Brasil no Atlantico Sul, seculos 16. e 17. São Paulo 2000, 77–116.

De Almeida Mendes, António: Les réseaux de la traite ibérique dans l'Atlantique nord. Aux origines de la traite atlantique (1440–1640). In: Annales. Histoire, Sciences sociales 4 (2008), 739–68.

Delgado Ribas, Josep: The slave trade in the Spanish Empire (1501–1808): the shift from periphery to center. In: Fradera, Joseph Maria/Schmidt-Nowara, Christopher (Ed.): Slavery and antislavery in Spain's Atlantic empire. New York 2013, 13–42.

Denzer, Jörg: Die Konquista der Augsburger Welser-Gesellschaft in Südamerika 1528–1556. Historische Rekonstruktion, Historiographie und lokale Erinnerungskultur in Kolumbien und Venezuela. München 2005.

Ette, Ottmar (Ed.): Alexander von Humboldt, Die Entdeckung der Neuen Welt. 2 Bände. Frankfurt am Main/Leipzig 2009.

Ezquerra Abadia, Ramón: Los primeros contactos entre Colón y Vespucio. In: Revista de Indias 36 (1976), N° 143/144, 19–47.

Fernández Chaves, Manuel Francisco/Pérez García, Rafael Mauricio: La redes de la trata negrera: mercaderes portugueses y tráfico de esclavos en Sevilla (c. 1560–1580). In: Martín Casares, Aurelia/García Barranco, Margarita (Ed.): La esclavitud negroafricana en la historia de España. Granada 2010, 5–34.

Fernández Chaves, Manuel Francisco/Pérez García, Rafael Mauricio: La élite mercantil judeoconversa andaluza y la articulación de la trata negrera hacia las Indias de Castilla, ca. 1518–1560. In: Hispania 76 (2016), N° 253, 385–414.

Fernández de Navarrete, Martín: Colección de viajes y descubrimientos que hicieron por mar los españoles desde fines del siglo XV coordinada é ilustrada por Don Martin Fernandez de Navarette, 5 Bde. Madrid 1825.

Forret, Jeff/Scars, Christine E. (Ed.): New directions in slavery studies: commodification, community, and comparison. Baton Rouge 2015.

Friede, Juan: La extraordinaria experiencia de Francisco Martín (1531–1533), con nota preliminar de Juan Friede. In: Boletín Histórico 7 (1965), 33–46.

García del Pino, César: El financiamiento genovés de la conquista de Cuba. In: García del Pino, César: Vikingos, españoles, franceses y holandeses en América. Morelia 1994, 57–78.

García del Pino, César: Corsarios, piratas y Santiago de Cuba. La Habana 2009.

Gould, Alice Bache: Nueva lista documentada de los tripulantes de Colón en 1492. Madrid 1984.

Guillén, Fabienne Plazolles/Trabelski, Salah (Ed.): Les esclavages en Mediterranée. Espaces et dynamiques économiques (Moyen Âge et Temps Modernes). Madrid 2012.

Hofman, Corinne Lisette./Ulloa Hung, Jorge/Herrera Malesta, Eduardo/Jean, Joseph Sony: Indigenous Caribbean perspectives: archaeologies and legacies of the first colonised region in the New World. In: Antiquity 92 (2008), N° 361, p 200–216.

Keegan, William F.: Columbus was a cannibal: myth and the first encounters. In: Paquette, Robert Louis/Engerman, Stanley (Ed.): The Lesser Antilles in the age of European expansion. Gainesville 1996, 17–32.

Lehmann, Martin: Die Cosmographiae Introductio Matthias Ringmanns und die Weltkarte Martin Waldseemüllers aus dem Jahre 1507. Ein Meilenstein frühneuzeitlicher Kartographie. München 2010.

McKee, Sally: Domestic slavery in Renaissance Italy. In: Slavery & Abolition 29 (2008), N° 3, 305–26.

Mira Caballos, Esteban: El proyecto esclavista de Cristóbal Colón. In: Mira Caballos, Esteban: Indios y mestizos americanos en la España del siglo XVI. Frankfurt am Main/Madrid 2000, 46–8.

Mira Caballos, Esteban: Indios y mestizos americanos en la España del siglo XVI, prólogo de Domínguez Ortiz, Antonio. Frankfurt am Main/Madrid 2000.

Mira Caballos, Esteban: Nicolás de Ovando y los orígenes del sistema colonial español, 1502–1509. Santo Domingo 2000.

Morgado García, Arturo: Guerra y esclavitud en el Cádiz de la modernidad. In: Martín Casares, Aurelia/García Barranco, Margarita (Ed.): La esclavitud negroafricana en la historia de España, siglos XVI y XVII. Granada 2010, 55–74.

Morgado García, Arturo: Una metropolí esclavista: el Cádiz de la modernidad. Granada 2013.

Moya, José C.: Migración africana y formación social en las Américas, 1500–2000. In: Revista de Indias Vol. LXXII, núm. 255 (mayo-agosto 2012), 321–48.

Otte, Enrique: Das genuesische Unternehmertum und Amerika unter den Katholischen Königen. In: Otte, Enrique/Vollmer, Günter/Pietschmann, Horst (Ed.): Von Bankiers und Kaufleuten, Räten, Reedern und Piraten, Hintermännern und Strohmännern. Aufsätze zur atlantischen Expansion Spaniens, Stuttgart 2004, 235–83.

Pérez García, Rafael Mauricio: Las ciudades de Sevilla y Toledo en la conexión de las redes económicas judeoconversas entre Castilla y América a mediados del siglo XVI. In: Iglesias Rodríguez, Juan José/Pérez García, Rafael Mauricio/Fernández Chaves, Manuel Francisco. (Ed.): Comercio y cultura en la Edad Moderna. Actas de la XIII reunión científica de la fundación de Historia Moderna, 3 vols. Sevilla 2015, II, 539–52. URL: https://www.academia.edu/16288325 (06.10.2015).

Phillips Jr., William D.: La esclavitud desde la época romana hasta los inicios del comercio transatlántico. Madrid 1989.

Piqueras Céspedes, Ricardo: Entre el hambre y El Dorado: mito y contacto alimentario en las huestes de conquista del XVI. Sevilla 1997.

Reséndez, Andrés: The other Slavery: the uncovered story of Indian enslavement in America. Boston/New York 2016.

Rinke, Stefan: Conquistadoren und Azteken. Cortés und die Eroberung Mexikos. München 2019.

Schiel, Juliane: Sklavenbasar am Rialto. Das spätmittelalterliche Sklavengeschäft zwischen Marktlogik und Gabentausch. In: David, Thomas/Straumann, Tobias/Teuscher, Simom (Ed.): Neue Beiträge zur Wirtschaftsgeschichte. Zürich 2015, 179–97.

Schiel, Juliane: Mit zweierlei Maß: Der Adriaraum als Laboratorium spätmittelalterlicher Praktiken des Slaving. In: Südost-Forschungen 73 (2016), 155–71.

Schwartz, Stuart B.: A Commonwealth within itself. The early Brazilian sugar industry, 1550–1670. In: Schwartz, Stuart B. (Ed.): Tropical Babylons: sugar and the making of the Atlantic world, 1450–1680. Chapel Hill 2004, 158–200.

Simmer, Götz: Gold und Sklaven: Die Provinz Venezuela während der Welser-Verwaltung (1528–1556). Berlin 2000.

Tardieu, Jean-Pierre: Cristóbal Colón y Africa. In: Tardieu, Jean-Pierre: De l'Afrique aux Amériques Espagnoles (XVe–XIXe siècles). Utopies et réalités de l'esclavage. Paris 2002, 27–40.

Thomas, Hugh: I herded them as if they had been cattle. In: Thomas, Hugh: The slave trade. The history of the Atlantic slave trade: 1440–1870. London/Basingstoke 1997, 68–86.

Thomas, Hugh: Introduction. In: Thomas, Hugh: The slave trade. The history of the Atlantic slave trade: 1440–1870. London/Basingstoke 1997, 9–15.

Thornton, John K.: Cannibals, witches, and slave traders in the Atlantic world. In: William and Mary Quarterly 3rd series 60 (2002), N° 2, 273–94.

Valcárcel Rojas, Roberto/Ulloa Hung, Jorge: Introducción. La desaparición del indígena y la permanencia del indio. In: Valcárcel Rojas/Ulloa Hung (Ed.): De la desaparición a la permanencia: indígenas e indios en la reinvención del Caribe. Santo Domingo, R.D, 2018, 5–39.

Varela, Consuelo: Colón y los florentinos. Madrid 1988.

Varela, Consuelo: Una firma comercial: la sociedad entre Cristóbal Colón y J. Berardi. In: Varela, Consuelo: Colón y los florentinos. Madrid 1988, 49–57.

Varela, Consuelo: Cristóbal Colón. Retrato de un hombre. Madrid 1992.

Varela, Consuelo: Una compañía comercial. In: Varela, Consuelo: Cristóbal Colón. Retrato de un hombre. Madrid 1992.

Vieira, Alberto: Os Escravos no Arquipélago da Madeira. Séculos XV a XVII. Funchal 1991.

Vieira, Alberto: La isla de Madeira y el tráfico negrero en el siglo XVI. In: Revista de Indias 55 (1995), N° 204, 333–56.

Vila Vilar, Enriqueta: Comienzos de la trata de esclavos en el Caribe. In: Palabras de la Ceiba no 3. Sevilla 1999, 29–52.

Von Humboldt, Alexander: Von einigen Tatsachen, die sich auf Christoph Columbus und Amerigo Vespucci beziehen. In: Humboldt, Kritische Untersuchungen über die historische Entwickelung der geographischen Kenntnisse von der Neuen Welt und die Fortschritte der nautischen Astronomie in dem 15ten und 16ten Jahrhundert. Aus dem Französischen übersetzt von Dr. Jul[ius] Ludw[ig] Ideler. Berlin 1836–52.

Von Humboldt, Alexander: Über die ältesten Karten des Neuen Continents und den Namen Amerika. In: Lubrich, Oliver/Nehrlich, Thomas (Ed.), Alexander von Humboldt. Der Andere Kosmos. 70 Texte, 70 Orte, 70 Jahre 1789–1859. München 2019, 407–430.

Weber, Klaus: Deutschland, der atlantische Sklavenhandel und die Plantagenwirtschaft der Neuen Welt. In: Journal of Modern European History 7 (2009), N° 1, 37–67.

Wheat, David: Atlantic Africa and the Spanish Caribbean, 1570–1640. Chapel Hill 2016.

Wigen, Kären: The myth of continents: a critique of metageography. Berkeley 1997.

Wigen, Kären: Oceans in history: introduction. In: American Historical Review 111 (2006), N° 3, 717–21.

Zeuske, Michael: Fernandina und Tierra de Gracia (1492–1520) – zwei gescheiterte Kolonialexperimente als Voraussetzung der Conquista? Eine Problemskizze. In: COMPARATIV. Leipziger Beiträge zur Universalgeschichte und zur vergleichenden Gesellschaftsforschung 2 (1993), N° 1–2, 96–121.

Zeuske, Michael: Fluch der Worte: Kolumbus und die Ethnien des Inselatlantik am Rande der ersten Globalisierung. In: Zeuske, Michael: Sklavereien, Emanzipationen und atlantische Weltgeschichte. Essays über Mikrogeschichten, Sklaven, Globalisierungen und Rassismus. Leipzig 2002, 34–81

Zeuske, Michael: Schwarze Slawen, »weiße« Sklaven aus Afrika, Neger aus Guinea, Lucayos und Guajiros: Die Sklavereien des Christoph Kolumbus. In: Zeuske, Michael (Ed.): Schwarze Karibik. Sklaven, Sklavereikulturen und Emanzipation, Zürich 2004, 52–68.

Zeuske, Michael: Los Bélzares: de la colonización al saqueo: de la realidad al mito. In: Gmünder, Ulrich (Ed.): El Dorado. Sueños y realidades. Caracas 2007, 44–51.

Zeuske, Michael: Europa – Territorium der Sklavereien und der Profiteure des außereuropäischen Menschenhandels. In: Zeuske, Michael: Handbuch Geschichte der Sklaverei. Eine Globalgeschichte von den Anfängen bis heute. 2 Bde. Berlin/Boston, 2019 (2. Auflage), II, 799–870.

Zeuske, Michael: Sklavereien und Recht im spanischen Imperium. In: Zeuske, Michael: Handbuch Geschichte der Sklaverei. Eine Globalgeschichte von den Anfängen bis heute. 2 Bde. Berlin/Boston 2019, I, 415–434.

Zeuske, Michael: *Atlantic Slavery* und Wirtschaftskultur in welt- und globalhistorischer Perspektive. In: Geschichte in Wissenschaft und Unterricht 5/6 (2015), 280–301.

Zeuske, Michael: Atlantikkreolen. Leben auf und am Atlantik sowie *beyond the Atlantic*. In: Zeuske, Michael: Sklavenhändler, Negreros und Atlantikkreolen. Eine Weltgeschichte des Sklavenhandels im atlantischen Raum. Berlin/Boston 2015, 172–205.

Zeuske, Michael: Sklaverei. Eine Menschheitsgeschichte. Von der Steinzeit bis heute. Stuttgart 2018.

Zeuske, Michael: Andere globale Räume – andere Sklavereien. In: Zeuske, Michael: Sklaverei. Eine Menschheitsgeschichte. Von der Steinzeit bis heute. Stuttgart 2018, 154–71.

Christoph Kolumbus und die Schulden
Über das Autograph des Cristóbal Colón in der Sondersammlung der Universitätsbibliothek Rostock

Albrecht Buschmann

Einer der wertvollsten Handschriften im Bestand der Universitätsbibliothek Rostock ist ein Papier, mit dem Christoph Kolumbus im November 1502, gegen Ende seiner vierten und letzten Reise in die Karibik, eigenhändig seinen Sohn Fernando anweist, einem Gläubiger namens Roldán de la Sala 12 *Ducados* auszuzahlen. Auf der Rückseite bestätigt der Gläubiger im November 1504 mit seiner Unterschrift, dass ihm die besagte Summe ausgehändigt wurde. Die Schulden gegenüber diesem Herrn Roldán konnte Fernando bald darauf in Sevilla also begleichen. Zwei Jahre später starb sein Vater als kranker Mann in Spanien, ohne je wieder den Atlantik überquert zu haben. Doch ungeachtet seiner Kürze und Klarheit gibt das gerade einmal 220 x 80 Millimeter große Papier Rätsel auf: So ist nicht bekannt, wer jener „Roldán de la Sala" war, der sein Geld in die Ausrüstung von Kolumbus Schiffen investiert haben soll. Warum stellte der Admiral diese Zahlungsanweisung während seiner vierten Reise aus, unter höchst prekären Bedingungen vor der Küste des heutigen Panama segelnd?

Zu fragen ist auch nach dem globalgeschichtlichen und ethischen Kontext des Dokuments, das die Begleichung einer ökonomischen Selbstverpflichtung abbildet. Seit David Graebers Studie *Schulden: die ersten 5000 Jahre* (2012) kann man über solche Transaktionen nicht mehr sprechen, ohne auch die ihnen eingeschriebene moralische Dimension zu bedenken: Denn nicht nur Schulden sollen hier beglichen werden, sondern auch eine *Schuld*,[1] und beides im Zusammenhang transatlantischer Erkundung, Besatzung und Ausbeutung, also den ersten Schritten dessen, was einmal die koloniale Beherrschung der Amerikas werden sollte. Allgemeiner gesagt und in unsere Gegenwart übertragen: Ist hier nicht auch eine Schuld angesprochen, die wir als Erben und Profiteure des Kolonialismus zu begleichen hätten? Wie Michael Zeuske in seinem Beitrag zu diesem Band ausführlich darlegt, war Kolumbus vor seinem Aufstieg zum sogenannten *Entdecker* eines angeblich *neuen* Kontinents ein bestens vernetzter und professionell agierender Kapitän im florieren-

---

[1] Zu den „moralischen Grundlagen ökonomischer Beziehungen" cf. Graeber, D.: Schulden, 2012, insbes. 95–133.

den afrikanischen Sklavenhandel seiner Zeit. Die in diesem Geschäft gewonnenen Kompetenzen und Fähigkeiten habe er eins zu eins angewandt, als er es in der Karibik, wie schon zuvor Afrika, mit einer Weltgegend zu tun bekam, deren Bewohner den Europäern außer Menschen wenig wertvolle Ware anzubieten hatten. Die Erkundungsreisen des Kolumbus sind also auch in diesem konkreten globalökonomischen Kontext zu sehen: Sie stehen am Anfang des Geschäfts mit der Sklaverei im großen Stil, am Ursprung des nordatlantischen Sklavenhandels, am Nullpunkt der kapitalgetriebenen Neuordnung des Welthandels durch die europäischen Kolonialmächte.[2] Mit ihnen beginnt die „erste Phase beschleunigter Globalisierung".[3] Wenn diese These von Michael Zeuske stimmt, dann ist die Rostocker Handschrift ein Dokument dieses damals wie heute alltäglichen Geschäfts, das heute aber anders als damals als ethisch nicht vertretbar gilt.

Doch schauen wir uns zunächst das Papier genauer an, das zwischen zwei Glasplatten in der Sondersammlung der Universitätsbibliothek verwahrt ist. Ursula Thiemer-Sachse hat vor gut 25 Jahren in einem spanischsprachigen Aufsatz die Vorder- und Rückseite des handgeschriebenen Dokuments transkribiert, auf ihre grundlegende Arbeit stützen sich die folgenden Erläuterungen zu Text, Materialität, Provenienz und Sammlungsgeschichte des Autographen. Nach ihrer Transkription lässt sich auf der Vorderseite folgender spanischer Text erkennen:[4]

---

[2] Zu den Ursprüngen vgl. Zeuske, M.: Sklavenhändler, 2015, insbes. 270–85. Wie Michael Zeuske in seinem jüngsten Buch *Sklaverei: eine Menschheitsgeschichte von der Steinzeit bis heute* (2018) aufzeigt, sind vielfältige Formen der Sklaverei auch heute noch weltweit verbreitet und fester Bestandteil arbeitsteilig organisierter Weltwirtschaft (zum heutigen Fortleben der Praxis der Sklaverei insbes. Zeuske, M.: Menschheitsgeschichte, 2018, 212–20).

[3] Ottmar Ette unterscheidet vier Phasen beschleunigter Globalisierung, „die sich durch je spezifische Charakteristika voneinander unterscheiden und abgrenzen lassen und mit jenem Zeitpunkt einsetzen, zu dem es erstmals möglich wurde, durch die Nutzung des Meeres dank neuzeitlicher Navigationstechnik den Erdball zu umrunden und so ein erstes, noch rudimentäres Kommunikations- und Transportsystem weltweiten Zuschnitts zu errichten sowie aufrechtzuerhalten." (Ette, O.: Humboldt, 2009, 41–2). Die erste Phase umfasst nach Ette das Zeitalter der Entdeckungen seit dem späten XV. Jahrhundert; die zweite Phase markiert das Zeitalter der Aufklärung, in dem es seit Mitte des XVIII. Jahrhundert zu einer zweiten Welle von Entdeckungsfahrten kam, die nicht nur die Kartografie veränderte, sondern auch die Leitlinien für die koloniale Ausbreitung Europas und der USA in der zweiten Hälfte des XIX. Jahrhunderts vorzeichnete, die die dritte Phase der Globalisierung ausmacht; die vierte Phase setzt nach Ette mit den neuen Kommunikationstechnologien im letzten Drittel des XX. Jahrhundert ein. (Ette, O.: Humboldt, 2009, 42–3).

[4] Thiemer-Sachse, U: Autógrafo de Colón, 1992, 528–30.

Don Fernando hijo, dad a Roldán de la Sala (?) doce ducados. Doce ducados que para comprar bastimento a la gente de sus altezas que viniendo de las Indias el año noventa y seis / como sabe el señor obispo de Córdoba / y toma su conocimiento en las espaldas de este fecha en Sevilla a 23 de noviembre 1502 doce ducados. Xpo ferens

Don Fernando [gebt] dem Roldán de la Sala (?) zwölf *Ducados*. Zwölf *Ducados* [verwendet] zum Kauf von Ausrüstung von Leuten von Ihrer Hoheit, nach der Rückkehr aus Las Indias [Amerika] im Jahr 1496 / wie der Herr Bischof von Córdoba weiß / und bezeuge dies umseitig zu diesem Datum in Sevilla am 23 November 1502. Zwölf *Ducados* Xpo ferens [Christoph][5]

Abb. 1: Christoph Kolumbus: Autograph einer Zahlungsanweisung vom 23.11. 1502. UB Rostock, Mss. var. 124.1.

---

[5] Übersetzung: A.B. Außerdem auf der Vorderseite in anderer Schrift und mit anderer Tinte erkennbar: Eine einzeilige französischsprachige Erklärung, die die Autorschaft Kolumbus beglaubigt und die vermutlich vom Händler stammt, der das Blatt verkaufte (cf. Thiemer-Sachse, U.: Autógrafo de Colón, 1992, 525.

Auf der Rückseite des Dokuments ist zu lesen:[6]

conozco yo, Roldán de la Sala, que recibi de vos, don Fernando Colón, doce ducados en veintitres de noviembre de este año de quarto, y por qué es verdad forme aquí mi nombre Roldán de la Sala

Hiermit bezeuge ich, Roldán de la Sala, dass ich von Ihnen, Fernando Colón, 12 *Ducados* erhalten habe, am 23. November dieses Jahres vier [1504], und weil es richtig ist, stehe hier mein Name Roldán de la Sala

Wie ist diese Handschrift in den Bestand der Rostocker Bibliothek gelangt? Darüber lässt sich nur spekulieren. Im Katalog, mit dem der Professor für orientalische Sprachen und Bibliothekar Oluf Gerhard Tychsen 1789 die Bützower und Rostocker Bestände erfasste, fehlt jeder Hinweis auf den Text, aber in einem späteren (undatierten) Katalog, den er zu Beginn des XIX. Jahrhunderts geschrieben haben muss, führt er die Handschrift auf. Der enorme Wert des Papiers war Tychsen wohl bewusst,[7] weshalb das Schriftstück zusammen mit der Bulle, mit der Papst Martin V. 1419 die Gründung der *Universitas Rostochiensis* ermöglicht hatte, sicher innerhalb der astronomischen Uhr verwahrt wurde, die damals in der Bibliothek stand. Durch einen Vergleich aller Handschriften, die vor knapp 100 Jahren von Kolumbus bekannt waren, bestätigte Fritz Streicher 1928 erneut die Echtheit des Dokuments.[8] Auch die Datierung der Handschrift in das Jahr 1502 wird durch Streichers Studie bestätigt: Erstens auf Grundlage der Nennung der Jahreszahl selbst, vor allem aber, weil Kolumbus erst ab Mai 1502 begonnen habe, Schriftstücke mit der Unterschrift „Xpo" oder „po", versehen mit einem Überstrich, und „*ferens*" bzw. „*FERENS*" zu unterschreiben.[9]

---

[6] Cf. Thiemer-Sachse, U.: Autógrafo de Colón, 1992, 530–1.

[7] Das Wirken O.G. Tychsens an der Universität Rostock ist Gegenstand eines derzeit beantragten interdisziplinären DFG-Langzeitprojekts, an dem neben der Geschichte, der Medizingeschichte und der Orientalistik auch die Romanische Sprachwissenschaft, vertreten durch den Rostocker Professor Rafael Arnold, beteiligt ist.

[8] Vgl. Streicher, F.: Kolumbus-Originale, 1928, 196.

[9] Kolumbus nannte sich seinerzeit „*Christo ferens*" (eig. „*Christum ferens*"), was etwa so viel bedeutet wie „Christusträger", i.S.v. „Überbringer der christlichen Botschaft, ... Auserwählter Gottes, der berufen ist, die Weissagungen der Heiligen Schrift im Rahmen des göttlichen Heilsplans zu erfüllen" (Gewecke, F.: Kolumbus, 2006, 90). Zu dieser christologischen Selbststilisierung gelangte er, weil er sich in die Nachfolge Jesu stellte und sein Werk – die Entdeckung des Seewegs nach Indien – als Erfüllung eines göttlichen Plans betrachtete.

Es kann also kein Zweifel daran bestehen, dass Christoph Kolumbus der Autor dieses Schriftstückes ist. Betrachten wir also die Umstände seiner Ausstellung, denn nur so lässt sich diese Zahlungsanweisung in ihrer spezifischen historischen Situation verstehen.

Kolumbus vierte Reise (Mai 1502 bis 7. November 1504)

Die Rostocker Kolumbus-Handschrift wurde während einer Reise verfasst, die die vorherigen an Dramatik und Lebensgefahr noch weit übertraf.[10] Der Admiral trat sie an als gekränkter Mann: Von der dritten Reise war er 1500 in Ketten gelegt zurückgekehrt, weil ihn die spanische Krone wegen seiner Schwächen als Gouverneur und Verwalter abgesetzt und durch Francisco de Bobadilla ersetzt hatte, einem Adeligen des Alcántaraordens. Wegen seines Widerstandes gegen diese Entmachtung wurde Kolumbus als Gefangener zurück nach Spanien geschickt, trotz seines zehn Jahre zuvor vertraglich zugesicherten Status als ‚Großadmiral des Ozeanischen Meeres, Vizekönig und Generalgouverneur der entdeckten und noch zu entdeckenden indischen Inseln und Lande‘. Zurück in Spanien, musste er nicht nur um seinen Status und seine Privilegien kämpfen, sondern auch der Meinung entgegentreten, sein Projekt – die Suche nach einem neuen Seeweg nach Indien – sei ökonomisch auf ganzer Linie gescheitert. Dabei schien sein Versagen auf der Hand zu liegen: 1499 war Vasco da Gama von seiner Fahrt um Afrika herum bis nach Kalikut zurückgekehrt, womit die Portugiesen – so die Wahrnehmung der Zeitzeugen um das Jahr 1500 – den Wettlauf um den Seeweg nach Indien gewonnen hatten. Kolumbus hingegen hatte immer noch nichts Vergleichbares vorzuweisen: Weder Gold noch Gewürze waren auf jenen Inseln zu finden, die er beharrlich ‚Westindische Inseln‘ nannte. Da sich König Ferdinand außerdem vor allem damit befasste, die spanische Vormacht im italienischen Vizekönigreich zu sichern, sank das Interesse der Krone, Kolumbus rechtliche Ansprüche zu bestätigen, seinen geographischen Visionen weiterhin Glauben zu schenken und deren Umsetzung zu unterstützen.

Eine Analyse von Ertrag und Verlauf seiner ersten drei Reisen legten der Politik vielmehr die Erkenntnis nahe, dass der Genuese Kolumbus keine Chance hatte, fern der iberischen Halbinsel, auf sich allein gestellt und nur unterstützt von wenigen (italienischen) Gefolgsleuten, gegenüber kastilischen

---

[10] Die folgenden Ausführungen zur Vita des Kolumbus, insbesondere jener letzten Karibik-Reise, folgen der Darstellung in Gewecke, F.: Kolumbus, 2006, 58–64; Varela, C.: Retrato de un hombre, 1992; Colón, C.: Cuatro viajes, [7]2007, 274–95; Bitterli, U.: Entdeckung Amerikas, 1991, 27–91.

Adeligen seine verbriefte Autorität durchzusetzen. Als Politiker und Gouverneur war er offenbar unbrauchbar. Als Navigator und Entdecker hingegen war er weiterhin wichtig:[11] Deshalb schickte man ihn im Mai 1502 mit vier Schiffen, 140 Mann Besatzung mit dem Auftrag los, das Gebiet westlich der karibischen Inseln zu erkunden, in der Hoffnung, doch noch Festland und damit vielleicht einen Seeweg nach Indien zu finden. Angekommen auf Hispaniola (dem heutigen Haiti/Dominikanische Republik), wurde ihm im Juli vom neuen Gouverneur Nicolás de Ovando die Zufahrt zum Hafen von Santo Domingo verwehrt – für die politischen Machthaber der Neuen Welt war Kolumbus nur mehr ein Störenfried. Mitte September des Jahres 1502 erreichte er den Isthmus auf Höhe des heutigen Honduras. Vor der Küste Panamas, er nannte den Ort Veragua, wähnte er sich, gestützt auf die Informationen der Einheimischen, nur noch wenige Tage Seereise vom Fluss Ganges entfernt; tatsächlich sollte zehn Jahre später Vasco Núñez de Balboa genau hier den Übergang zum Pazifik entdecken. Von November bis Mai befand sich Kolumbus vor dieser Küste, wo er eine Siedlung zu gründen versuchte, was jedoch am vehementen Widerstand der Indigenen scheiterte. Zwei seiner vier Schiffe musste er aufgeben, da sie von Bohrwürmern zerfressen und undicht geworden waren. In dieser Phase schrieb Kolumbus zahlreiche Papiere, Bittbriefe, Berichte an die Könige (die vom Gold in der Nähe von Veragua schwärmte, denn noch nie habe er so viele und glaubwürdige Berichte darüber erhalten wie dort) – und eben auch die uns vorliegende Zahlungsanweisung. Warum verfasst Kolumbus dieses Papier in dieser Situation? Ursula Thiemer-Sachse kommt, nach Diskussion aller Erklärungsvarianten, zu dem Schluss, dass er angesichts seiner schwierigen Lage – die Lecks der Schiffe, kein Durchkommen nach Westen, erneut aufziehende Stürme, drohendes Scheitern der Mission – seine finanziellen Angelegenheiten habe ordnen wollen.[12] Darüber hinaus lässt sich auch seine angeschlagene Gesundheit anführen, die an seinen Kräften zehrte; Kolumbus wurde von schwerem Fieber geplagt und litt bereits damals an Gicht oder Arthritis. Dieser Gesundheitszustand könnte erklären, warum er an eine Rückkehr seiner Reisegefährten noch glaubte, aber nicht unbedingt an seine eigene: Denn der Agent, der die Transaktion „in Sevilla" durchführen sollte, war sein Sohn Fernando, zum damaligen Zeitpunkt 13 Jahre alt. Hätte Kolumbus angenommen, dass

---

[11] Zu Kolumbus Qualitäten als Navigator aus Sicht der Geographie, cf. Gierloff-Emden, H.-G.: Nautische und ozeanische Bedingungen, 1994.

[12] Cf. Thiemer-Sachse, U.: Autógrafo de Colón, 1992, 536: „Es muy posible que Colón, en vista de las tormentas amenazantes y estando todavía en el mar, haya querido arreglar sus asuntos financieros."

keiner seiner Expeditionsteilnehmer überleben würde, warum hätte er dann seinem Sohn den Auftrag zur Begleichung seiner Schulden geben sollen? Wie schwer allerdings die Weiterreise tatsächlich werden sollte, konnte er zu diesem Zeitpunkt im Winter 1502/03 noch nicht ahnen. Im Mai erlitt er an der Ostküste Jamaikas Schiffbruch. Ein Teil der Mannschaft gelangte mit Kanus und zu Fuß bis nach Santo Domingo, um Hilfe zu holen, doch Gouverneur Nicolás de Ovando schickte erst nach Monaten überhaupt ein Schiff zu den Überlebenden – das aber nur etwas Verpflegung lieferte und dann wieder abdrehte. Erst Ende Juni 1504, nach über einem Jahr als Schiffbrüchige, wurden Kolumbus und die restlichen Überlebenden seiner Mannschaft gerettet. Der Admiral hatte in der Zwischenzeit mit Meutereien seiner eigenen Leute zu kämpfen, und mit dem zunehmend aggressiven Gebaren der Einheimischen. Nur indem Kolumbus seine astronomischen Kenntnisse nutzte und eine Sonnenfinsternis vorhersagte, konnte er sich vor den Indigenen so überzeugend als mächtiger Mann mit gleichsam übernatürlichen Fähigkeiten inszenieren, dass er unversehrt blieb. Zurück in Sicherheit, d.h. unter Spaniern in Santo Domingo, rüstete Kolumbus sich wieder ein Schiff aus; wohlhabend war er ja, denn ein Zehntel der Einnahmen aus den entdeckten Gebieten hatte er sich 1492 vertraglich zusagen lassen, und dieser Teil des Vertrags wurde von der Krone auch weitgehend erfüllt. Am 7. November 1504 betrat er wieder spanischen Boden, im Gepäck unsere Zahlungsanweisung inmitten eines wahrscheinlich fest verschnürten Bündels mit Schriftstücken. Denn auf dem Dokument finden sich unleserliche Abdrücke der Tinte von anderen Manuskripten, die sich, vermutlich wegen des Drucks und des feuchten Klimas, auf das Papier übertragen haben.[13]

Keine zwei Wochen später unterschrieb Roldán de la Sala auf der Rückseite, dass er sein Geld zurückerhalten hatte. Möglicherweise handelte es sich um einen ‚piloto‘, einem Schiffsführer, der in Spanien wie auf Santo Domingo Besitzungen erworben hatte, und den auch der früheste Biograph Kolumbus, der Dominikanermönch Bartolomé de las Casas, in seinen Schriften erwähnt.[14] Doch bei dem dort erwähnten „Roldán" fehlt wie bei allen anderen in Frage kommenden Akteuren der Beiname „de la Sala", so dass diese Zuschreibung nur unter großem Vorbehalt gemacht werden kann.

---

[13] Cf. Thiemer-Sachse, Ursula: Autógrafo de Colón, 1992, 525.

[14] Cf. Ibid., 538.

Das Wissen des Kolumbus – der wissenschaftsgeschichtliche Ort der Handschrift

Die bis hierher skizzierte Beschreibung der Materialität der Handschrift sowie der historischen Hintergründe ihrer Entstehung sind nur angemessen zu verstehen, wenn man den wissens- und wissenschaftsgeschichtlichen Kontext bewusst macht, in den die Figur Christoph Kolumbus je nach Jahrhundert und je nach Fach eingeordnet wird. Denn auch wir Zeitgenossen des XXI. Jahrhunderts betrachten ihn auf Grundlage der teils höchst widersprüchlichen Narrative, mit denen die Figur des Admirals seit über 500 Jahren erfasst wird. Ohne Kenntnis des Echoraums der Erzählungen über ihn verfällt man nur allzu leicht in Stereotype, die heutzutage Teil eines modernen Mythos um seine Figur geworden sind.[15]

Die Handschrift selbst sagt wenig („A beauftragt B eine Summe X an C zu zurückzahlen"). Aber wer über Kolumbus und seine Schriften schreibt, sagt viel über seine Zeit und seinen Ort. Anders gesagt: Mit Kolumbus beginnt die europäische Großerzählung, mit der unseres Kontinent sich in Lateinamerika spiegelt. Schon im *Ersten Brief aus der Neuen Welt*, Kolumbus Bericht von seiner ersten Reise, einem europäischen Bestseller des Jahres 1493, finden sich wirkmächtigen Zuschreibungen, deren Echos sich teilweise bis in die Gegenwart tradiert haben.[16] Vordergründig beschreibt er die Neue Welt, vor allem aber ist er ein Spiegel der Erwartungen und Hoffnungen, der Werte und Glaubensvorstellungen des Autors. So blickt dieser Gründungstext über einen ersten transatlantischen Kulturkontakt zwar auf die Bevölkerung der Inseln, reformuliert aber vor allem Erzählmuster eigener Überlegenheit.[17] Zwei Beispiele hierfür: Kolumbus kam aus einer Welt, in der Kleidung den Stand des Einzelnen in der Gesellschaft ausdrückte; die Nacktheit der Indigenen war ihm folglich eindeutiger Beleg für ihre Unzivilisiertheit und ihren Hang zur Unzucht, aber

---

[15] Den Begriff des ‚modernen Mythos' hat die Rostocker Romanistin Stephanie Wodianka in jüngster Zeit in mehreren Publikationen erforscht, u.a. in dem mit Juliane Ebert herausgegebenen *Metzler Lexikon moderne Mythen* (2014), in dem Kolumbus auch ein Eintrag gewidmet ist.

[16] Die Entstehung des Textes auf der Rückfahrt von der ersten Reise, seine Übersetzung ins Lateinische sowie deren europaweite Verbreitung ab April 1493 rekonstruiert Wallisch in seinem „Vorwort". Vgl. Wallisch, R.: Der erste Brief, 2006, 5–11.

[17] Eine frühe Kritik dieser vermeintlich überlegenen Selbstbespiegelung des Europäers im Indigenen findet sich in Michel de Montaignes bereits 1580 veröffentlichten Essay über die „Kannibalen" (De Montaigne, Michel: Cannibales, 2007).

auch für ihre friedfertige Kindlichkeit. Manche Indigene wehrten sich gegen die Spanier, opferten ihre Gefangen in unerklärlichen Riten; mit Kolumbus Zeilen hierüber begann die Großerzählungen von den ‚Kannibalen' und der vermeintlichen Gewalttätigkeit der Indigenen.[18] Über Kolumbus Schriften und über Amerika zu schreiben heißt also von Beginn an auch: über das Selbstbild als Europäer schreiben.

Wie Michael Zeuske in seinem Beitrag in diesem Band ausführt, war Kolumbus nach seinem Tod schnell vergessen. Dem Florentiner Amerigo Vespucci hingegen gelang es, dank geschmeidiger Selbstinszenierung und der Fügung, dass der Lothringische Kartograph Martin Waldseemüller seine Briefe aus der Neuen Welt (*Mundus Novus*, 1503) als wissenschaftlichen Traktat auffasste, zum Namensgeber des Kontinent zu werden: Waldseemüller war es, der den Einfall hatte, den neuen Kontinent auf einer 1507 gestochenen Karte seiner *Cosmographiae Introductio* „America" zu nennen, abgeleitete von der lateinischen Schreibweise des Namens als „Americus Vespucius". Damit war Kolumbus Name in die zweite Reihe verwiesen. In den juristischen Streitigkeiten des frühen XVI. Jahrhunderts, mit denen Kolumbus Söhne gegenüber der Krone ihre verbrieften Rechte wahren wollten, griffen ihre Gegner zu allen Tricks, um Kolumbus Rolle bei den ersten Reisen in den 1490er Jahren kleinzureden: So sei etwa nicht er, sondern der zweite Kapitän Martín Alonso de Pizón bei der ersten Expedition die treibende Kraft für die Weiterfahrt gewesen und habe auch als erster seinen Fuß an Land gesetzt – also sei er (und damit ein waschechter Spanier, kein Italiener) der Entdecker der Neuen Welt. Der Chronist Gonzalo Fernández de Oviedo argumentierte, der Kontinent sei eigentlich in den Schriften schon immer bekannt gewesen, Amerika sei also keine ‚neue' Welt, sondern eine ‚vergessene', die man nur habe ‚wiederfinden' müssen.[19]

---

[18] Auf sprachliche Herausforderungen im Verlauf seiner Reise hatte sich Kolumbus durchaus vorbereitet, denn er nahm einen Übersetzer mit an Bord: Teil der Mannschaft war Luis de Torres, ein konvertierter Jude, der angeblich die hebräische und khaldäische Sprache beherrscht und auch etwas Arabisch verstand, wie der Admiral am 2.11.1492 in seinem Bordbuch notiert. Doch all diese Sprachkenntnisse halfen nicht bei der der Begegnung mit den Inselbewohnern im Westen. Der Begriff „Kannibale" entstand einerseits als Verballhornung der Selbstbenennung der „Kariben", jener Bewohner der Inseln der „Karibik", andererseits durch sprachkreative Verbindungen, die Kolumbus zu lateinisch „*can*" (= Hund) und „Khan" (= Mongolenführer). Eroberung Amerikas, 1982, 11–67; Buschmann, A.: Übersetzen über den Atlantik, 2015.

[19] Die neuere kulturwissenschaftliche Forschung geht noch einen Schritt weiter und hebt all diejenigen Quellen und Konjekturen hervor, die es erlauben, für die frühe Neuzeit sogar von einer *Erfindung* der Neuen Welt zu sprechen (cf. Borchmeyer, F.: Ordnung des Unbekannten, 2009, insbes. 171–353; Ette, O.: Colón y la colon/ización, 1994).

Bartolomé de las Casas hingegen, der mit seinen Schriften die Grausamkeit der Konquistadoren anprangerte, um für das Überleben der Indigenen zu kämpfen, sprach Kolumbus von einer Mitschuld am Massenmord frei. Seine Sichtung der Texte des Admirals ist die wichtigste biographische Quelle der Forschung, und nach de las Casas Erzählung war Kolumbus der ‚good guy‘, der geniale Navigator, der ‚nur‘ entdeckte, während die Konquistadoren, die ihn rüde beiseiteschoben, als die ‚bad guys‘ beschrieben sind, die er als skrupellose und goldgierige Mörder anprangert. Damit war der Weg bereitet für eine narrative Aufspaltung der historischen Figur in einen guten Kolumbus (den Entdecker) und einen schlechten (Eroberer und Sklavenhändler),[20] die bis heute immer wieder in den Darstellungen seiner Person zu finden ist. Mit europäischer Dimension findet sie sich in der sogenannten ‚Schwarzen Legende‘, mit der italienische und französische Autoren ab Mitte des XVI. Jahrhunderts die weltbeherrschende Stellung Spaniens kritisierten: Unter anderen auf der Grundlage von de las Casas' Schriften stellten Autoren wie Pietro Martire d'Anghiera das Vorgehen der Spanier in den Amerikas als brutal, grausam, unmenschlich, unchristlich dar, wobei Kolumbus mit alledem nichts zu tun gehabt habe. Formulierung wie die, ‚der Genuese‘ sei ‚im Auftrag der spanischen Krone‘ gesegelt, sind in diesem propagandistischen Zusammenhang aufschlussreich: Kolumbus wird hier präsentiert als Nichtspanier, der in einem modernen Auftragskontext agiert habe; all die schrecklichen Folgen seiner ‚Entdeckung‘ waren dann diesen Auftraggebern anzulasten.

Jenseits dieser dynastischen und juristischen Streitigkeiten interessierte sich die Wissenschaft des XVI. und XVII. Jahrhunderts wenig für Kolumbus und die Neue Welt, denn die Humanisten der Renaissance waren vor allem damit beschäftigt, eine andere neue Welt zu entdecken, die der klassischen Antike. Erst die französische Aufklärung reflektierte über Kolumbus als „Urheber der größten Entdeckung, die jemals gemacht wurde",[21] gefolgt vom Doppelbild der Romantik, das in ihm mal den großen Idealisten sieht (der sich gegen kleinliche Einwände von dummen Realisten durchzusetzen hat), mal den grüblerischen Zweifler, der vom Schicksal gebeutelt als tragischer Held endet. Einer der wenigen Autoren, der sich noch einmal alle verfügbaren Quellen zu Kolumbus Vita selbst anschaute und sich, um ihn besser verstehen zu können, aus ganz Europa Kopien der Seekarten schicken ließ, die der Admiral zur Ver-

---

[20] Cf. Paul, H.: Kolumbus, 2014, 230.

[21] Cf. Gewecke, F.: Kolumbus, 2006, 105.

fügung hatte,[22] ist der preußische Naturforscher Alexander von Humboldt. In seinen Schriften, vor allem in den zwischen 1834 und 1838 zuerst in französischer Sprache gedruckten mehrbändigen Werk *Examen critique…*,[23] in dem er minutiös die Entdeckungsgeschichte der Neuen Welt rekonstruiert, stellt er einen Kolumbus vor, der als großer Mann, luzider Nautiker und unbeirrbarer Kopf erscheint, was einerseits in einer Linie mit dem romantischen Kolumbusbild steht, andererseits als Spiegelung des Autors in seiner Figur gelesen werden kann. Schließlich galt von Humboldt bald nach seiner eigenen Amerikareise (1789 bis 1804) als 'zweiter Entdecker' des Kontinents, gleichsam als besserer Nachfolger des Genuesen, schließlich hatte er frei von dynastischen Interessen und allein wissenschaftlich den Kontinent neu vermessen.[24]

Doch Alexander von Humboldts faktenreiche und klug abwägende Studie konnte nicht verhindern, dass Kolumbus in der zweiten Hälfte des XIX. Jahrhunderts mehr und mehr als politisch-ideologische Projektionsfläche missbraucht wurde: Im Italien des *Risorgimento* stilisierten Dramen und Opern den Genuesen zur Heilsfigur, als nationalen Helden für das politisch zersplitterte Land.[25] Der französische Adelige Antoine-François-Félix Rossely de Lorgues verschrieb sich ab den 1840er Jahren dem Projekt der Seligsprechung des Kapitäns:[26] Denn nur Gottes Wirken könne seine Leistung erklären, der zweifelsohne eine von der Vorsehung auserkorene Gestalt gewesen sei, so die in Dutzenden Veröffentlichungen wiederholte These, die mit aggressiven Ausfällen gegen protestantische Historiker einherging.

---

[22] Das Werk ist einschließlich der Seekarten wieder verfügbar im 2. Band bei von Humboldt, A.: Kritische Untersuchungen, 2009.

[23] Vollständiger Titel in deutscher Übersetzung, die 1838 erschien: *Kritische Untersuchungen über die historische Entwicklung der geographischen Kenntnisse von der Neuen Welt und den Fortschritten der nautischen Astronomie im 15. und 16. Jahrhundert* (= *Examen critique de l'histoire et de la géographie du Nouveau continent et des progrès de l'astronomie nautique au quinzième et seizième siècle*).

[24] Cf. hierzu Ette, O.: „Unser Welteroberer", 1992; sowie Ette, O.: Humboldt, Colón und die Wiederentdeckung Amerikas, 1992.

[25] Cf. Bushman, C. L.: America discovers Columbus, 1992.

[26] Cf. Heydenreich, T.: Columbus – ein Heiliger?, 1995.

1892 wurde der Jahrestag[27] der ersten Reise Richtung Karibik erstmals rund um den Globus in groß geplanten, wenn auch konkurrierenden Festakten begangen: Das wiedervereinigte Italien huldigte dem eigenen Nationalhelden, während die USA Kolumbus als ‚founding father' der Nation feierten (der vor allem auch katholischen Einwanderern aus Irland und Italien eine Identifikationsfigur war). Spanien beanspruchte in seiner Erzählung das Monopol auf den Entdecker, hob dabei vor allem den genuin spanischen Beitrag zum Gelingen hervor und fand folglich keinen Weg, den Genuesen überzeugend als spanischen Helden zu integrieren.[28] Bei der Fünfhundertjahrfeier 1992 blamierte sich Spanien erneut nach Kräften, indem es seine Festkommission zunächst die Feier der „Entdeckung Amerikas" vorbereiten ließ und erst nach heftigen Protesten lateinamerikanischer Regierungen (die ja zu den Festlichkeiten eingeladen werden sollten) die windelweiche Formel „Begegnung zweier Welten" hinterherschob. Die Zivilgesellschaften hatten zu diesem Zeitpunkt schon ihre eigene Sicht gefunden und geformt: In Performances wurde Kolumbus der Prozess gemacht (schuldig wegen Völkermord, Urteil: Hinrichtung), Graffitis prangerten 500 Jahre Völkermord an den Indigenen an, Karikaturisten machten sich über einen unpassend gekleideten Herrn lustig, der Insulanern verkündet, er habe sie hiermit ‚entdeckt',[29] und der hoch angesehene Romancier Augusto Roa Bastos veröffentlichte zum Jahrestag den Roman *Die Nacht des Admirals*, der die Eroberung Amerikas als größten Massenmord aller Zeiten, als amerikanischen Holocaust beschrieb. Der Versuch, Kolumbus via Kino neuerlich als Helden, als weißen, gläubigen ‚all northern hero' erstrahlen zu lassen, scheiterte: Ridley Scott und sein Hauptdarsteller Gérard Depardieu boten mit *1492: The Conquest of Paradise* einen Film, einen Kolumbus, der sich in seinem holzschnittartigen Profil eines typischen Hollywoodhelden selbst fremd zu sein schien.[30]

---

[27] Zur vergleichenden Analyse der Jahrestage cf. Wawor, G./Heydenreich, T.: Columbus 1892/1992, 1995 und Ette, O.: Tres fines de siglo, 2009.

[28] Zu den Jahrestagen cf. Gewecke, F.: Kolumbus, 2006, 128–30; Bernabeu Albert, S.: Centenario interminable, 1995.

[29] Womit ein alter Aphorismus aus Georg Christoph Lichtenbergs *Sudelbüchern* variierte wurde: „Der Amerikaner, der den Kolumbus zuerst entdeckte, machte eine böse Entdeckung." (Lichtenberg, G. C.: Schriften und Briefe, [3]1991, 166).

[30] Zu Literatur und Kino über Kolumbus und die Entdeckungsfahrten, cf. Schlickers, S.: La conquista imaginaria, 2015.

Kolumbus, Rostock und die Erforschung der spanischsprachigen Welt

Mit der Erkundung und Etablierung des transatlantischen Seeverkehrs zwischen Europa und Lateinamerika verschoben sich Achsen des Welthandels, wie Europa sie bis zum Ende des XV. Jahrhunderts gekannt hatte: Der Austausch mit dem Orient fand nicht mehr hauptsächlich über das Mittelmeer statt, sondern über den Atlantik, der zum wichtigsten Handelsweg aller Anrainerstaaten wurde. Spanien, Frankreich und England konkurrierten fortan um die führende Position in der Weltwirtschaft und erschlossen neue Handelsverbindungen auch nach Afrika und Asien. Die Ostsee und ihre Anrainer verloren demgegenüber an Bedeutung. Anders gesagt: In der Geschichte von Blüte und Niedergang Rostocks in der frühen Neuzeit spielten Kolumbus und die mit ihm beginnende erste Phase beschleunigter Globalisierung eine zentrale Rolle.

Im universitären Lehr- und Forschungsprogramm spielte Lateinamerika lange Zeit eine nachgeordnete Rolle, nicht nur in Rostock. Als sich im XIX. Jahrhundert die Nationalphilologien als Universitätsdisziplinen ausdifferenzierten, waren alle Sprachen, die aus dem Lateinischen hervorgegangen waren, zunächst im Fach Romanistik zusammengefasst. In Rostock wurde bereits 1832 ein Lehrstuhl für Romanistik eingerichtet, der drittälteste in Deutschland.[31] Im Fächerkanon der Romanistik des XIX. und XX. Jahrhunderts dominierte traditionell die Beschäftigung mit dem Französischen und dem Italienischen; Spanien galt demgegenüber als weniger relevant, und noch viel mehr die Länder Lateinamerikas.[32] Erst in den 1970er Jahren begann in den westlichen Staaten der Aufschwung der Hispanistik und vor allem der Lateinamerikanistik, was sicherlich auch mit der Anziehungskraft zusammenhing, die lateinamerikanische Befreiungsbewegungen und vor allem die kubanische Revolution auf Dozenten und Studenten ausübten. In Westberlin und Hamburg entstanden zwei interdisziplinäre Forschungszentren, in denen Politologen, Historiker, Soziologen sowie Literatur- und Kulturwissenschaftler gemeinsam und interdisziplinär an der Erforschung des Kontinents arbeiteten.

In der DDR fand unter anderen Vorzeichen eine ähnliche Entwicklung statt, die eng mit dem Wissenschaftsstandort Rostock verknüpft ist:[33] 1964

---

[31] „Die Romanistik in Rostock kann auf eine lange Geschichte zurückblicken. Bereits **1832** wird hier eine Professur eingerichtet, damit ist sie, nach Gießen (1827) und Bonn (1830), die drittälteste Romanistik in Deutschland. Es folgen 1833 Halle, 1844 Tübingen und 1853 München." (Windisch, R./Plesch, S. [nach Vorlage von]: Geschichte., o.S., o.J.)

[32] Cf. Kohut, K.: Literaturwissenschaft, 1992, 389–91.

[33] Zur Geschichte des Rostocker Instituts Ahrendt-Völschow, D.: Lateinamerikawissenschaften, 2004; Modlich, R.: La narrativa de la „Revolución", 2016. Zur Situation der La-

wurde hier das bisherige Institut für Romanistik nach einigen Jahren der Vorbereitung überführt in ein „Lateinamerika-Institut" (1968 umbenannt in „Sektion Lateinamerikawissenschaften"),[34] mit dessen Einrichtung die DDR auf die Herausforderung reagierte, für die künftigen Beziehungen zu befreundeten Staaten in Lateinamerika (allen voran Kuba) Personal auszubilden und Expertise zu erlangen. Bis zur Auflösung des Instituts nach der deutschen Wiedervereinigung war es das Ziel, „lateinamerikawissenschaftlich profilierte Gesellschaftswissenschaftler auszubilden, die geeignet sind, vorwiegend als Staatsfunktionäre im Teilsystem Auslandsbeziehungen eingesetzt zu werden".[35] Die Voraussetzungen dafür waren allerdings denkbar schlecht: Zwar wurden die wenigen Studenten für das Elitestudium nur nach eingehender Prüfung zugelassen,[36] was beste Voraussetzungen für einen überdurchschnittlichen Studienerfolg bedeutet. Andererseits waren die Studien- und vor allem die Forschungsbedingungen international nicht konkurrenzfähig: Primär- wie Forschungsliteratur aus Lateinamerika war mangels Devisen nur schwer zu beschaffen, ein Großteil der Reisemittel war für Reisen in die UdSSR reserviert, eigene Forschungsleistungen konnten vor allem in der Mangelwirtschaft der 1980er Jahre, wenn überhaupt, nur mit großer Verzögerung gedruckt werden.[37]

---

teinamerikaforschung in der DDR cf. Zeuske, M.: Lateinamerikawissenschaftler in der DDR, 1994; Zeuske, M.: Lateinamerikawissenschaften in der DDR, 1995; Franzbach, M.: Lateinamerikanistik in der DDR, 1997; Werz, N.: Hinter der Mauer, 2011; Kalkhoff, A. M.: El desarollo conceptual, 2010.

[34] Cf. Universitätsarchiv Rostock (UAR: SLAW 8).

[35] Aus den Akten des Universitätsarchivs, zitiert nach Werz, N.: Hinter der Mauer, 2011, 451.

[36] Cf. Franzbach, M.: Lateinamerikanistik in der DDR, 1997, 8. Die künftigen Studierenden wurden schon ab der elften Klasse der Erweiterten Oberschule ausgewählt, um pro Jahr zwischen 20 und 50 Erstsemester aufzunehmen. Allerdings kann die Statistik nicht stimmen, da Ahrendt-Völschow beim Vergleich der im Universitätsarchiv verfügbaren Listen feststellt, dass es zwischen 1969 und 1996 mehr Absolventen als Einschreibungen gab (cf. Ahrendt-Völschow, D.: Lateinamerikawissenschaften, 2004, 21), erklärbar vermutlich durch nicht eindeutig erfasste externe Absolventen. Gleichwohl zeigen sich hier Zahlenverhältnisse, von denen die heutige effizienzgetriebene Universitätsverwaltung nur träumen kann.

[37] Cf. hierzu etwa von Gleich, A./Göthner, K.-C.: Wirtschaftswissenschaften, 1992, 762. Rein quantitativ war die Leistung des Rostocker Instituts angesichts der materiellen Beschränkungen beachtlich: „Von 1966 bis 1996 wurden insgesamt 52 Dissertationen [...] verfasst" (Ahrendt-Völschow, D.: Lateinamerikawissenschaften, 2004, 26), darunter fünf mit literaturwissenschaftlichem Schwerpunkt. Zum Vergleich: „Flasche (1958) verzeichnet

Führender Kopf und maßgeblicher Organisator der Lateinamerikaforschung in Rostock war Adalbert Dessau (1928–1984), der die Gründung seit 1959 vorabgetrieben hatte und das Institut bis zu seinem Tod 1984 prägte.[38] Was in den 1980er Jahren im Westen Mode wurde, die Einrichtung interdisziplinärer Forschungszentren unter dem Label ‚Area Studies', nahm er unter dem Vorzeichen der ‚Multidisziplinarität' bereits in den 1960er Jahren in Teilen vorweg. Karl Kohut würdigt ihn als einen der „Entdecker der ersten Stunde."[39] Das Spezialgebiet des Literaturwissenschaftlers waren die Romane über die mexikanische Revolution, über die er seine 1963 vorgelegte Habilitationsschrift *Der mexikanische Revolutionsroman* veröffentlichte.[40] Die Studie, die 1972 auch in Mexiko auf Spanisch erschien, kommt „besondere Bedeutung zu, denn sie gilt als die erste deutsche lateinamerikanistische Habilitation".[41] Dessau markierte damit wissenschaftsgeschichtlich einen Meilenstein: Erstmals in Deutschland wurde jemand zum Professor berufen, der sich akademisch vor allem mit Forschungen über Lateinamerika qualifiziert hatte. Daneben lehrten in Rostock zum Beispiel die bereits erwähnte Ursula Thiemer-Sachse ab 1984 als Hochschuldozentin für Indianische Kulturen und Sprachen

---

für den Zeitraum von 1885–1950 acht Dissertationen zur hispanoamerikanischen Literatur […]. Nach 1950 stieg die Zahl der Dissertationen deutlich, aber keineswegs dramatisch an. Janik/González (1980) verzeichnen für die 50er Jahre 13 zur hispanoamerikanischen […] Literatur." (Kohut, K.: Literaturwissenschaft. 1992, 401). Max Zeuske ist in seinem Rückblick skeptischer, im Fazit aber ähnlich überrascht: „Obwohl von 1968–1979 elf Angehörige des Nachwuchses promovieren konnten, vollzog sich die Entwicklung der Sektion hinsichtlich ihrer Lehrkapazität und ihrer Forschungsleistungen noch quälend langsam. Der Lehrkörper wuchs nicht über die drei Hochschullehrer hinaus, die seit 1967 hier tätig waren, wobei die Hauptlast weiterhin von A. Dessau getragen wurde. Dennoch leistete die Sektion Erstaunliches, insbesondere mit der Integration der Chile-Emigranten ab 1974 […]" (Zeuske, M.: Lateinamerikawissenschaften in der DDR, 1995, 26.).

[38] Zur Person Adalbert Dessaus und zu seinem Wirken, cf. Gerstenberg, B./Plesch, S./Saavedra Pino, D.: Dessau, 1988, 104–28, sowie Modlich, R.: Dessau, ein Pionier, 2016, 121–57.

[39] Kohut, K.: Literaturwissenschaft, 1992, 404.

[40] Dessau, A.: Revolutionsroman, 1967.

[41] Kohut, K.: Literaturwissenschaft. 1992, 409. Für Klaus Meyer-Minnemann ist Dessaus Buch, auch dank der spanischen Übersetzung, die 1973, 1980, 1986 und 1996 neu aufgelegt wurde, „die umfassendste Arbeit über den mexikanischen Revolutionsroman … (die) zu einem Standardwerk und obligatorischen Bezugspunkt geworden" ist (Meyer-Minnemann, K.: Revolutionsroman, 1982, 95).

das Fach Ethnologie, mit Schwerpunkt Mexiko. Der Historiker Max Zeuske (1927–2001) war von 1979 bis 1992 Professor für Allgemeine Geschichte Lateinamerikas, mit Schwerpunkt auf der Zeit der Eroberung Lateinamerikas.[42] Svend Plesch promovierte 1986, als einer der letzten Schüler Adalbert Dessaus, mit einer Arbeit über das lyrische Werk Pablo Nerudas und arbeitet noch heute im Institut für Romanistik.

Nach der Wiedervereinigung wurde die „Sektion Lateinamerikawissenschaften" als eigenständige Arbeitseinheit aufgelöst (1990/91)[43] und die Lateinamerikanistik damit zu einem Bestandteil der Hispanistik im Kanon eines Instituts für Romanistik zurückgestutzt. Von den Professorinnen, die sich nach der Wiedervereinigung dem Feld widmeten und widmen, wäre Andrea Pagni (2000–05) zu nennen, die vor allem zur argentinischen Literatur forschte. Ihre Nachfolge trat 2010 der Autor dieser Zeilen an, der sich etwa mit der Literatur des republikanischen Exils in Mexiko befasst, sowie in Kooperation mit Politologen und Soziologen über Formen der Repräsentation von Gewalt forscht;[44] das Themenfeld der vergleichenden Diktaurforschung bearbeiten Doktorandinnen und Doktoranden im Rahmen eines binationalen Promotionsstudiengang in Kooperation mit der *Universidad Nacional La Plata* (Argentinien).[45] Der wissenschaftliche Nachwuchs in Rostock bleibt also den Beziehungen zwischen Europa und Lateinamerika auf der Spur, wofür insbesondere zwei Promotionen mit wissensgeschichtlichem Hintergrund stehen: Ralf Modlich nahm sich in seinem Buch *La narrativa de la „Revolución" de Mariano Azuela y el análisis de Adalbert Dessau* (2016) die verschiedenen Semantiken von ‚Revolution' in Literatur, Literaturwissenschaft und in den politischen Diskursen in beiden deutschen Staaten sowie Mexiko zum Gegenstand. Im Mittelpunkt seiner Analyse stehen einerseits die Werke des wichtigsten Autors

---

[42] Cf. Zeuske, M.: Conquista. Leipzig 1992.

[43] Cf. hierzu Wahl, D.: Die Abwicklung der Lateinamerikawissenschaften, 1998.

[44] Cf. Pagni, A.: *Post/Koloniale Reisen,* 1999; Buschmann, A.: Max Aub, 2012; Buschmann, A./Souto, L. C.: Decir desaparecido(s), 2019.

[45] Dieser Promotionsstudiengang zur vergleichenden Diktatur- und Gedächtnisforschung (Deutschland-Argentinien) mit dem Titel *Interdisziplinäre sozio-kulturelle Studien (Europa und Lateinamerika),* auf deutscher Seite finanziert vom Bundesministerium für Bildung und Forschung (BMBF), wurde wesentlich angestoßen von Professor Nikolaus Werz, der als Politologe an der Universität Rostock lehrte (1994–2018) und neben seinen Forschungsarbeiten zu mehreren spanischsprachigen Ländern und zur Außenkulturpolitik wichtige Nachschlagewerke herausgegeben hat (etwa Werz, N.: Handbuch der deutschsprachigen Lateinamerikakunde, 1992).

des sogenannten *Mexikanischen Revolutionsromans* (Mariano Azuela) und andererseits die Forschungsarbeiten des Rostocker Lateinamerikanisten Adalbert Dessau. Noch deutlicher auf die doppelten Spiegelungen von Kulturkontakt ausgerichtet war die Arbeit von Anne Newball Duke, die als Stipendiatin im interdisziplinären Umfeld des DFG-Graduiertenkollegs *Kulturkontakt und Wissenschaftsdiskurs* forschte. Ihre Dissertationsschrift *La otra orilla. Kulturkontakt in der chilenischen Exil- und Rückkehrliteratur (1980–2011)* (2018) analysiert, wie die literarischen Texte den Kulturkontakt exilierter, vor der Pinochet-Diktatur geflohener Chilenen in beiden deutschen Staaten bis 1989 darstellen.

Späte Schulden

Zurück zu unserer Handschrift. Kolumbus hat sich am Ende seines Lebens und im Angesicht des möglichen Scheiterns bemüht, seine Schulden zu begleichen. „Begleiche meine Schulden", gab er seinem Sohn mit auf den Weg. Das Rostocker Autograph ist aber auch als Flaschenpost zu lesen: „Begleiche deine Schulden!", ruft uns der Admiral zu, und nach dem Blick auf seine Wirkungsgeschichte können wir festhalten, dass darin auch der Satz steckt: „Denkt über Schuld nach." Die Figur Kolumbus, ihr Wirken und ihre Wirkung haben die Wahrnehmung der Welt fundamental verändert, und sie haben das Europa, wie wir es heute kennen, erst möglich gemacht. Noch einmal Michael Zeuske: „In der Neuzeit war Europa vor allem in seinen westlichen Teilen die Heimat der Profiteure des globalen Sklaven- und Kinderhandels."[46] Zum kolonialen Erbe gehört demnach die Erkenntnis, dass auch unser Wohlstand auf dem Rücken der 12,5 Millionen Sklaven gewachsen ist, die auf den nordatlantischen Handelsrouten verschifft wurden.

Ohne den Globalisierungsschub, der mit Kolumbus einsetzt, ist der weltweit ausgreifende Raubzug nicht denkbar, der nicht nur die Vielfalt auf unseren Tischen erklärt (Kaffee, Banane, Avocado, Tomate, Kartoffel...), sondern auch jene „Akkumulation von Kulturgütern",[47] die den Reichtum unserer Museen ausmacht (man blättere nur in einem Katalog der Stiftung Preußischer Kulturbesitz). Denn unsere Rostocker Handschrift ist ja auch eines jener Kulturgüter transatlantischen Kulturkontakts, das auf verschlungenen Pfaden ungeklärter Provenienz schließlich zu uns gelangt ist. Sie spricht von Schulden, die auf der anderen Seite des Atlantiks zu begleichen sind, gibt aber

---

[46] Zeuske, M.: Handbuch Sklaverei, 2013, 480.

[47] Savoy, B.: Provenienz, 2017, 37.

auch selbst Zeugnis vom Beginn einer Geschichte transatlantischer Schuld. Jenseits der hierzulande gern juristisch (also meist: kleinteilig) verhandelten Frage nach dem Umgang mit Raubkunst und Kultgegenständen, die als Beifang globaler Ausbeutung bei uns angespült wurden, stellt sich folglich die weit größere, die uns die Kolumbus-Handschrift hinterlässt: Wie halten wir es mit unserer Schuld?

Bibliografie

Ahrendt-Völschow, Dörte: Die Lateinamerikawissenschaften an der Universität Rostock von 1958 bis 1995. Rostock 2004. URL: http://edoc.vifapol.de/opus/volltexte/2009/777/ (30.09.2019).

Bernabeu Albert, Salvador: El Centenario interminable. Ceontenidos ideológicos y culturales del IV y V Centenario de 1492. In: Wawor, Gerhard/Heydenreich, Titus (Ed.): Columbus 1892/1992. Heldenverehrung und Heldendemontage. Frankfurt am Main 1995, 9–27.

Bitterli, Urs: Die Entdeckung Amerikas. Von Kolumbus bis Alexander von Humboldt. München 1991.

Borchmeyer, Florian: Die Ordnung des Unbekannten. Von der Erfindung der Neuen Welt. Berlin 2009.

Buschmann, Albrecht: Max Aub und die spanische Literatur zwischen Avantgarde und Exil. Berlin 2012.

Buschmann, Albrecht: Übersetzen über den Atlantik. Amerikanische Übersetzerszenen und ihre Transformationen. In: Felbeck, Christine/Klump, Andre/Kramer, Johannes (Ed.): America Romana – Perspektiven der Forschung II. Frankfurt am Main 2015, 137–52.

Buschmann, Albrecht/Souto, Luz Celestina: Decir desaparecido(s): Formas e ideologías de la desaparición forzada. Münster 2019.

Bushman, Claudia Lauper: America discovers Columbus. How an Italian explorer became an American hero. Hanover, NH 1992.

Colón, Cristóbal: Los cuatro viajes. Testamento. Edición de Consuelo Varela. Madrid [7]2007.

De Montaigne, Michel: Des cannibales. In: De Montaigne, Michel: Les Essais. Paris 2007, 208–21.

Dessau, Adalbert: Der mexikanische Revolutionsroman. Berlin 1967.

Ette, Ottmar: „Unser Welteroberer": Alexander von Humboldt, der zweite Entdecker, und die zweite Eroberung Amerikas. In: Ibero-Amerikanisches Institut Preußischer Kulturbesitz und Museum für Völkerkunde Staatliche Museen zu Berlin (Ed.): *Amerika: 1492 – 1992. Neue Welten – Neue Wirklichkeiten. Essays.* Braunschweig 1992, 130–9.

Ette, Ottmar: Entdecker über Entdecker. Alexander von Humboldt, Cristóbal Colón und die Wiederentdeckung Amerikas. In: Heydenreich, Titus (Ed.): Columbus zwischen zwei Welten. Historische und Literarische Wertungen aus fünf Jahrhunderten. Frankfurt am Main 1992, 401–39.

Ette, Ottmar: Colón y la colon/ización del texto. El concepto de „descubrimiento" en Alejandro de Humboldt, Ernst Bloch y Claude Lévi-Strauss. In: *Simposio Internacional 500 Años: „Un Pensamiento sin Fronteras".* Centro de Investigación en Ciencias Sociales y Humanidades, 12 al 17 de octubre de 1992. Bd. I. Toluca: Universidad Autónoma del Estado de México 1994, 411–28.

Ette, Ottmar: Tres fines de siglo: colonialismo/poscolonialismo/posmodernidad. Espacios culturales entre lo homógeneo y lo heterogéneo. In: Zea, Leopoldo/Magallón, Mario (Ed.): *De Colón a Humboldt.* México 1999, 81–133.

Ette, Ottmar: Alexander von Humboldt und die Globalisierung. Das Mobile des Wissens. Frankfurt am Main/Leipzig 2009.

Franzbach, Martin: Die Anfänge der Lateinamerikanistik in der DDR. In: Iberoamericana 21 (1997), N° 2, 5–12.

Gerstenberg, Birgit/Plesch, Svend/Saavedra Pino, Desiderio: Adalbert Dessau (1928–1984). Forscher, Hochschullehrer und Wissenschaftsorganisator. In: Lateinamerika 23 (1988), 104–28.

Gewecke, Frauke: Christoph Kolumbus. Leben, Werk, Wirkung. Frankfurt am Main 2006.

Gierloff-Emden, Hans-Günter: Die erste Entdeckungsreise des Columbus. Nautische und ozeanische Bedingungen. München 1994.

Graeber, David: Schulden: die ersten 5000 Jahre. Aus dem Englischen von Ursel Schäfer, Hans Freundl, Stephan Gebauer. Stuttgart 2012.

Heydenreich, Titus: Christoph Columbus – ein Heiliger? Politische und religiöse Wertungsmotive im 19. Jahrhundert. In: Wawor, Gerhard/Heydenreich, Titus (Ed.): Columbus 1892/1992. Heldenverehrung und Heldendemontage. Frankfurt am Main 1995, 29–55.

Kalkhoff, Alexander Mathias: El desarollo conceptual e institucional de los estudios hispánicos en las universidades alemanas desde el siglo XIX hasta nuestros días. In: Romanistik in Geschichte und Gegenwart, Beiheft 18 (2010), 85–99.

Kohut, Karl: Literaturwissenschaft. In: Werz, Nikolaus (Ed.): Handbuch der deutschsprachigen Lateinamerikakunde. Freiburg 1992, 389–427.

Lichtenberg, Georg Christoph: Schriften und Briefe, Bd. 2. München [3]1991.

Meyer-Minnemann, Klaus: Der mexikanische Revolutionsroman. In: Iberoamericana 15 (1982), 88–97.

Modlich, Ralf: Adalbert Dessau (1928–1984), ein Pionier der deutschen Lateinamerikanistik. Rostock 2016, 121–57.

Modlich, Ralf: La narrativa de la 'Revolución' de Mariano Azuela y el análisis de Adalbert Dessau. Münster 2016.

Pagni, Andrea: Post/Koloniale Reisen: Reiseberichte zwischen Frankreich und Argentinien im 19. Jh.. Tübingen 1999.

Paul, Heike: Kolumbus. In: Wodianka, Stephanie/Ebert, Juliane (Ed.): Metzler Lexikon moderner Mythen. Stuttgart 2009, 225–30.

Savoy, Bénédicte: Die Provenienz der Kultur. Aus dem Französischen von Philippa Sissis und Hans Zischler. Berlin 2018.

Schlickers, Sabine: La conquista imaginaria de América: crónica, literatura y cine. Frankfurt am Main 2015

Streicher, Fritz: Die Kolumbus-Originale (Eine paläographische Studie). In: Streicher, Fritz (Ed.): Gesammelte Aufsätze zur Kulturgeschichte Spaniens 1. Münster/Westfalen 1928.

Thiemer-Sachse, Ursula: Un autógrafo de Cristóbal Colón (Cristoforo Colombo) en la colección especial de la biblioteca de la universidad de Rostock. In: Ibero-Amerikanisches Archiv 18 (1992), N° 3/4, 523–41.

Todorov, Tzvetan: Die Eroberung Amerikas. Das Problem des Anderen. Frankfurt am Main 1982.

Varela, Consuelo: Retrato de un hombre. Madrid 1992.

Von Gleich, Adalbert/Göthner, Karl-Christian: Wirtschaftswissenschaften. In: Werz, Nikolaus (Ed.): Handbuch der deutschsprachigen Lateinamerikakunde. Freiburg 1992, 749–83.

Von Humboldt, Alexander: Kritische Untersuchungen über die historische Entwicklung der geographischen Kenntnisse von der Neuen Welt und den Fortschritten der nautischen Astronomie im 15. und 16. Jahrhundert. 2 Bde. Frankfurt am Main 2009.

Wahl, Detlef: Lichter aus! Die Abwicklung der Lateinamerikawissenschaften in Rostock. In: Lateinamerika Nachrichten 287 (1998), 53–5.

Wallisch, Robert (Ed.): Kolumbus: Der erste Brief aus der neuen Welt (Latei-
nisch/Deutsch). Übersetzt, kommentiert und herausgegeben von Robert
Wallisch. Stuttgart 2000.

Wawor, Gerhard/Heydenreich, Titus (Ed.): Columbus 1892/1992. Heldenverehrung und Heldendemontage. Frankfurt am Main, 1995.

Windisch, Rudolf/Plesch, Svend [nach Vorlage von]: Geschichte., Rostock o.
J.
URL: https://www.romanistik.uni-rostock.de/institut/institut/geschich te/
(30.09.2019).

Werz, Nikolaus (Ed.): Handbuch der deutschsprachigen Lateinamerikakunde.
Freiburg 1992.Werz, Nikolaus; Hinter der Mauer? – Lateinamerika in
der DDR. In: Brunner, Detlef/Niemann, Mario (Ed.): Die DDR – eine
deutsche Geschichte, Wirkung und Wahrnehmung. Paderborn 2011,
445–64.

Zeuske, Max: Die Conquista. Leipzig 1992.

Zeuske, Max: Zur Geschichte der Lateinamerikawissenschaftler in der DDR.
In: Quetzal Leipzig 6/7 (1994), 8–11.

Zeuske, Max: Lateinamerikawissenschaften in der DDR. Entwicklung und
Ende. In: Quetzal Leipzig 10 (1995), 26–30.

Zeuske, Michael: Handbuch Geschichte der Sklaverei; eine Globalgeschichte
von den Anfängen bis zur Gegenwart. Berlin 2013.

Zeuske, Michael: Sklavenhändler, Negreros und Atlantikkreolen. Eine Weltgeschichte des Sklavenhandels im atlantischen Raum. Berlin/Boston 2015.

Zeuske, Michael: Sklaverei: eine Menschheitsgeschichte von der Steinzeit bis
heute. Ditzingen 2018.

Der Mittelalterphilologe Karl Bartsch in Rostock*

Alexander Teixeira Kalkhoff

1. Einleitung: „Die lange besprochene und lang erwartete Berufung nach Rostock ist endlich in diesen Tagen eingetroffen. Ich werde Ostern dahingehen, mit recht inniger Freude und Liebe zu meinem Berufe."[1]

Zwischen 1858 und 1871 lebte und arbeitete Karl Bartsch (1832–88) in Rostock. Es waren 13 schöpferische und tatkräftige Jahre von seinem 27. bis 40. Lebensjahr. Von Bartschs Rostocker philologischer Schaffenszeit handelt dieser Beitrag.

Um dieses Schaffen historisch zu fassen, werden zwei konkrete Exemplare des *Provenzalischen Lesebuches* (Erstausgabe 1855) und der *Chrestomathie de l'Ancien Français* (Erstausgabe 1866) aus den Beständen der Universitätsbibliothek Salzburg, wo der Autor im Winter 2017 diesen Beitrag vorbereitet hat, als objektgeschichtliche Ausgangspunkte genommen.[2] Objektgeschichte ist ein empirischer Ansatz in den Kulturwissenschaften, der Gebrauchsgegenstände als Werkzeuge für die in einer historischen Phase üblichen Praktiken des Alltagslebens begreift. Dabei werden sowohl die Entstehung des Objekts in einer kulturell geprägten Form als auch Gebrauchsdauer und ästhetische Akzeptanz untersucht.[3]

In diesem Sinne werden die beiden oben genannten Anthologien als Gebrauchsgegenstände einer zu ihrer Entstehungszeit noch recht jungen wissenschaftlich-universitären philologischen Alltagspraxis betrachtet. Es geht aber auch um die materielle Ermöglichung dieser wissenschaftlichen Praxis wie weite Bibliotheksreisen nach Paris und Oxford unten den Bedingungen sich um die Mitte des XIX. Jahrhunderts vernetzender Eisenbahn- und Fährstrecken in Europa.[4] Jedenfalls führt Karl Bartsch mit seiner Berufung an die Universität Rostock 1858 diese noch jungen wissenschaftliche Mittelalterphilologie in die

---

* Diesen Beitrag widme ich Frank-Rutger Hausmann (*1943) anlässlich seines 50. Doktorjubiläums.

[1] Karl Bartsch an Jacob Grimm, Nürnberg, 31.12.1857, in: Breuer, G./Jaehrling, J./Schröter, U.: Briefwechsel, 2002, 32.

[2] Bartsch, K.: Provenzalisches Lesebuch, 1855; Bartsch, K.: Chrestomathie de l'Ancien Français, [12]1927.

[3] Ruppert, W.: Kulturgeschichte der Alltagsdinge, 1993, 15f.

[4] Osterhammel, J.: Verkehr und Kommunikation, [4]2009.

dortige Universitätslehre ein und vervollkommnet sie durch sein eigenes philologisches Arbeiten und den diesem Arbeiten zugrunde liegenden Ethos. Kurz zum biografischen Hintergrund der Anfänge seines philologischen Schaffens. Der 1832 im Schlesischen Sprottau geborene Bartsch studiert 1849 bis 1851 Klassische Philologie in Breslau, wo ihn Karl Weinhold (1823–1901) in germanistisch-mediävistische Fragestellungen einweiht. Entschlossen, diese neue Stoßrichtung in der Philologie fortzuführen, übrigens entgegen dem Abraten seines Lehrers Weinhold aufgrund eines schwer zu kalkulierenden beruflich-existenziellen Wagnis, wechselt Bartsch 1851 an die Berliner Universität, um den Germanisten Karl Lachmann (1793–1851) zu hören, der jedoch kurz vor Semesterbeginn verstirbt. Bartsch hört während seiner zweisemestrigen Berliner Studienzeit bei den Altvorderen der Germanistik Wilhelm Grimm (1786–1859) und Friedrich Heinrich von der Hagen (1780–1856). Als inspirierender erweist sich jedoch vielmehr der Unterricht und freundschaftliche Umgang mit den jungen Privatdozenten Theodor Aufrecht (1822–1907), bei dem er Angelsächsisch hört, und Heymann Steinthal (1823–99), hier Provenzalisch, sowie mit dem patriotisch-turnbegeisterten Mediävisten und Ordinarius Hans Ferdinand Maßmann (1797–1874), der über Handschriftenkunde liest.[5] 1853 schließt Bartsch sein Studium mit seiner Doktorarbeit *De veteris theodiscae linguae Otfridi arte metrica* über das Althochdeutsche unter der Ägide des Hallenser Historikers und anglistischen Mediävisten Heinrich Leo (1799–1878) ab. Mithin war aus dem Breslauer Studenten der Klassischen Philologie ein promovierter Mittelalterphilologe geworden. Nach Bibliotheksreisen nach Frankreich und England (1853 und 1855), einer Anstellung als Gesellschafter (1853–54) und als Kustos am Germanischen Nationalmuseum in Nürnberg (1855–58) wird der junge Bartsch 1858 als ordentlicher Professor für deutsche und neuere Literatur an die Universität Rostock berufen.[6]

Vorliegender Beitrag unternimmt den Versuch, Bartschs philologische Praxis, die stets altdeutsche, provenzalische, altfranzösische und altitalienische Texte gleichermaßen umfasste, während seiner Rostocker Zeit zu rekonstruieren. Hierzu werden Korrespondenzen Bartschs, sein persönliches Netzwerk, seine zahlreichen Editionen mittelalterlicher Texte, die in Vorlesungsverzeich-

---

[5] Bartsch, K.: Jugenderinnerungen, 1966, 136f.

[6] Zur Biografie Bartschs cf. Bechstein, R.: Karl Bartsch, 1888; Golther, W.: Bartsch, 1903; Eggers, H.: Bartsch, 1953; Bartsch, K.: Jugenderinnerungen, 1966; Seitz, D.: Karl Bartsch, 2000; Breuer, G./Jaehrling, J./Schröter, U.: Briefwechsel, 2002, 13–16; Dressler, S.: Bartsch, 2003; Kalkhoff, A. M.: Romanische Philologie, 2010, 73f.; cf. auch *Tagebücher II bis VI (1861–1886) Karl und Sophie Bartsch* in der Universitätsbibliothek Heidelberg, Signatur: Heid. Hs. 1587-91.

nissen überlieferten Gegenstände seines Universitätsunterrichts, seine hochschuldidaktische Theorie und Praxis im Rahmen des von ihm gegründeten deutsch-philologischen Seminars, sein fachpolitisches Engagement für Fachverein und Fachzeitschrift vor auch dem Hintergrund einer sich beschleunigenden räumlichen Vernetzung ab 1850 in Beziehung gesetzt. Wir werden sehen, dass unsere Ausgangspunkte, die beiden Anthologien provenzalischer und altfranzösischer Texte, fest in diese Praxis verwoben sind.

2. Das *Provenzalische Lesebuch* als Billet nach Rostock

Das 1855 veröffentlichte *Provenzalische Lesebuch* ist ein wichtiger Puzzlestein, um die vergleichsweise frühe Berufung Bartschs auf einen ordentlichen Lehrstuhl nach Rostock zu verstehen. Bartsch ist im Berufungsjahr 1858 gerade einmal 26 Jahre alt. Üblich wäre ganz gewiss eine längere Zwischenstation etwa als Bibliothekar gewesen, denken wir an Jacob Grimm (1785–1863), der erst 56-jährig nach verschiedenen Stationen als Bibliothekar an die Berliner Universität berufen worden war. Auch bewirbt sich Bartsch 1857 zunächst als Kustos bei der Universitätsbibliothek Breslau, wo er jedoch nicht den Zuschlag erhält.[7] Bartschs rasche Berufung nach Rostock muss aber auch im Kontext des enormen Institutionalisierungsschubs, den die Germanistik um die Jahrhundertmitte erfährt, gelesen werden.[8]

In Rostock jedenfalls eröffnet Bartschs Berufung inhaltlich und methodologisch Neuland, wenngleich seine Berufung strukturell an die ältere Rostocker Tradition eines Lehrstuhls für Ästhetik, Rhetorik und neuere Literatur seiner Vorgänger Victor Aimé Huber (1800–69) und den 1852 aus politischen Gründen aus dem Universitätsdienst entfernten Christian Wilbrandt (1801–67) anknüpft. Die Lehrtätigkeit Hubers und Wilbrandts steht jedoch in einer Traditionslinie ästhetisch-rhetorisch und enzyklopädischer Allgemeinbildung für Studierende aller Fakultäten und ist eben nicht eine genuin mittelalterphilologische Spezialausbildung für künftige Universitätsphilologen oder Gymnasiallehrer des Deutschen oder Französischen.

Doch zurück in die Jahre unmittelbar vor der Berufung Bartsch nach Rostock. Leider enden Bartschs autobiografische *Jugenderinnerungen* abrupt mit einer stichpunktartigen zweiseitigen Synopse seiner Berliner Studienzeit und der sich daran anschließenden „Wanderzeit".[9] Aber immerhin erfahren wir darin, wie Bartsch zum Provenzalischen kam und wann er seine ersten Biblio-

---

[7] Breuer, G. et al.: Briefwechsel, 2002, 22–5.

[8] Meves, U.: Institutionalisierungsprozeß, 1994; Meves, U.: Deutsche Philologie, 2010.

[9] Bartsch, K.: Jugenderinnerungen, 1966, 136f.

theksreisen nach Frankreich und England unternahm. Sein Universitätslehrer und Förderer Maßmann führt Bartsch im Winter 1851/52 in die *Berlinische Gesellschaft für Deutsche Sprache und Alterthumskunde* ein, wo er den Privatgelehrten, Lehrer und Provenzalisten August Friedrich Mahn (1802–87) kennenlernt: „Durch Maßmann wurde ich in die deutsche Gesellschaft eingeführt und lernte hier Mahn kennen. Durch ihn wurde ich tiefer ins Provenzalische eingeführt, und meine Troubadourstudien begannen".[10] Hier können wir demnach in Bartschs Bibliografie den Punkt verorten, an dem der bis dahin ausschließlich mit altdeutschen Themen umgehende junge Mittelalterphilologe sich der Sprache und Literatur der Provenzalen vertiefend zuwendet.

Unmittelbar nach Abschluss des Studiums durch seine Hallenser Promotion reist Bartsch im Auftrag Mahns nach Paris, London und Oxford: „Im Mai [1853] ging ich nach Paris, um für Mahn Troubadourlieder zu copieren, und zugleich meine kritische Ausgabe zu beginnen. Ich blieb bis zum Herbst, dazwischen war ich in gleicher Absicht in England".[11] Der aus nicht gerade begüterten Verhältnissen stammende Bartsch, wie wir aus seinen *Jugenderinnerungen* wissen, nutzt die von Mahn finanzierte, kostspielige Reise nach Frankreich und England, um auch in eigener Sache zu recherchieren. Bartsch reist noch einmal 1855 nach Paris, um provenzalische Handschriften einzusehen.[12] Dieses Mal reist Bartsch offensichtlich *à ses propres frais*, denn in den Jahren 1854 und 1855 war er auskömmlich als Gesellschafter bei der Krefelder Seidenproduzentenfamilie von der Leyen zu Bloemersheim angestellt.

Bemerkenswert in diesem Zusammenhang ist jedenfalls, dass der junge aufstrebende Bartsch diese weiten Reisen unternimmt, während die bereits etablierten Philologen wie Mahn diese Strapazen nicht auf sich nehmen. Wie können wir uns unten den Bedingungen der 1850er Jahre eine Reise nach Paris oder Oxford vorstellen? Nehmen wir etwa an, dass Bartsch 1853 direkt von Berlin nach Paris und dann weiter nach England reist, so könnte er die gesamte Strecke außer natürlich die Kanalüberfahrt bereits mit der Eisenbahn zurückgelegt haben. 1846 war die erste durchgehende Schienenverbindung zwischen Paris und Köln eröffnet worden. In der Eisenbahnkarte von Deutschland und Nachbarländern aus dem Jahr 1849 zeigt die Vernetzung des Eisenbahnsystems, dass Bartsch von Berlin über Magdeburg, Hannover, das Rheinland,

---

[10] Ibid., 137.

[11] Bartsch, K.: Jugenderinnerungen, 1966, 137.

[12] Bartsch, K.: Denkmäler, 1856, V.

Köln, Aachen, Brüssel nach Paris hätten reisen können.[13] Auch Paris war über Calais bereits mit London über den Schienenweg verbunden. Ein paar Jahre später, im September 1866, entwirft Bartsch jedenfalls sehr versiert für seinen Freund Gaston Paris eine Reiseroute mit der Eisenbahn durch Deutschland: Paris-Köln, Köln-Hannover-Lehrte, Lehrte-Lüneburg-Rostock, Rostock-Berlin, Berlin-Dresden-Leipzig, Leipzig-Cassel-Göttingen, Göttingen-Hannover-Köln-Paris und fügt hinzu: „Eisenbahn haben Sie überall. Wenn Sie mit dem Express-Train 7 ½ U. Morg. von Paris abfahren, wären Sie den andern Tag um Mittag hier [in Rostock]".[14] Das macht 28,5 Stunden Reisezeit von Paris nach Rostock.

Der Ertrag beider Bibliotheksrecherchen fließt in den unmittelbar darauffolgenden Jahren in drei provenzalische Texteditionen Bartschs ein, nämlich ins *Provenzalische Lesebuch* (1855), in die *Denkmäler der provenzalischen Litteratur* (1856) und in *Peire Vidal's Lieder* (1857). Wie in der Berliner Studienzeit zeigt sich auch hier Bartschs Geschick zur Netzwerkbildung, so widmet Bartsch das *Provenzalische Lesebuch* dem Bonner Anglisten Nicolaus Delius (1813–88) und Mahn, seinem spiritus rector aus Berliner Zeit, und *Peire Vidal's Lieder* „in dankbarer Erinnerung" Friedrich Freiherr von der Leyen-Bloemersheim (1795–1874). Es ist sicherlich nicht übertrieben, von einem Mäzenatentum der Familie von der Leyen zu sprechen, immerhin konnte sich Bartsch jenseits bis dahin bestimmender materieller Sorgen auf der Leyenburg im Lichte „dunkelgrüner Buchen über dem stillen See im Genuss einer ruhigen Musse seinen wissenschaftlichen Neigungen ganz hingeben".[15] Der Kontakt zur einflussreichen und wohlhabenden Unternehmerfamilie wird zeitlebens nicht abbrechen, so logiert etwa Bartsch bei seinen Parisaufenthalt 1866 im Pariser *hôtel particulier* der von der Leyen.[16]

Zurückgekehrt, findet Bartsch 1855 beim erst wenige Jahre zuvor 1852 gegründeten Nürnberger Germanischen Nationalmuseum eine spärlich dotierte Anstellung als Bibliothekskonservator. Hier arbeitet er mit dem Mundartenforscher Georg Karl Frommann (1814–87) und dem Bibliothekar Karl August Barack (1827–1900) unter der Leitung des Museumsgründer Hans Freiherr von und zu Aufseß (1801–72) zusammen. In Nürnberg zeigt sich, dass Bartsch als Teil der zweiten Germanisten/Mediävistengeneration trotz existenzieller Un-

---

[13] URL: http://www.landkartenindex.de/content/vollbild_deutschland_eisenbahnkarte_1849. php (12.05.2018).

[14] Roques, M.: Correspondance de Karl Bartsch et Gaston Paris, 1927, 428–30.

[15] Bartsch, K.: Peire Vidal, 1857, Vorwort, Zitat vom Autor leicht abgeändert.

[16] Koppitz, H.-J.: Pfeiffer Bartsch Briefwechsel, 1969, 202.

wägbarkeiten des eingeschlagenen Weges *ex ante* auf Erfolgskurs segelt. Er besetzt und wird Positionen besetzen, die gerade eben erst neu geschaffen wurden und deren Profil noch nicht klar umrissen ist, die aber v.a. nach der großen Enttäuschung um die Einigung Deutschlands von 1848 nationalpolitisch gewollt sind.

Jedenfalls findet Bartsch neben seiner Bibliotheksarbeit ausreichend Zeit zum Publizieren. In nur drei Jahren ediert er die drei oben genannten provenzalischen Textausgaben, den mittelhochdeutschen *Karl der Große von dem Stricker* (1857), den niederdeutschen *Berthold von Holle* (1858) und das mittelhochdeutsche Gedicht *Die Erlösung mit einer Auswahl geistlicher Dichtungen* (1858).[17] Hier zeigt sich bereits Bartschs große Produktivität. Durch seine Texteditionen häuft sich Bartsch ein wissenschaftliches Kapital an, mit dem er fortan wuchern kann.

Geschickt setzt Bartsch wieder seine Vernetzungsstrategien ein und sendet bzw. überreicht persönlich die noch druckfrischen Ausgaben an Jacob und Wilhelm Grimm[18] und widmet *Berthold von Holle* Jacob Grimm und *Die Erlösung* Wilhelm Wackernagel (1806–69). Letzterer hatte bei Bartschs Rostocker Berufung 1858 entscheidenden Einfluss auf den Dekan der Philosophischen Fakultät ausgeübt, wofür Bartsch ihm mit dieser Widmung dankte.[19] Die Brüder Grimm reagieren mit dankenden und anerkennenden Worten, hier etwa eine Antwort von Jacob Grimm vom 10.11.1857: „schönsten dank für den Peire Vidal, Ihre provenzalischen arbeiten sind so sauber, dasz sie auch in Frankreich bemerkt werden müssen"[20] oder von Wilhelm Grimm vom 16.11.1857: „nehmen Sie meinen besten dank für das schöne geschenk das Sie so gütig waren mir zuzusenden. wie willkommen wäre mir diese sorgfältige bearbeitung von Strickers Karl bei der herausgabe des Rolands gewesen".[21]

Bartschs Innovation besteht darin, die Lachmannsche kritisch-philologische Methode, die bislang nur auf mittelhochdeutsche Handschriften angewendet wurde, auch auf die Edition provenzalischer Texte auszuweiten.[22] So schreibt Bartsch in der Einleitung zu *Peire Vidal's Lieder*: „Die Grundsätze wissenschaftlicher Kritik, wie sie für mittelhochdeutsche Texte zuerst Lach-

---

[17] Bartsch, K.: Karl der Große, 1857; Bartsch, K.: Berthold von Holle, 1858; Bartsch, K.: Erlösung, 1858.

[18] Breuer, G. et al.: Briefwechsel, 2002, 17–37.

[19] Ibid., 25 = Sachkommentar.

[20] Ibid., 27.

[21] Ibid., 29.

[22] Cf. Neumann, F.: Bartsch als Romanist, 1888, 100.

mann aufgestellt und durchgeführt hat, auch auf die Behandlung provenzalischer Denkmäler anzuwenden habe ich in vorliegender Ausgabe versucht".[23] In dieser Denkart muss das letzte Ziel jeder kritischen Textedition nach Sichtung, Vergleich, Stemmatisierung und Archetypisierung aller verfügbaren Handschriften eines Textes die Rekonstruktion eines in der Überlieferung nicht vorhandenen Originals sein. Wenngleich diese *emendatio* durchaus methodologischen Prinzipien folgt, so hat der Philologe dennoch erheblichen subjektiven Spielraum. So rufen etwa Bartschs Eingriffe in die edierten Texte neben viel Lob auch immer wieder Kritik hervor, denn: „Strittig ist insbesondere seine Neigung zu kongenialer schöpferischen Konjekturen sowie metrischen Emendationen".[24]

Die Lachmannsche Methode der kritischen Textedition war allgemein unter den Mittelalterphilologen anerkannt. Worüber es allerdings zum spaltenden Streit innerhalb der Germanistengemeinschaft kam, war die Darbietung der gewonnenen Erkenntnisse. Eine Auseinandersetzung, die im Rahmen des ‚Nibelungenstreits' geführt wurde.[25] Zugespitzt gesprochen, standen auf der einer Seite die Erbwalter Lachmanns, denen der kritische Apparat der Textausgabe als exklusives Expertenwissen über allem stand, und auf der anderen Seite Philologen wie Bartsch und Pfeiffer, denen in einem nationalpädagogischen Gestus an einer moglichst voraussetzungsarmen Lesbarkeit der Texteditionen für ein gebildetes Publikum und Studienanfängern gelegen war.[26] Textkritische und grammatische Anmerkungen sollten auf ein Minimum reduziert sein und nur dem unmittelbaren Textverständnis dienen, „daß unsere ältere Poesie ein Gemeingut der Gebildeten unseres Volkes werde".[27]

Es muss aber noch ein wichtiger Weggefährte Bartschs eingeführt werden, nämlich Franz Pfeiffer (1815–68), von 1846 bis 1857 Königlicher Bibliothekar in Stuttgart und von 1857 bis zu seinem Todesjahr 1868 Professor für deutsche Literatur an der Universität Wien.[28] Die freundschaftlichen Bande wurden gegen 1855 geknüpft und hielten bis zum frühen Ableben Pfeiffers. Bereits im ersten Heft der 1856 von Pfeiffer als eines der Gegenmittel gegen die übermächtige Berliner Schule ins Leben gerufenen *Germania Vierteljahrs-*

[23] Bartsch, K.: Peire Vidal, 1857, Vorwort.

[24] Schöning, U.: Karl Bartsch, 2013, 59.

[25] Kolk, R.: Berlin oder Leipzig, 1990.

[26] Seitz, D.: Karl Bartsch, 2000, 49; Wolf, J.: Kontinuität und Wandel, 2012, 325–9.

[27] Bartsch, K.: Kudrun, 1865, p. XXIV.

[28] Koppitz, H.-J.: Pfeiffer Bartsch Briefwechsel, 1969.

schrift für Deutsche Alterthumskunde veröffentlicht Bartsch einen Beitrag zur mittelhochdeutschen Metrik.[29] Damit steht Bartsch im ‚Nibelungenstreit' unmissverständlich im Lager der Nicht-Lachmannianer.[30] Regelmäßig wird Bartsch in der *Germania* publizieren, deren Leitung er nach Pfeiffers Ableben bis zu seinem eigenen Tod übernehmen wird. Aber noch ein anderes Publikationsprojekt verbindet Pfeiffer mit Bartsch, nämlich die 1864 mit der Edition von Liedern Walther von der Vogelweides durch Pfeiffer eröffnete Reihe *Deutsche Klassiker des Mittelalters*, als deren zweiten Band Bartsch 1865 das Kudrunlied herausgibt.[31]

Der Bogen musste so weit geschlagen werden, um Bartschs frühe Berufung nach Rostock nicht alleinig als zufälligen Akt persönlichen Glücks aufzufassen. Dass Bartsch an die Universität berufen wurde, gründet maßgeblich in seiner existenziellen Risikobereitschaft, seinen methodologisch abgesicherten, in rascher Folge publizierten Texteditionen und seiner geschickten Vernetzung mit der seinerzeit noch gut überschaubaren Germanisten-*scientific-community* vor dem Hintergrund eines prononcierten politischen Willens zur Institutionalisierung einer Universitätsgermanistik um 1850. Sein einziger ‚Makel' ist, dass er nicht zum Kreis der diskursbestimmenden und einflussreichen Berliner Lachmannianer gehört, so dass er zeitlebens eher an der universitären Peripherie (Rostock, Heidelberg) agieren muss.[32]

Der als herrisch geltende Aufseß musste jedenfalls Bartsch in Nürnberg so zugesetzt haben, dass dieser trotz gescheiterter Bewerbung um die Breslauer Kustodenstelle zunächst ohne zugesicherte existenzielle Perspektive seine Anstellung beim Germanischen Nationalmuseum aufkündigt.[33] Immerhin schien der Rostocker Lehrstuhl recht real in Aussicht zu stehen. Im Sommer 1857 kam nämlich der Vizekanzler der Rostocker Universität Carl Friedrich von Both (1789–1875) nach Nürnberg, um Bartsch persönlich kennenzulernen. Bei diesem Treffen schrieb er dem tauben von Both einen Entwurf für ein deutsch-philologisches Seminar „ex tempore" nieder[34] und dies schien von

---

[29] Germania Vierteljahrsschrift für Deutsche Alterthumskunde erscheint 1856 bis 1892 in insgesamt 37 Bänden.

[30] Kolk, R.: Berlin oder Leipzig, 1990, 9f. und 22–9.

[31] Pfeiffer, F.: Walther von der Vogelweide, 1864; Bartsch, K.: Kudrun, 1865.

[32] Kolk, R.: Berlin oder Leipzig, 1990, 26 spricht von „institutioneller Marginalität".

[33] Zur misslichen finanziellen Lage und dem Führungsstil Aufseß' cf. Koppitz, H.-J.: Pfeiffer Bartsch Briefwechsel, 1969, 239–43.

[34] Bartsch, K.: Germanische und romanische Seminare, 1883, 237.

Both recht ordentlich beeindruckt zu haben. Aber auch im Hintergrund arbeitet sein Netzwerk für ihn:

Ohne Bartschs Wissen hatte Franz Pfeiffer Wilhelm Wackernagel gebeten, sich für Bartschs Berufung nach Rostock einzusetzen. Wackernagel kam diesem Wunsche gerne nach und empfahl Karl Bartsch dem damaligen Dekan der Rostocker Philosophischen Fakultät, dem mit ihm befreundeten Botaniker Johannes Roeper. (Vgl. Brief von Wackernagel an Bartsch, 29. August 1857; Basel, StA, Privatarchiv 82 B1 6). Bartsch hatte, trotz ungewisser Entscheidung in Rostock, bereits Ende Oktober 1857 seine Stellung beim Nationalmuseum in Nürnberg zum 1. Januar 1858 gekündigt.[35]

Wie wir bereits wissen, dankt Bartsch dem Eingreifen Wackernagels mit der ihm 1858 zugewidmeten *Erlösung*. Den Titel wählt Bartsch übrigens nicht zufällig, da er sich, wie er sich im Vorwort ausdrückt, „aus beengenden verhältnissen in einen heiteren wirkungskreis versetzt sehe".[36] Die Berufung nach Rostock erlebt Bartsch bewusst als eine Erlösung und so geht er im Frühjahr 1858 auch mit „recht inniger Freude und Liebe zu [s]einem Berufe"[37] an die dortige Universität. Dabei ist er sich seiner bescheidenen Ausgangslage als Germanist/Mediävist vollauf bewusst, wie er am 18.7.1858 an Jacob Grimm schreibt: „Wenn auch die Universität klein ist, so werden doch vielleicht ein paar Getreue sich finden".[38]

Zu Bartschs Reisebedingungen nur so viel: Seit 1850 verbindet die Mecklenburgische Eisenbahngesellschaft Rostock mit der Bahnstrecke Berlin-Hamburg, damit ist Rostock an das bis dahin existierende deutsche Eisenbahnnetz angebunden. Direkte Bahnreisen von und nach Nürnberg, seiner Heimatstadt Breslau usw. sind möglich.

Aber nicht nur sein berufliches Fortkommen steht unter einem günstigen Stern. Ende September 1858 heiratet er in Nürnberg die Verlegerstochter Sophie Merz.[39] Sie wird in Rostock vier Kinder zur Welt bringen: Rudolf Bartsch (1859–1919 oder 1920), Max Bartsch (1861–62), Clara Bartsch (1864–1940) und Hugo Bartsch (1867–1960).[40]

---

[35] Breuer, G. et al.: Briefwechsel, 2002, 25 = Sachkommentar.

[36] Bartsch, K.: Erlösung, 1858, Vorwort.

[37] Breuer, G. et al.: Briefwechsel, 2002, 32.

[38] Ibid, 32f.

[39] Breuer, G. et al.: Briefwechsel, 2002, 14.

[40] Koppitz, H.-J.: Pfeiffer Bartsch Briefwechsel, 1969, 327.

3. Die *Chrestomathie de l'Ancien Français* als Konvergenzpunkt wissenschaftlichen Arbeitens

Ostern 1858 tritt Bartsch seine Rostocker Lehrtätigkeit an.[41] Seine ersten Eindrücke schildert er am 18.7.1858 in einem Brief an Jacob Grimm folgendermaßen:

> Meine Vorlesungen machen mir viel Freude, ich habe ein Publikum über Walther, an dem 8 Studenten (lauter Juristen, nur ein Mediziner) theil nehmen und ein Privatcolleg über englische Grammatik und Shaksperes [sic!] Julius Caesar, in dem ich 3 Zuhörer habe. Mit nächstem Winter tritt auch mein neuerrichtetes deutsch-philologisches Seminar ins Leben, das grösste Hinderniss ist nur, dass es hier keine Philologen gibt. Im nächsten Semester will ich Nibelungen und Girard *von* Rossillon lesen.[42]

Bartschs Problem an der Rostocker Universität ist, dass es im Großherzogtum Mecklenburg kein philologisches Staatsexamen für das höhere Lehramt gibt. Es wird erst in der zweiten Hälfte der 1860er Jahren eingeführt. Bis dahin müssen Lehramtsstudierende ihr Studium etwa an einer preußischen Universität abschließen.[43] So setzt sich anfangs der Kreis von Bartschs Hörern und Seminaristen v.a. aus Theologen und Juristen zusammen. In dem von Bartschs Nachfolger Reinhold Bechstein (1833–1894) anlässlich des 25-jährigen Bestehens des deutsch-philologischen Seminars herausgegebenen Mitgliederverzeichnis bildet sich die Einführung der Staatsprüfung in Mecklenburg durch einen Wechsel innerhalb der Seminarmitglieder ab. Ab 1865 besuchen nunmehr fast ausschließlich Studierende der Philologie das Seminar.[44] Zur Bestimmung des Seminars heißt es in den Seminarstatuten von 1858: „§. 2. Das deutsch-philologische Seminarium hat die zweifache Bestimmung: 1, diejenige wissenschaftliche Erkenntniß, welche die Vorträge über ältere und neuere deutsche Literatur, sowie über deutsche Alterthümer und Mythologie mittheilen, durch eigene Forschungen der Studirenden zu befestigen und zu beleben".[45]

---

[41] Personalakte Bartsch im Universitätsarchiv Rostock (UAR): PA Bartsch: Carl Bartsch. 1857–1871.

[42] Breuer, G. et al.: Briefwechsel, 2002, 36.

[43] Bartsch, K.: Germanische und romanische Seminare, 1883, 237.

[44] Bechstein, R.: Denkschrift, 1883, 13–16.

[45] Landeshauptarchiv Schwerin (LHAS): *Ministerium für Unterricht, Kultur, geistliche und Medizinalangelegenheiten*: 5.12-7/1 Nr. 1608: Deutsch-philologisches Seminar, Bl. 91f.

Über das deutsch-philologische Seminar müssen wir noch ein paar Worte mehr verlieren, war es doch seine Konzeption ex tempore, die Bartsch das Gefallen des Vizekanzlers von Both sicherte, und, man wird nie müde zu betonen, es sei das erste germanistische Universitätsseminar überhaupt. Von unschätzbarem Wert für unsere historische Rekonstruktion sind die im Landeshauptarchiv Schwerin erhalten gebliebene Seminarakte, die Denkschrift Bechsteins von 1883 und der abgedruckte Vortrag Bartschs für die 36. Versammlung deutscher Philologen und Schulmänner in Karlsruhe von 1882.[46] Die Denkschrift Bechsteins enthält die beiden Seminarstatuten aus den Jahren 1858 und 1871, ein Mitgliederverzeichnis, eine Aufstellung aller Seminarlektüren und angefertigten Seminararbeiten sowie den Bücherbestand der Handbibliothek jeweils für den Zeitraum von 1858 bis zum Jubiläumsjahr 1883. Bartschs Vortrag gibt einen historischen Abriss über die Gründung neuphilologischer Seminare an deutschen Universitäten im Gefolge seiner Rostocker Seminargründung sowie eine methodisch-didaktische Reflexion über Sinn und Wert des Einübens der kritischen Methode im Seminar.

In Bartschs Seminaridee laufen verschiedene Aspekte seiner hochschulpädagogischen Theorie und Praxis zusammen. Ins Zentrum seminaristischen Arbeitens stellt er das, was er selber am besten kann, nämlich die philologisch-kritische Methode, die zur wissenschaftlich abgesicherten Edition mittelalterlicher Handschriften befähigen soll. Dezidiert spricht sich Bartsch gegen schulpraktische Inhalte im philologischen Universitätsseminar aus, wenngleich die Mehrheit der Mitglieder ins Lehramt strebe. Aber ihm geht es nicht um die praktische Vorbereitung aufs höhere Lehramt, sondern um die Schulung grundlegender kognitiver Dispositionen philologischen Problemlösens: „Methodisch denken und arbeiten ist ja das, was alles wissenschaftliche Lehren und Lernen erstrebt, was mithin auch die Hauptaufgabe jeder seminaristischen Thätigkeit sein muss".[47]

Zudem fällt auf, dass, vergleicht man chronologisch Bartschs Publikationstätigkeit und die Themen seiner Lehrveranstaltungen, seine Texteditionen und die darum liegenden Recherchen im Moment der Entstehung geradezu idealtypisch als Verschränkung von Forschung und Lehre in seine Vorlesungen und seinen Seminarunterricht einfließen. Insofern lassen sich Bartschs Publikations- und Lehrtätigkeit besonders im Seminar nahezu jederzeit aufeinander

---

[46] Seminarakte im Landeshauptarchiv Schwerin (LHAS): *Ministerium für Unterricht, Kultur, geistliche und Medizinalangelegenheiten:* 5.12-7/1 Nr. 1608: Deutsch-philologisches Seminar. 1838–1942; Bechstein, R.: Denkschrift, 1883; Bartsch, K.: Germanische und romanische Seminare, 1883; cf. Kalkhoff, A. M.: Romanische Philologie, 2010, 78–81.

[47] Bartsch, K.: Germanische und romanische Seminare, 1883, 245.

abbilden.[48] Nur ein Beispiel: Im Winter 1863/64 steht auf dem Lektüreplan des Seminars „Ein Theil der Kudrun mit besonderer Berücksichtigung der Textkritik",[49] einen Text, den Bartsch 1865 als Band 2 der *Deutschen Klassiker des Mittelalters* herausgeben wird.[50] Hier eine chronologisch geordnete Aufstellung aller Publikationen Bartschs während seiner Rostocker Jahre auch als Zeugnis seiner beeindruckenden Schaffenskraft:

1) Karl Bartsch: Mitteldeutsche Gedichte. Stuttgart 1860.
2) Karl Bartsch: Meleranz von dem Pleier. Stuttgart 1861.
3) Karl Bartsch: Albrecht von Halberstadt und Ovid im Mittelalter. Quedlinburg/Leipzig 1861.
4) Karl Bartsch: Meisterlieder der Kolmarer Handschrift. Stuttgart 1862.
5) Bartsch, Karl: Deutsche Liederdichter des zwölften bis vierzehnten Jahrhunderts. Leipzig 1864.
6) Karl Bartsch: Untersuchungen über das Nibelungenlied. Wien 1865.
7) Karl Barsch: Kudrun. Leipzig 1865.
8) Karl Bartsch: Das Nibelungenlied. Leipzig 1866.
9) Karl Bartsch: Chrestomathie de l'Ancien Français (VIIIe–XVe siècles). Accompagnée d'une grammaire et d'un glossaire. Leipzig 1866.
10) Karl Bartsch: Die lateinischen Sequenzen des Mittelalters in musikalischer und rhythmischer Beziehung. Rostock 1868.
11) Karl Bartsch: Chrestomathie provençale. Accompagnée d'une grammaire et d'un glossaire. Elberfeld 1868.
12) Karl Bartsch: Sancta Agnes. Provenzalisches geistliches Schauspiel. Berlin 1869.
13) Karl Bartsch: Herzog Ernst. Wien 1869.
14) Karl Bartsch: Wolfram's von Eschenbach Parzival und Titurel, 3 vols. Leipzig 1870/71.
15) Karl Bartsch: Reinfried von Braunschweig. Stuttgart 1871.

Aus der kritisch-philologischen Methode ergibt sich ein praktisches Problem für die Seminararbeit, nämlich die zu verwendende Textgrundlage. In der Rostocker Universitätsbibliothek befinden sich keine mittelhochdeutschen,

---

[48] Eine Übersicht über Bartschs Rostocker Vorlesungen findet sich in: Koppitz, H.-J.: Pfeiffer Bartsch Briefwechsel, 1969, 256–9; eine Zusammenstellung der Rostocker Seminarlektüren und -arbeiten findet sich in: Bechstein, R.: Denkschrift, 1883, 17–19.

[49] Bechstein, R.: Denkschrift, 1883, 18.

[50] Bartsch, K.: Kudrun, 1865.

provenzalischen oder altfranzösischen Handschriften. Erst in Heidelberg kann Bartsch auf eine umfassende Handschriftensammlung für seinen Unterricht zurückgreifen.[51] In Rostock jedenfalls muss er Chrestomathien, gedruckte Textsammlungen, verwenden. In den von Bechstein zusammengetragenen Seminarlektüren unter Anleitung Bartschs figuriert regelmäßig Wackernagels *Altdeutsches Lesebuch* (1835) und in seinem Karlsruher Vortrag nennt Bartsch namentlich Pfeiffers *Altdeutsches Übungsbuch* (1866) und Karl Müllenhoffs (1818–84) *Altdeutsche Sprachproben* (1864); diese sind auch allesamt im Katalog der Rostocker Seminarbibliothek verzeichnet.[52] Die Lektüren im Rostocker deutsch-philologischen Seminar basieren auf diesen altdeutschen Chrestomathien, v.a. auf der Wackernagelschen; im Vorlesungsverzeichnis für den Sommer 1864 heißt es etwa: „seminarii philologici teutonici exercitationes moderari perget, in quo Wackernageli chrestomathia tractabitur".[53]

 Diese Chrestomathien verfolgen das Ziel, „in einer chronologisch geordneten Reihe von Beispielen die Entwicklung der deutschen Sprache und Litteratur [...] Litteraturgeschichte und historische Grammatik, Dichtkunst und Verskunst lehren, dass man es academischen Vorlesungen wie dem Schulunterrichte zum Grunde legen [könnte]".[54] Das Problem ist jedoch, dass diese Textsammlungen bereits edierte Texte versammeln, schließlich soll ja das textkritische Edieren erst eingeübt werden. Müllenhoffs *Altdeutsche Sprachproben* bilden eine Ausnahme, da sie auch unbearbeitete Texte enthalten. Jedenfalls sind die Chrestomathien unentbehrlich für die akademische Lehrpraxis, so dass alle namhaften Germanisten/Mediävisten Chrestomathien für das von ihnen bearbeitete Feld verfassen.

 Auch Bartsch hatte 1855 sein *Provenzalisches Lesebuch* veröffentlicht, noch bevor er selber in die akademische Lehre eintrat. Sein Lesebuch, übrigens das einzige im Rostocker Seminarkatalog verzeichnete romanistische Buch, kommt im deutsch-philologischen Seminar lediglich einmal im Sommer 1864 zum Einsatz.[55] Aber er nimmt es immer wieder als Textgrundlage für seine Vorlesungen über das Provenzalische und 1868 erscheint es sogar in zweiter Auflage nun unter dem Titel *Chrestomathie provençale*.[56] Der Titelwechsel ist

---

[51] Bartsch, K.: Germanische und romanische Seminare, 1883, 242.

[52] Bechstein, R.: Denkschrift, 1883, 17–19 und 23.

[53] Koppitz, H.-J.: Pfeiffer Bartsch Briefwechsel, 1969, 257.

[54] Wackernagel, W.: Altdeutsches Lesebuch, 1835, VII.

[55] Bechstein, R.: Denkschrift, 1883, 18 und 24.

[56] Bartsch, K.: Chrestomathie provençale, [2]1868.

sicher nicht zufällig und kann *funktional* interpretiert werden. Hatte Bartsch mit seinem *Lesebuch* eine noch nicht näher differenzierte bildungsorientierte *Leser*schaft vor Augen, so steht *Chrestomathie* auch und vor allem für den Einsatz im Universitätsunterricht.

1866 veröffentlicht Bartsch seine zweite romanistische Chrestomathie, die *Chrestomathie de l'Ancien Français*,[57] obwohl das Altfranzösische während seiner Rostocker Zeit nur in Vorlesungen, nicht aber philologisch-textkritisch im Seminar behandelt wird; hier etwa in einer Vorlesung im Sommer 1869: „publice carmina selecta francogallica ex libro suo ,Chrestomathie de l'Ancien Français' (Lips. 1866) interpretabitur bis p.h.".[58] Aber so, wie er neben anderen Editionen 1855 seine provenzalische Textsammlung nahezu prophetisch in Hinblick auf eine etwaige Professur veröffentlicht hatte, so beweist er auch mit seiner altfranzösischen Chrestomathie ein Gespür für sein Entwicklungspotenzial. 1871 wird er nämlich auf das Heidelberger Ordinariat „für germanische und altromanische, insbesondere altfranzösische Sprache und Literatur" berufen, wo er auf ausdrücklichen Wunsch der Fakultät die altfranzösische Sprache und Literatur vertreten soll.[59]

Bei der Vorbereitung und Publikation der *Chrestomathie de l'Ancien Français* zieht Bartsch wahrlich alle Register seiner Vernetzung mit der zeitgenössischen deutschsprachigen und französischen Romanisten-*scientific-community*. Es ist sicherlich nicht übertrieben zu konstatieren, dass in Bartschs Chrestomathie alle Aspekte seines wissenschaftlichen Ethos konvergieren: Methode, Aspekte der Hochschuldidaktik und allgemeinen Bildung, Vernetzung mit der Fachgemeinschaft und Mäzenatentum.

Im Vorwort der Chrestomathie erfahren wir etwa, dass ihm bei der Sichtung der Originalquellen der Leipziger Anglist und Romanist Adolf Ebert (1820–90), der französische Romanist und Archivar an der *École impériale des chartes* Paul Meyer (1840–1917), der Konservator der Handschriftenabteilung der Pariser *Bibliothèque Nationale* Henri Michelant (1811–90), der Wiener Romanist Adolfo Mussafia (1835–1905), der Breslauer Germanist und Archivar Friedrich Pfeiffer (1827–1903) und der Berliner Archivar Ernst Strehlke (1834–69) behilflich waren.[60] Zudem ermöglichte eine unverhoffte mehrwöchige Reise nach Paris es Bartsch selber, Texte für die Chrestomathie textkri-

---

[57] Bartsch, K.: Chrestomathie de l'Ancien Français, 1866.

[58] Koppitz, H.-J.: Pfeiffer Bartsch Briefwechsel, 1969, 259.

[59] Kalkhoff, A. M.: Romanische Philologie, 2010, 35f.

[60] Bartsch, K.: Chrestomathie de l'Ancien Français, 1866, Vorwort.

tisch aufzubereiten.[61] Sicherlich recht komfortabel kommt er übrigens im *Hôtel de Bade* seines Mäzens aus Jugendtagen, dem Baron von der Leyen-Bloemersheim, unter.

Und zu guter Letzt übersetzt niemand geringer als der 27-jährige französische Mediävist Gaston Paris (1839–1903) die der Chrestomathie beigefügte kurze altfranzösische Grammatik: „La grammaire et les notes ont été mises en français par mon ami M. Gaston Paris; je ne pouvais lui demander le travail considérable qu'exigeait le glossaire: je n'ai fait que le consulter sur quelques point [sic!] où je doutais".[62] Mit der Beteiligung von Meyer und Paris, später gemeinhin zu Gründerheroen der französischen *philologie romane* überhöht,[63] an seinem Chrestomathieprojekt gelingt Bartsch ein Geniestreich.

Freundschaft und kollegialer Austausch zwischen Bartsch und Paris beginnen 1865. Kennen sich die beiden zunächst nur über ihre wissenschaftlichen Arbeiten und Texteditionen, so lernen sie sich persönlich während eben jenem Parisaufenthalt Bartschs des Jahres 1866 kennen. Aus ihrer Korrespondenz zwischen 1865 und 1885, die zu weiten Teilen überliefert ist, erfahren wir neben vielen fachlichen Fragen auch etwas über die Zusammenarbeit an der Chrestomathie, dass Paris Bartsch im September 1866 für zwei Tage in Rostock besucht und dass er Bartschs Chrestomathie in seinen eigenen Kursen am *Collège de France* und Sorbonne einsetzt, aber auch, dass eine projektierte Reihe *Classiques français du Moyen-Âge* in Anlehnung an *Deutsche Klassiker des Mittelalters* bei Brockhaus in Leipzig leider nicht realisiert wird.[64]

In Bartschs Rostocker Jahre fallen auch zwei für die einschlägige Fachkommunikation wichtige Ereignisse, nämlich 1863 die Gründung einer eigen-

---

[61] So schreibt Karl Bartsch an Franz Pfeiffer am 3.2.1866 aus Rostock: „Nun aber zu Anderem. Zunächst die Mittheilung, daß ich in Folge einer Einladung in nächster Woche nach Paris reisen werde, um dort einige Woche zu verweilen. Ich werde die Zeit benutzen, um allerhand über altfranzösische Lyrik zu arbeiten. Meine dortige Adresse ist: Hôtel de Bade, Boulevard des Italiens, chez Mr. Le Baron de Leyen. Vom 12. Februar an werde ich wohl dort sein und wenigstens bis Anfang März verweilen." (Koppitz, H.-J.: Pfeiffer Bartsch Briefwechsel, 1969, 202). Wie wir aus der Anmerkung 1 der Koppitzschen Briefedition erfahren, traf Bartsch laut eigenen Tagebucheintragungen am 11.2.1866 in Paris ein, wo er schließlich bis zum 3.4.1866 blieb.

[62] Bartsch, K.: Chrestomathie de l'Ancien Français, 1866, Vorwort.

[63] Bähler, U.: Gaston Paris et la philologie romane, 2004.

[64] Roques, M.: Correspondance de Karl Bartsch et Gaston Paris, 1927, 1931 und 1932. Bartsch schreibt übrigens stets auf Deutsch und Paris auf Französisch. Dies sowie die Fehler und der ungelenke Stil des auf Französisch verfassten Vorwortes der Chrestomathie legen nahe, dass Bartsch eher über rezeptive Neufranzösischkenntnisse verfügte.

ständigen ‚germanistisch-romanistischen Sektion' auf der 22. Philologenversammlung des 1837 gegründeten *Vereins deutscher Philologen und Schulmänner* in Meißen unter maßgeblicher Initiative Bartschs und 1868 die Übernahme der Herausgeberschaft der *Germania* nach Pfeiffers Tod. Aus seinen Korrespondenzen erfahren wir, dass er regelmäßig an der Philologenversammlung teilnimmt und seine Fachkollegen immer wieder zur Teilnahme einlädt. Mit der Herausgabe der *Germania* ist Bartsch machtvoller Akteur neuphilologischer Erkenntniszirkulation und Schulenbildung.

Auch war Bartsch zweimal Rektor der Universität Rostock; in dieser Funktion hielt er im März 1867 die Rede zur Grundsteinlegung des neuen zentralen Universitätsgebäudes.

Als 1870 der Heidelberger Altgermanist und Indologe Adolf Holtzmann (1810–70) stirbt, beauftragt die Heidelberger Fakultät den Historiker Georg Gottfried Gervinus (1805–71) ein Gutachten für Holtzmanns Nachfolge zu erstellen. Gervinus und ebenso der zu Rat gezogene Tübinger Neuphilologen Adalbert von Keller (1812–83) empfehlen Bartsch für das germanistisch-altfranzösischen Heidelberger Ordinariat. Bartsch stimmt zügig zu, so dass er bereits zu Jahresbeginn 1871 nach Heidelberg berufen wird.[65]

4. Resümee: „Mir hat deutscher und romanischer Philologie gleichmässige Aufmerksamkeit und Pflege zuzuwenden immer als ein schönes wenn auch schwer zu erreichendes Ziel vorgeschwebt."[66]

Bartsch entfaltet in seinen Rostocker Jahren ein erstes Mal seine faszinierende Wissenschaftlerpersönlichkeit, deren Facetten Ausdruck einer seinerzeit ausgesprochen modernen Wissenschaftlichkeit sind. Zunächst einmal ist da ein methodisch gesicherter und empirischer Zugriff auf den Objektbereich durch die Anwendung der kritisch-philologischen respektive Lachmannschen Methode und die eigenständige Handschriftensichtung im In- und Ausland. Hier leistet Bartsch als Teil der zweiten Mittelalterphilologen/Germanistengeneration Kärrnerarbeit. Aus dieser Forschungspraxis entspringen zahlreiche Editionen mittelalterlicher Texte, die wiederum geradezu idealtypisch im Geiste der von Humboldt insinuierten Einheit von Forschung und Lehre in seinen Universitätsunterricht im deutsch-philologischen Seminar und in seine Vorlesungen einfließen. Hier ist der systematische Ort der Chrestomathien. Bartsch beweist aber auch außergewöhnliches Geschick bei

---

[65] Kalkhoff, A. M.: Romanische Philologie, 2010, 35f.

[66] Karl Bartsch an Wilhelm Grimm, Nürnberg, 26.10.1857, in: Breuer, G. et al.: Briefwechsel, 2002, 25.

der Vernetzung mit der *scientific community*; der Briefwechsel mit den Gebrüdern Grimm und seine Freundschaft mit Gaston Paris sind beredte Beispiele. Aber auch die Herausgeberschaft der *Germania* und sein Engagement in der Philologenversammlung gehören zu seinen Netzwerkstrategien. Letztlich wird all das beseelt von einem Bildungsethos, das in einer möglichst voraussetzungsarmen Partizipation an essentiellen Textwelten des europäischen Mittelalters als gemeinsames Bildungsgut des deutschen Bildungsbürgertums besteht; hier etwa formuliert im Vorwort seiner Dante-Übersetzung von 1877:

> Darum kann hier jede Übersetzung nur ein Versuch sein. Nur immer neue Versuche, die redlich das früher Geleistete benutzen, können allmählich zu dem Ziele führen: einer nach Form und Inhalt möglichst treuen, lesbaren, den Stil des Dichters wiedergebenden Verdeutschung. [...] In den beigefügten Anmerkungen habe ich mich auf das beschränkt, was zum unmittelbaren Verständnis notwendig erschien, und jede weitere Ausführung, auch wo sie noch so lockend gewesen wäre, vermieden. [...] Möchte daher meine Übersetzung dazu beitragen, unter den Gebildeten unseres Volkes Dante mehr und mehr bekannt zu machen und die Zahl nicht bloß seiner Verehrer, sondern auch seiner Leser zu vermehren![67]

Bartsch ist mithin wohl am ehesten als Mittelalterphilologe zu charakterisieren, dem die Literaturproduktion des im Austausch stehenden mittelalterlichen deutschen, nord- und südfranzösischen sowie nachantiken italienischen Kulturraums die Objekte seines wissenschaftlichen Arbeitens liefert.[68] Gegen eine einseitige Vereinnahmung als Germanist oder Romanist sprechen viele Argumente.[69] Eines kann man sicherlich mit Gewissheit sagen: Er ist stets beides, oder historisch angemessener, er ist stets eins.

Jedoch müssen wir Bartschs Wissenschaftlichkeit als etwas historisch Kontingentes auffassen, das am zeitgenössischen Möglichkeitenhorizont zwar real existierte, aber durch andere parallele Entwicklungen im deutschen Wissenschafts- und Universitätssystem bereits zu Bartschs Lebzeiten zu etwas Singulärem wurde. Germanistik und Romanische Philologie werden nämlich in der zweiten Hälfte des XIX. Jahrhunderts als voneinander unabhängige Universitätsfächer institutionalisiert; diese als Nationalphilologie, jene im Rahmen

---

[67] Bartsch, K.: Dante Allighieri's Göttliche Komödie, 1877, Vorwort.

[68] So auch Wolf, J.: Kontinuität und Wandel, 2012, 325–9.

[69] In die diachrone Romanistik ging Bartsch mit dem „Bartsch'schen Gesetz" ein, das besagt, dass der vulgärlateinische Vokal *a* unter Palataleinfluss zu protofranzösisch *ie* wird (CANIS > chien); cf. auch Neumann, F.: Bartsch als Romanist, 1888.

der höheren Lehrerbildung fürs neusprachliche realgymnasiale Lehramt.[70] Als Bartsch 1888 in Heidelberg stirbt, war seine ganzheitliche germanisch-romanische Mittelalterphilologie obsolet geworden. Auch inhaltlich verschieben sich die Prämissen der beiden Fächer. Die Germanistik wird zusehends zu einer Goethe-Philologie[71] und Gustav Gröber (1844–1911) steckt mit seinem *Grundriss* ein erstes Mal das Feld der Romanischen Philologie ab,[72] die seit Friedrich Diez' (1794–1876) *Grammatik der romanischen Sprachen*[73] vor allem eine genetisch-evolutive Sprachwissenschaft mit stark positivistischem Einschlag geworden war.

Abschließend wollen wir noch einmal zu einem unserer beiden objektgeschichtlichen Ausgangspunkte, zur *Chrestomathie de l'Ancien Français* in zwölfter Auflage aus dem Jahr 1927 aus der Salzburger Universitätsbibliothek, zurückkehren.[74] Der Buchdeckel enthält eine Notiz, die sie als persönliches Exemplar Hans Rheinfelders (1898–1971) ausweist. Weiterhin erfahren wir daraus, dass sich Rheinfelder die Bartsch'sche Chrestomathie 1929 in Freiburg, wo er sich bei Hanns Heiß (1877–1935) habilitierte, gekauft hatte. 1937 wird Rheinfelder den ersten Band, die Lautlehre, seiner *Altfranzösischen Grammatik* veröffentlichen, mit der Generationen von Romanisten bis heute ins Altfranzösische eingeführt wurden. Rheinfelders Grammatik und Bartschs Chrestomathie könnten jedoch verschiedener nicht sein. Stellte Bartsch noch den von Paris übersetzten altfranzösischen Grammatikteil ausschließlich in den Dienst der Lektüre der altfranzösischen Textproben und ließ die Lautlehre ganz außen vor, so dienen Rheinfelder entkontextualisierte Versatzstücke aus der altfranzösischen Literatur nur als Belege für die in Paragraphenform zusammengetragenen Lautgesetze des Französischen. Die idealistisch fundierte Bildungs-Philologie war einer positivistischen autonomen Sprachwissenschaft gewichen. Chrestomathien brauchte man hierfür nicht mehr.

---

[70] Kalkhoff, A. M./Wolf, J.: Kontingenz: Zufall und Kalkül, 2014.

[71] Kolk, R.: Berlin oder Leipzig, 1990.

[72] Gröber, G.: Grundriss der romanischen Philologie, 4 vols., 1888–1902.

[73] Diez, F.: Grammatik der romanischen Sprachen, 3 vols., 1836–38.

[74] Bartsch, K.: Chrestomathie de l'Ancien Français, [12]1927.

5. Bibliografie

Bähler, Ursula: Gaston Paris et la philologie romane. Genf 2004.

Bartsch, Karl: Provenzalisches Lesebuch. Mit einer literarischen Einleitung und einem Wörterbuche. Elberfeld 1855.

Bartsch, Karl: Denkmäler der provenzalischen Litteratur. Stuttgart 1856.

Bartsch, Karl: Peire Vidal's Lieder. Berlin 1857.

Bartsch, Karl: Karl der Große von dem Stricker. Quedlinburg/Leipzig 1857.

Bartsch, Karl: Berthold von Holle. Nürnberg 1858.

Bartsch, Karl: Die Erlösung mit einer Auswahl geistlicher Dichtungen. Quedlinburg/Leipzig 1858.

Bartsch, Karl: Kudrun. Leipzig 1865.

Bartsch, Karl: Chrestomathie de l'Ancien Français (VIIIe–XVe siècles). Accompagnée d'une grammaire et d'un glossaire. Leipzig 1866.

Bartsch, Karl: Chrestomathie provençale. Accompagnée d'une grammaire et d'un glossaire. Elberfeld ^{2}1868.

Bartsch, Karl: Dante Allighieri's Göttliche Komödie. Übersetzt und erläutert von Karl Bartsch. Erster Theil: Die Hölle. Leipzig 1877.

Bartsch, Karl: Über die Gründung germanischer und romanischer Seminare und die Methode kritischer Übungen. In: Verhandlungen der 36. Versammlung deutscher Philologen und Schulmänner in Karlsruhe vom 27. bis 30. September 1882. Leipzig 1883, 237–45.

Bartsch, Karl: Chrestomathie de l'Ancien Français (VIIIe–XVe siècles). Accompagnée d'une grammaire et d'un glossaire. Douzième édition entièrement revue et corrigée par Leo Wiese. Leipzig ^{12}1927.

Bartsch, Karl: Jugenderinnerungen. Herausgegeben von Hans-Joachim Koppitz. Würzburg 1966.

Bechstein, Reinhold: Denkschrift zur Feier des fünfundzwanzigjährigen Bestehens des deutsch-philologischen Seminars auf der Universität zu Rostock am 11. Juni 1883. Rostock 1883.

Bechstein, Reinhold: Karl Bartsch. In: Germania Vierteljahrsschrift für deutsche Alterthumskunde 33 (1888), 65–94.

Breuer, Günter/Jaehrling, Jürgen/Schröter, Ulrich (Ed.): Briefwechsel der Brüder Jacob und Wilhelm Grimm mit Karl Bartsch, Franz Pfeffer und Gabriel Riedel. Stuttgart 2002.

Diez, Friedrich: Grammatik der romanischen Sprachen, 3 vols. Bonn 1836–38.

Dressler, Stephanie: Bartsch, Karl Friedrich Adolf Konrad. In: König, Christoph (Ed.): Internationales Germanistenlexikon 1800–1950, vol. 1. Berlin/New York 2003, 88–89.

Eggers, Hans: Bartsch, Karl. In: Neue Deutsche Biographie. 1953, 613 URL: https://www.deutsche-biographie.de/gnd118506943.html#ndbcon tent (07.05.2018).

Golther, Wolfgang: Bartsch, Karl. In: Allgemeine Deutsche Biographie. 1903, 749–52 URL: https://de.wikisource.org/wiki/ADB:Bartsch,_Karl (07.05.2018).

Gröber, Gustav: Grundriss der romanischen Philologie, 4 vols. Straßburg 1888–1902.

Kalkhoff, Alexander Mathias: Romanische Philologie im 19. und frühen 20. Jahrhundert: Institutionengeschichtliche Perspektiven. Tübingen 2010.

Kalkhoff, Alexander Mathias/Wolf, Johanna: Kontingenz: Zufall und Kalkül. Zur Fachgeschichte der Romanischen Philologie (1820–1890). In: Oesterreicher, Wulf/Selig, Maria (Ed.): Geschichtlichkeit von Sprache und Text: Philologien – Disziplingenese – Wissenschaftshistoriographie. Paderborn 2014, 131–52.

Kolk, Rainer: Berlin oder Leipzig? Studien zur sozialen Organisation der Germanistik im ‚Nibelungenstreit‘. Tübingen 1990.

Koppitz, Hans-Joachim: Franz Pfeiffer/Karl Bartsch, Briefwechsel. Mit unveröffentlichten Briefen der Gebrüder Grimm und weiteren Dokumenten zur Wissenschaftsgeschichte des 19. Jahrhunderts. Köln 1969.

Meves, Uwe: Zum Institutionalisierungsprozeß der Deutschen Philologie: Die Periode der Lehrstuhlerrichtung (von ca. 1810 bis zum Ende der 60er Jahre des 19. Jahrhunderts). In: Fohrmann, Jürgen/Voßkamp, Wilhelm (Ed.): Wissenschaftsgeschichte der Germanistik im 19. Jahrhundert. Stuttgart 1994, 115–203.

Meves, Uwe: Deutsche Philologie an den preußischen Universitäten im 19. Jahrhundert: Dokumente zum Institutionalisierungsprozess, 2 vols., Online-Ressource. Berlin 2010.

Müllenhoff, Karl: Altdeutsche Sprachproben. Berlin 1864.

Neumann, Fritz: Karl Bartsch als Romanist. In: Germania Vierteljahrsschrift für deutsche Alterthumskunde 33 (1888), 98–107.

Osterhammel, Jürgen: Verkehr und Kommunikation. In: Osterhammel, Jürgen: Die Verwandlung der Welt: Eine Geschichte der 19. Jahrhunderts. München [4]2009, 1012–29.

Pfeiffer, Franz: Walther von der Vogelweide. Leipzig 1864.

Pfeiffer, Franz: Altdeutsches Übungsbuch zum Gebrauch an Hochschulen. Wien 1866.

Ruppert, Wolfgang: Zur Kulturgeschichte der Alltagsdinge. In: Ruppert, Wolfgang (Ed.): Fahrrad, Auto, Fernsehschrank. Zur Kulturgeschichte der Alltagsdinge. Frankfurt am Main 1993, 14–36.

Roques, Mario: Correspondance de Karl Bartsch et Gaston Paris de 1865 à 1885, première partie: 1865–1867. In: Medieval Studies in Memory of Gertrude Schoepperle Loomis. Paris 1927, 413–41.

Roques, Mario: Correspondance de Karl Bartsch et Gaston Paris de 1865 à 1885, deuxième partie: 1868–1870. In: Neuphilologische Mitteilungen 32 (1931), 127–45.

Roques, Mario: Correspondance de Karl Bartsch et Gaston Paris de 1865 à 1885, troisième partie: 1871. In: A Miscellany of Studies in Romance Languages & Literatures, presented to Leon E. Kastner, M. Williams, J. A. de Rothschild. Cambridge 1932, 427–39.

Schöning, Udo: Karl Bartsch (1832–1888). In: Trachsler, Richard (Ed.): Bartsch, Foerster et C[ie.] La première romanistique allemande et son influence en Europe. Paris 2013, 37–61.

Seitz, Dieter: Karl Bartsch (1832–1888). In: König, Christoph/Müller, Hans-Harald/Röcke, Werner (Ed.): Wissenschaftsgeschichte der Germanistik in Porträts. Berlin 2000, 47–52.

Wackernagel, Wilhelm: Altdeutsches Lesebuch: Poesie und Prosa vom IV. bis zum XV. Jahrhundert. Basel 1835.

Wolf, Johanna: Kontinuität und Wandel der Philologien. Textarchäologische Studien zur Entstehung der Romanischen Philologie im 19. Jahrhundert. Tübingen 2012.

Karl Bartschs Doppelrolle während seiner Professur in Rostock (1858–71)

Rafael Arnold

1. Einleitung

25 Semester lang war Karl Friedrich Adolf Konrad Bartsch (1832–88) an der Universität Rostock tätig: von seiner Berufung zum „ordentlichen Professor der deutschen und neueren Literatur" im Jahr 1858 bis zu seinem Wechsel an die Universität Heidelberg, der im Jahr 1871 erfolgte.[1] Im Wikipedia-Eintrag[2] zu Karl Bartsch beispielsweise erfahren die Leser, dass er „ein deutscher germanistischer Mediävist und Altphilologe"[3] gewesen sei. Erst im weiteren Verlauf – im Zusammenhang mit seiner Rostocker Tätigkeit, heißt es dann überraschenderweise – und sachlich falsch –, dass Bartsch dort bis 1871 „als Professor für Germanistik und Romanistik" [Herv. R.A.] gearbeitet und anschließend einen Ruf nach Heidelberg als „Professor für germanische und romanische Philologie" erhalten habe, „wo er bis zu seinem Tod lehrte." Die unter dem Artikel angegebene knappe Liste seiner Publikationen enthält nur ein einziges romanistisches Werk, nämlich seine *Chrestomathie de l'ancien Français* (1866). Nicht nur hier wird Karl Bartsch in erster Linie als Germanist präsentiert. Zu Recht wird in verschiedenen Publikationen hervorgehoben, dass er „das erste Germanistische Institut in Deutschland gründete".[4] Aber das ist nur die halbe Wahrheit. Karl Bartschs immens umfangreiche wissenschaftliche Tätigkeit auf dem Gebiet der Romanistik, speziell seine Forschungen zum Altprovenzalischen, Altfranzösischen und zum Altitalienischen, soll im vorliegenden Beitrag ins rechte Licht gerückt und der Romanist Karl Bartsch aus

---

[1] Allgemeine Informationen zu Karl Bartschs Leben und Wirken finden sich bei Bechstein, R.: Denkschrift, 1883, sowie Bechstein, R..: Karl Bartsch, 1888; Golther, W.: Bartsch, Karl, 1903; Eggers, H.: Bartsch, 1953; Bartsch, K.: Jugenderinnerungen, 1966; Seitz, D.: Karl Bartsch, 2000; Breuer, G. et al.: Briefwechsel Grimm Bartsch, 2002, 13–16; Dressler, S.: Bartsch, 2003; Kalkhoff, A. M.: Romanische Philologie, 2010, 73–74 sowie der Beitrag desselben in diesem Band; cf. außerdem im Nachlass von Karl Bartsch: Tagebücher II bis VI (1861–1886) Karl und Sophie Bartsch (Universitätsbibliothek Heidelberg, Signatur: Heid. Hs. 1587-91).

[2] https://de.wikipedia.org/wiki/Karl_Bartsch (letzter Zugriff 14.08.2019).

[3] Bartsch war kein Altphilologe, richtig müsste es heißen ‚Mittelalter-Philologe'.

[4] Wikipedia-Eintrag (s. Anm. 2).

dem Schatten germanistischer Vereinnahmungen gelöst werden.[5] Dies geschieht im Bewusstsein, dass dies nicht der erste Versuch ist, Bartsch als Romanisten zu würdigen. Im XIX. Jahrhundert unternahm es Fritz Neumann, dem dieser Beitrag viele Informationen verdankt, Bartschs vielfältige Tätigkeiten auf dem Gebiet der romanischen Sprachen und Literaturen zu würdigen.[6] In neuerer Zeit war es Alexander Teixeira Kalkhoff, der insbesondere Bartschs Rolle bei der Institutionalisierung des Faches Romanistik an deutschen Universitäten im XIX. Jahrhundert beleuchtete.[7] Dennoch ist Karl Bartsch in der Fachöffentlichkeit – ganz zu schweigen von der breiteren Öffentlichkeit – zwar Studierenden der Germanistik gegebenenfalls durch seine Textausgaben namentlich bekannt,[8] den Studierenden der Romanistik aber nicht. Dies mag auch der Tatsache geschuldet sein, dass die älteren Sprachepochen heute nicht mehr selbstverständlicher Teil des universitären Curriculums sind und somit Bartschs Chrestomathien zum Altfranzösischen und Altprovenzalischen nur selten noch Anwendung finden. Aus Anlass des 600-jährigen Jubiläums der Rostocker Universität soll daher ausdrücklich an diese wichtige Forscherpersönlichkeit erinnert werden, die zugleich Germanist und – mit vollem Recht– auch Romanist war und in Rostock beinahe 13 Jahre mit intensiver Lehr- und Forschungstätigkeit verbrachte.

2. Bartschs Berufung nach Rostock

Als Bartsch zu Ostern 1858 seine Lehrtätigkeit in Rostock aufnahm,[9] kehrte er Nürnberg den Rücken, wo er drei Jahre lang als Kustos des Handschriftenkabi-

---

[5] Dieser Aufsatz versteht sich als Ergänzung zu dem Beitrag von Alexander Teixeira Kalkhoff in diesem Band, in dem ebenfalls die Bedeutung der Rostocker Jahre in Bartschs Professorenleben behandelt wird.

[6] Neumann, F.: Karl Bartsch als Romanist, 1888.

[7] Kalkhoff, A. M.: Romanische Philologie, 2010; Kalkhoff, A. M./Wolf, J.: Kontingenz: Zufall und Kalkül, 2014 und Alexander Teixeira Kalkhoff in diesem Band. Die Institutionalisierung der Germanistik und die Rolle Bartschs darin beleuchten Seitz, D.: Karl Bartsch, 2000, und Krätzner-Ebert, A.: Institutionalisierung und Disziplinierung der Germanistik in Rostock, 2011.

[8] An der Universität Rostock sollte Karl Bartsch den Universitätsangehörigen und Studierenden immerhin als Gründer des ersten germanistischen Seminars, das Vorläufer des heutigen Instituts für Germanistik war, bekannt sein. Siehe dazu ausführlich Krätzner-Ebert, A.: Institutionalisierung und Disziplinierung der Germanistik in Rostock, 2011 sowie Meves, U.: Institutionalisierungsprozeß der Deutschen Philologie, 1994.

[9] Die Professoren wurden in Mecklenburg bis 1918 direkt vom Herzog berufen, so auch Karl Bartsch bei einer jährlichen Besoldung von 800 Talern. Die Ernennungsurkunde, die

netts an der Bibliothek des Germanischen Museums tätig und nach eigenem Bekunden nicht sehr glücklich gewesen war, weshalb er seinen Ruf nach Rostock als ‚Erlösung‘ empfand.[10] So folgte er dem Ruf an die Universität der Hansestadt mit „recht inniger Freude und Liebe zu [s]einem Berufe".[11] Er ahnte bereits, dass er es dort nur mit wenigen Studenten zu tun haben werde, dies verstimmte ihn aber nicht,[12] wie wir aus einem Brief vom 18. Juli 1858 an Jacob Grimm erfahren: „Wenn auch die Universität klein ist, so werden doch vielleicht ein paar Getreue sich finden".[13] Seine ersten Eindrücke schildert er in demselben Brief an Jacob Grimm folgendermaßen:

Meine Vorlesungen machen mir viel Freude [...]. Mit nächstem Winter tritt auch mein neuerrichtetes deutsch-philologisches Seminar ins Leben, das grösste Hinderniss ist nur, dass es hier keine Philologen gibt. Im nächsten Semester will ich Nibelungen und Girard von Rossillon lesen.[14]

---

der Personalakte beiliegt, hält fest: „Friedrich Franz von Gottes Gnaden Großherzog von Mecklenburg. Wir haben den bisherigen Conservator der Bibliothek des germanischen Museums in Nürnberg, Doctor Karl Bartsch daselbst zum ordentlichen Professor der deutschen und neueren Literatur mit Sitz und Stimme in der philosophischen Facultät dieser Hochschule ernannt [...] 29. December 1857." (Personalakte Bartsch im Universitätsarchiv Rostock (UAR): PA Bartsch: Carl Bartsch. 1857–1871, B. 2).

[10] In einem Brief an seinen Freund Franz Pfeiffer vom 31.10.1857 klagte er: „Die geistlose Tätigkeit und Beschäftigung , die ich nun zwei Jahre ertragen habe, nimmt mir von meine Kräften so viel in Anspruch, daß, wenn ich noch ein paar Jahre so fortmache, ich mich aufreiben würde." (Koppitz, H.-J.: Pfeiffer Bartsch Briefwechsel, 1969, 202). Im Vorwort zu seinem gleichnamigen Buch schreibt Bartsch, dass er sich, „aus beengenden verhältnissen in einen heiteren wirkungskreis versetzt sehe" (Bartsch, K.: Erlösung, 1858, Vorwort). Zur persönlichen Bedeutung des Rufs für Bartsch siehe ausführlich den Beitrag von Alexander Teixeira Kalkhoff in diesem Band.

[11] Zitiert nach Breuer, G. et al.: Briefwechsel Grimm Bartsch, 2002, 32.

[12] Die Philosophische Fakultät der Universität Rostock zählte im XIX. Jahrhundert neben Erlangen zu denjenigen mit den wenigsten Studenten (Baumgarten, M.: Professoren und Universitäten, 1997, 206). Waren es im Jahr 1840 etwa 100, so wuchs die Anzahl der Studenten bis 1865 auf ca. 150 und erreichte 1885, also erst nach Bartschs Zeit in Rostock, etwa 260 (Geschichte der Universität Rostock, 1969, Bd. 1, 85–94).

[13] Zitiert nach Breuer, G. et al.: Briefwechsel Grimm Bartsch, 2002, 32–33.

[14] Zitiert nach Breuer, G. et al.: Briefwechsel Grimm Bartsch, 2002, 36. In dem von Bechstein wiedergegebenen Vorlesungsverzeichnis steht für das Wintersemester 1858/59 als Lektüre nur das Nibelungenlied, Girard de Roussillon (Girartz de Rossilho) fehlt (Bechstein, R.: Denkschrift, 1883, 17). Vermutlich verwendete Bartsch die Textausgabe, die Konrad

Abb. 1: Karl Bartsch, Portrait. Universitätsarchiv Rostock.

Die Erwähnung romanischer Literatur sollte niemanden überraschen, war doch in der ‚Stellenbeschreibung' der Philosophischen Fakultät bei der Stellenbesetzung an einen „Docenten" gedacht, „der außer seiner Fachwissenschaft noch andere verwandte Disciplinen mit zu übernehmen im Stande wäre."[15] Im Antrag der Philosophischen Fakultät vom 14. Mai 1857, Karl Bartsch zu berufen, wird begründet, weshalb die Wahl auf ihn fiel:

Hofmann (1819–1890), Germanist und erster Romanist an der Universität München, 1852 herausgegeben hatte (siehe Seidel-Vollmann, S.: Die romanische Philologie, 1977, 130).

[15] UAR: Phil. Fak. 1419–1945, Nr. 156, ohne Blattzählung.

Die Fakultät ist dabei von der Ansicht ausgegangen, daß in Betracht der immer größer werden Bedeutung, welche die wissenschaftliche Erforschung und Behandlung der neueren Sprachen und Literaturen in jüngster Zeit gewonnen, in Betracht der Wechselwirkung der einzelnen Sprachen, wie sie im Mittelalter wurzeln und in der Gegenwart sich so vielfach berühren, vorzüglich aber auch mit Berücksichtigung der kleinen Verhältnisse der Universität, es sehr wünschenswerth sein dürfte, einen gediegenen Gelehrten zu gewinnen, welcher beide Gebiete, die der germanischen und romanischen Sprachen und Literaturen, zu umfassen befähigt sei. Sie hat sich, da Männer dieser Art noch zu den Seltenheiten gehören, einstimmig zu Gunsten des Dr. Carl Bartsch erklärt. [Herv. R. A.][16]

Die Tätigkeitsbeschreibung steht noch ganz in der Tradition der älteren enzyklopädischen Fakultätsprofessur, deren Inhaber neben dem eigentlichen Fachgebiet (‚Nominalfach') seinen Interessen folgend andere Gebiete behandeln konnte.[17] Strukturell schließt die Professur an die ältere Rostocker Tradition eines Lehrstuhls für Ästhetik, Kunstgeschichte, Rhetorik, neue Geschichte und Literatur an, die Victor Aimé Huber (1800–69) zwischen 1833 und 1836 innegehabt hatte, beziehungsweise eines „Ordinariats für Ästhetik und neuere Literatur", für das man 1837 Christian Wilbrandt (1801–67) berufen hatte,[18] wobei die Bezeichnung „neuere Literatur" auch und besonders die Literatur in ‚modernen Fremdsprachen', also etwa Französisch, Englisch, aber auch Italienisch oder Portugiesisch einschloss.[19]

---

[16] UAR: Wiederbesetzung des Lehrstuhls für neuere Sprache und Literatur 1852–57. Phil. Fak., Nr. 156.

[17] Hier zeigt sich eine deutliche Parallele zur Professur Konrad Hofmanns (s.a. Anm. 14) an der Münchener Universität, der für altdeutsche Philologie angestellt worden war, aber über viele Jahre auch das Fach „Romanische Philologie" mitvertrat und „folglich der Universität die Kosten einer Professur für das bezeichnete Fach erspare, und worin er mit Rücksicht auf diesen Umstand bittet, ihn bei der bevorstehenden Aufbesserung der Gehalte der Universitätslehrer mit einer ständigen Remuneration zu bedenken", wie er in einem Gesuch an den Senat der Universität München schrieb (zitiert nach Seidel-Vollmann, S.: Die romanische Philologie, 1977, 137).

[18] Johann Valentin Adrian nahm 1823 (1827) einen ersten romanischen Lehrstuhl an der Universität Gießen an, Friedrich Diez 1830 in Bonn, Ludwig Gottfried Blanc 1833 in Halle und in demselben Jahr Victor Aimé Huber in Rostock (Gröber, G.: Grundriss, [2]1904–06, 103 und Gauger, H.-M./Oesterreicher, W./Windisch R.: Einführung, 1981, 28). Weitere Lehrstühle in Marburg, Tübingen, München und Göttingen sollten folgen.

[19] Im Rahmen der Wiederbesetzung von Wilbrandts Lehrstuhl waren Bezeichnungen wie „Professor der Philosophie, altdeutschen Sprache und Litteratur sowie der neueren Littera-

Daran zeigt sich, dass eine Ausdifferenzierung in Germanistik, Romanistik und Anglistik seinerzeit noch nicht stattgefunden hatte. So bemerkte Karl
Mahn (1863), dass die Behandlung der deutschen und romanischen Sprachen
durch eine Lehrperson durchaus üblich war, „wie ja auch Diez in Bonn und
Bartsch in Rostock dort neben dem Romanischen Altdeutsch lehren".[20] Der
Nebeneffekt, den dies für die Universität hatte, die damit nämlich Geld sparen
konnte, bleibt indes unerwähnt.

Mit seiner Berufung an die Rostocker Universität wurde Karl Bartschs
akademische Laufbahn gekrönt, die er als Student zunächst an der Universität
Halle begonnen hatte, um 1851 an die Berliner Universität zu wechseln, wo er
bei dem Germanisten Karl Lachmann (1793–1851) studieren wollte, der allerdings kurz vor Beginn des Semesters verstarb. Stattdessen hörte Bartsch bei
Wilhelm Grimm (1786–1859) Germanistik. Bei Heymann Steinthal (1823–99)
lernte er die provenzalische Sprache und Literatur kennen und bei August
Friedrich Mahn (1802–87) wurde er, wie er schreibt, tiefer in die Troubadour-
lyrik eingeführt.[21] Beide Begegnungen waren für seine weiteren romanistischen Interessen von entscheidender Bedeutung. Seine Dissertation über Ot-
fried von Weißenburg (*De veteris theodiscae linguae Otfridi arte metrica*,
1853) schrieb er in der deutschen Philologie.[22] Sich anschließende Reisen nach
Paris und England (1855)[23] ermöglichten es ihm, in den dortigen Bibliotheken
insbesondere provenzalische Handschriften zu studieren und textkritisch zu
bearbeiten. Später reiste er noch einmal nach Paris.[24] Hiermit folgte er Ludwig

---

turgeschichte im Allgemeinen" und „Professor der neueren Sprachen, besonders die englische und französische Sprache und die Literatur beider Sprachen". Außerdem wurde die
Überlegung angestellt, dass „die italienische Sprache, bei Rostocks Lage auch die nordi-
schen, [ein mindestens ebenso großes Anrecht auf Berücksichtigung [hätten]." (Antrag der
Philosophischen Fakultät vom 6.11.1852. In: UAR, Wiederbesetzung des Lehrstuhls für
neuere Sprache und Litteratur 1852–57. Phil. Fak., Nr. 156). An den schwankenden Benen-
nungen lässt sich die damals stattfindende disziplinäre Ausgliederung der neuphilologischen
Fächer ablesen.

[20] Mahn, K. A. F.: Entstehung der Romanischen Philologie, 1863, 11.

[21] Bartsch, K.: Jugenderinnerungen, 1966, 137.

[22] Seitz, D.: Karl Bartsch, 2000, 48.

[23] Bartsch, K.: Jugenderinnerungen, 1966, 137. Genauer gesagt nach London und Oxford (s.
Dressler, S.: Bartsch, 2003, 88).

[24] So schreibt Karl Bartsch an Franz Pfeiffer am 3.2.1866 aus Rostock: „Nun aber zu Anderem. Zunächst die Mittheilung, daß ich in Folge einer Einladung in nächster Woche nach
Paris reisen werde, um dort einige Wochen zu verweilen. Ich werde die Zeit benutzen, um
allerhand über altfranzösische Lyrik zu arbeiten. [...]. Vom 12. Februar an werde ich wohl

Uhland (1787–1862), von dem Gröber schreibt: „Den Mut, die im eigenen Vaterland geringgeachteten Epen von Karl d. Gr. in Pariser Hss. aufzusuchen, ihren Gehalt und Gegenstand, die dichterische Form und Darstellung und ihre Vortragsart zu prüfen, fand zuerst Ludwig Uhland [...].[25]

Als Früchte dieser Forschungsaufenthalte liegen die von Karl Barsch verfasste altfranzösische Chrestomathie und die drei provenzalischen Texteditionen vor, nämlich das *Provenzalische Lesebuch* (1855), die *Denkmäler der provenzalischen Litteratur* (1856) und *Peire Vidal's Lieder* (1857).[26] Diese Editionen fallen in die Zeit seiner Tätigkeit an der Bibliothek des Germanischen Museums und zeigen, dass er doch viel freie Zeit dafür gehabt haben muss, was wiederum sein harsches Urteil über diese Tätigkeit, das eingangs zitiert wurde, stark relativiert. „Durch seine Texteditionen häuft sich Bartsch" – so formuliert es Alexander Teixeira-Kalkhoff in diesem Band – „ein wissenschaftliches Kapital an, mit dem er fortan wuchern kann."[27]

Während Bartsch seine Professur in Rostock innehatte, kam es nicht nur zu einer Veränderung der universitären Wissenschaft im Sinne einer fortschreitenden Institutionalisierung,[28] sondern auch die Zielgruppe änderte sich. Die französische Sprache stieg zum Lehrfach an Realgymnasien auf, wodurch der Bedarf an Französischlehrern anstieg. Bartschs anfängliches Problem an der Rostocker Universität war allerdings, dass es im Großherzogtum Mecklenburg kein philologisches Staatsexamen für das höhere Lehramt gab; es wurde erst in

---

dort sein und wenigstens bis Anfang März verweilen." (Koppitz, H.-J.: Pfeiffer Bartsch Briefwechsel, 1969, 202). Tatsächlich hielt er sich dort vom 11.2. bis zum 3.4.1866 auf (s. Ibid.). Bartsch, K.: Denkmäler, 1856, p. V.

[25] Gröber, G.: Grundriss, [2]1904–06, 63. Uhlands Aufenthalts in Paris schlug sich in der 1812 in Fouqués Zeitschrift *Musen* (Jahrgang 1, Quartal 3) erschienenen Abhandlung *Über das altfranzösische Epos* nieder.

[26] Jacob Grimm bedankte sich in einem Brief vom 10.11.1857 für das ihm zugesandte Exemplar mit viel Anerkennung: „[...] schönsten dank für den Peire Vidal, Ihre provenzalischen arbeiten sind so sauber, dasz sie auch in Frankreich bemerkt werden müssen" (in: Breuer, G. et al.: Briefwechsel Grimm Bartsch, 2002, 27).

[27] Alexander Teixeira Kalkhoffs Beitrag in diesem Band.

[28] Zu den Anfängen der Institutionalisierung der Romanistik siehe Anm. 6; insbesondere und sehr ausführlich Kalkhoff, A. M.: Romanische Philologie, 2010; Kalkhoff, A. M./Wolf, J.: Kontingenz: Zufall und Kalkül, 2014 und Alexander Teixeira Kalhoffs Beitrag in diesem Band.

der zweiten Hälfte der 1860er Jahre eingeführt.[29] Hatten zu Beginn Theologen und Juristen den Hörerkreis in Bartschs Lehrveranstaltungen gebildet, besuchten ab 1865 beinahe ausschließlich Studierende der Philologie das Seminar.[30] Bereits im ersten Jahr seiner Tätigkeit in Rostock hatte Bartsch ein eigenständiges „Seminar" mit der dazugehörigen Seminarbibliothek gegründet, die er fortan leitete.[31] Dieses Vorgehen sollte in der Folge als Vorbild für Gründungen an anderen Universitäten (z.b. Tübingen 1867/72) dienen. Sein Ziel war es, die Studenten zu selbstständiger wissenschaftlicher Arbeit anzuleiten. Darauf kam Bartsch in einer Rede, die er 1882 auf der Versammlung des *Vereins deutscher Philologen und Schulmänner* in Karlsruhe hielt, zu sprechen:

> Das erste offizielle Seminar für deutsche Philologie habe wohl ich geleitet. Als ich vor 24 Jahren nach Rostock berufen wurde, bestand dort ein philosophisch-ästhetisches Seminar [...]. Es hatte den Zweck, hauptsächlich für die Behandlung des deutschen Unterrichts in den oberen Klassen der Gymnasien die künftigen Lehrer vorzubereiten: gewiss ein sehr löblicher und anerkennenswerter. Bei Wilbrandt [Bartschs Vorgänger] hing diese Richtung mit seinem ganzen Bildungsgange zusammen, während ich, den pädagogischen Beziehungen ferner stehend, mehr die philologische Behandlungsweise zum Mittelpunkt machte.[32]

In Rostock fehlte es allerdings an Handschriften, an denen Bartsch die textkritische Methodik hätte anwenden oder seine Studenten hätte üben lassen können.[33] Er musste dort Chrestomathien, gedruckte Textsammlungen, verwenden. Diese Chrestomathien verfolgen das Ziel, die Professoren bei der Lehre zu unterstützen, sollten aber auch einen Impuls für weitere Forschungen

---

[29] Bis dahin mussten auf das Lehramt Studierende ihr Studium an einer anderen, bevorzugt an einer preußischen Universität abschließen. Siehe dazu auch Bartsch, K.: Germanische und romanische Seminare, 1883, 237.

[30] Cf. dazu das von Bartschs Nachfolger Reinhold Bechstein (1833–94) anlässlich des 25-jährigen Bestehens des deutsch-philologischen Seminars herausgegebene Mitgliederverzeichnis (Bechstein, R.: Denkschrift, 1883, 13–16).

[31] Cf. Meves, U.: Karl Bartsch und die Gründung des ersten germanistischen Seminars, 2009.

[32] Bartsch, K.: Gründung germanischer und romanischer Seminare, 1883.

[33] Bartsch, K.: Gründung germanischer und romanischer Seminare, 1883, 242.

darstellen, wie Bartsch im Vorwort seiner Altfranzösischen Chrestomathie schrieb.[34]

Erst während seiner letzten Jahre in Rostock sollten sich „diese ungünstigen Umstände" hinsichtlich der Zuhörerschaft ändern.[35] Bartschs Stimmung hinsichtlich seiner Tätigkeit als Professor in Rostock trübte sich indes immer mehr. Auch das intellektuelle Klima an der Universität schien ihm nicht sehr günstig.[36] Da kam der Ruf nach Heidelberg ihm sehr gelegen, wo er die Nachfolge des Altgermanisten und Indologen Adolf Holtzmann (1810–70) antreten sollte und „ihm eine umfangreichere und erfreulichere Lehrtätigkeit, die Wirkung auf einen größeren Zuhörerkreis beschieden war."[37] An der Ruperto Carola in Heidelberg erhielt er das Ordinariat „für germanische und altromanische, insbesondere altfranzösische Sprache und Literatur" und gründete 1877 ein „germanisch-romanisches Seminar".[38] Bartsch fiel folglich bei der Einrichtung sowohl germanistischer als auch romanistischer Seminare eine gewisse Vorreiterrolle zu. „Damit konnten dem Fach universitäre Kontur und Kontinuität gegeben und andererseits die Formen organisiert werden, in denen Studie-

---

[34] „C'est en vue de leut être utile que le présent livre a surtout été composé, mais j'espère qu'il sortira du cercle académique et qu'il contribuera à stimuler et à faire progresser les études dans ce domaine." (Bartsch, K.: Chréstomathie de l'ancien français, 1866, I; Bartsch, K.: Provenzalisches Lesebuch, 1855, p. VII).

[35] Bartsch, K.: Germanische und romanische Seminare, 1883, 237.

[36] So schrieb er dem Großherzog, dass er einen Ruf der Universität Heidelberg als „Professor der germanischen und romanischen Philologie" erhalten habe, und weiter: „Wenn ich mich entschloß, demselben Folge zu leisten, so bestimmte mich der erklärliche Wunsch nach einer ausschreitenderen akademischen Tätigkeit, als sie mir die hiesige Verhältnisse der Natur der Sache nach bieten konnten. [...]" (UAR: PA Bartsch, Bl. 13). Offensichtlich hatte sich die Lage an der Universität seit den Zeiten des Vorgängers, des aus Stuttgart stammenden Ordinarius für Ästhetik, Kunstgeschichte und Rhetorik, Victor Aimé Huber (1800–69), nicht geändert. Dieser hatte in einem Brief an seinen Schwiegervater das intellektuelle Leben der Hansestadt mit ätzender Boshaftigkeit geschildert, die seine tiefe Enttäuschung zum Ausdruck brachte (cf. Elvers, R.: Victor Aimé Huber, 1872–74, 35–6). Schon 1836 verließ Huber Rostock wieder, nachdem er erst 1832 dort begonnen hatte. Für einen kurzen Abriss seiner Vita siehe Kalkhoff, A. M.: Romanische Philologie, 2010, 71–73, wo auch der Brief in Auszügen wiedergegeben ist.

[37] Golther, W.: Bartsch, Karl, 1903, 749.

[38] Es war 1873 zunächst unter dem Namen „Seminar für neuere Sprachen" gegründet worden. Eine synoptische Übersicht der Lehrstuhl- und Seminargründungen im Fach Romanistik zwischen ca. 1800 und 1933 siehe Kalkhoff, A. M.: Romanische Philologie, 2010, 277–285.

rende in den Prozeß wissenschaftlicher Forschung und Lehre einbezogen wurden."[39] An diesen Grundsatz knüpfte Bartsch auch in Heidelberg an.[40]

An der Rostocker Universität sollte es 1893 zur Gründung eines „romanisch-englischen Seminars" kommen, das bis zur Trennung der beiden Fächer im Jahr 1917 bestand.[41] Mit Rudolf Zanker (1862–1941) wurde 1897 ein Extraordinariat für romanische Philologie besetzt, bis dieser schließlich 1905 zum ordentlichen Professor ernannt wurde.[42]

3. Bartsch als Forscher

Während sich die Generation vor Bartsch vor allem noch von literaturgeschichtlichen Interessen leiten ließen, waren es Wissenschaftler wie Georg Friedrich Benecke, Karl Lachmann, die Brüder Grimm und Bartsch selbst, die eine sichere textkritische Methode entwickeln wollten und die Geschichte der Sprachen mit systematischer Exaktheit zu erforschen anstrebten. Inzwischen hatte sich nämlich die Forderung durchgesetzt, die Germanistik an den Methoden der klassischen Philologie zu schulen und mit ihr zu wetteifern.[43] Die an Sprache und Literatur des Altertums entwickelte philologische Kunst auf die Forschungen im Feld der neueren europäischen Sprachen anzuwenden, wie Karl Lachmann dies für die germanistische Mittelalter-Philologie getan hatte, forderte August Wilhelm von Schlegel für sämtliche mittelalterlichen Sprachdenkmäler: *„Pour faire avancer la philologie du moyen âge, il faut appliquer les principes de la philologie classique."*[44] Emblematisch für die Methodenübertragung ist ein Zitat Schlegels, das aus seiner Rezension zu Jacob Grimms Parzival-Aufsatz stammt:

---

[39] Seitz, D.: Karl Bartsch, 2000, 51. Siehe außerdem Meves, U.: Gründung germanistischer Seminare, 1987 und Weimar, K.: Geschichte der deutschen Literaturwissenschaft, 1989.

[40] Das dortige Seminar war 1873 zunächst als „Seminar für neuere Sprachen" gegründet worden.

[41] Haenicke, G.: Zur Geschichte der Anglistik, 1979, 145–146.

[42] Zankers Ordinariat endete 1933.

[43] Die Forderung wurde zuerst von Benecke erhoben, der 1810 feststellte, „dass für das gründliche Studium unserer alten vaterländischen Litteratur nichts erspießlicher seyn kann, als wenn wir uns die genaue kritische Sorgfalt zum Muster nehmen, die man mit so viel Scharfsinn und unermüdet fortgesetztem Fleiße auf die Schriften der Griechen und Römer verwandt hat." (Benecke, G. F.: Beyträge zur Kenntnis der altdeutschen Sprache, 1810, p. X). Zur Leitfunktion der Germanistik im Verhältnis zu Romanistik und Anglistik siehe Christmann, H. H.: Romanistik und Anglistik an der deutschen Universität, 1985.

[44] Zitiert nach Gröber, G.: Grundriss, ²1904–06, 103.

Die Entzifferung eines einzigen Verses könnte unsern Lesern so vieler Umständlichkeit nicht werth zu sein scheinen. Allein die Philologie hat immerfort mit solchen Kleinigkeiten zu thun; sie schämt sich dessen nicht bei den geringsten Ueberresten des klassischen Alterthums: warum sollte sie es bei den altdeutschen Denkmalen?[45]

An anderer Stelle bezeichnete Schlegel diese philologische Filigranarbeit als „Mikrologie".[46] Bartsch war es nun, der diese kritisch-philologische Methode, die für immer mit dem Namen Lachmann verbunden ist, zunächst auf die Edition provenzalischer, später auch auf die altfranzösischer Texte übertrug. Damit trieb er die eigenständige Entwicklung des Faches Romanistik tatkräftig voran.[47] Alexander Teixeira Kalkhoff resümiert das Vorgehen der Textkritik folgendermaßen: „In dieser Denkart muss das letzte Ziel jeder kritischen Textedition nach Sichtung, Vergleich, Stemmatisierung und Archetypisierung aller verfügbaren Handschriften eines Textes die Rekonstruktion eines in der Überlieferung nicht vorhandenen Originals sein."[48]

Bartsch hielt sich allerdings nicht allzu streng an Lachmanns Methode, sondern nahm in gewissem Sinne sogar eine Gegenposition ein,[49] denn er hielt sich einen gewissen Spielraum offen, die Texte zu berichtigen oder zu verbessern. Dies rief auch Kritik hervor: „Strittig ist insbesondere seine Neigung zu kongenialen schöpferischen Konjekturen sowie metrischen Emendationen."[50] Entsprechend positionierte sich Bartsch auch mit einer Veröffentlichung zum Streit um das Nibelungenlied – wo er für die Textüberlieferung B plädierte, die heute noch für die maßgebliche erachtet wird – gegen die Gefolgsleute Lachmanns.[51] Bartsch und der mit ihm befreundete Franz Pfeiffer (1815–68), denen

---

[45] Schlegel, A. W.: Sämmtliche Werke, Bd. 12, 1847, 396.

[46] Schlegel, F.: Philosophie der Philologie, 1928, 31.

[47] Ausdrücklich schreibt dies Bartsch in seiner Einleitung zu Peire Vidal's Liedern: „Die Grundsätze wissenschaftlicher Kritik, wie sie für mittelhochdeutsche Texte zuerst Lachmann aufgestellt und durchgeführt hat, auch auf die Behandlung provenzalischer Denkmäler anzuwenden habe ich in vorliegender Ausgabe versucht". (Bartsch, K.: Peire Vidal, 1857, Vorwort). Siehe zu diesem Transfer auch Neumann, F.: Bartsch als Romanist, 1888, 100 und Kalkhoff, A. M./Wolf, J.: Kontingenz: Zufall und Kalkül, 2014.

[48] Alexander Teixeira Kalkhoff in seinem Beitrag in diesem Band. Zur Lachmannschen Methode siehe Stackmann, K.: Die klassische Philologie, 1979, 11–12.

[49] Kolk, R.: Berlin oder Leipzig, 1990. 9–10 und 22–29.

[50] Schöning, U.: Karl Bartsch, 2013, 59.

[51] Lachmann hatte die Textversion A und Holtzmann-Zarncke die Version C als die ursprüngliche angesehen. Dass der von Bartsch begründete Taxt, der auf B gründete, der

an möglichst lesbaren Texteditionen für ein gebildetes Publikum (ohne spezielle philologische Vorbildung) und Studienanfänger gelegen war,[52] reduzierten grammatikalische Anmerkungen auf solche Hinweise, die unmittelbar dem Textverständnis dienten. Dabei verfolgten sie das Ziel, „daß unsere ältere Poesie ein Gemeingut der Gebildeten unseres Volkes werde".[53] Mit klaren Worten wandte sich Pfeiffer gegen Texteditionen, in denen der Text hinter dem kritischen Apparat völlig zu verschwinden drohte, nämlich „[...] jene Reihe glänzend kritischer Ausgaben, die [...] in einem Schwall ungenießbarer Lesarten ein seliges Genügen finden", mit der fatalen Folge, dass „gegenwärtig kaum Jemand mehr ein altdeutsches Buch kauft und liest, als wer muß"[54] – wofür der „Klügel und Dünkel" gewisser Philologen verantwortlich zu machen sei.[55]

Die freundschaftliche Verbindung mit Pfeiffer und die Übereinstimmung mit dessen philologischer Herangehensweise schlug sich auch in gemeinsamen Unternehmungen nieder: An der von Franz Pfeiffer herausgegebenen Zeitschrift *Germania. Vierteljahrsschrift für Deutsche Alterthumskunde* beteiligte sich Bartsch als regelmäßiger Beiträger und nach dem Tod des Gründers und Herausgebers im Jahr 1868 trat er an dessen Stelle.[56] In der Pfeifferschen Editionsreihe *Deutsche Klassiker des Mittelalters* gab Bartsch 1865 das Kudrun-Lied heraus. Außerdem engagierte er sich in wissenschaftlichen Vereinigungen, wie der Philologenversammlung, wo er die Gründung einer eigenständigen „germanistisch-romanistischen Sektion" maßgeblich mitbetrieb. Aber gleichzeitig publizierte er regelmäßig auf romanistischem Gebiet und arbeitete beispielsweise auch an der von Gustav Gröber gegründeten und ab 1877 erscheinenden *Zeitschrift für romanische Philologie* (ZRP) mit.

Urschrift nahe, auf jeden Fall näher als A und C steht, ist heute Konsens. Die großen Editionen Lachmanns können nach Auffassung von Stackmann „nach wie vor als führend" gelten und sind nur in einem Fall, nämlich durch Bartschs ‚Vulgatfassung' des Nibelungenliedes, übertroffen worden (Stackmann, K.: Die klassische Philologie, 1979, 253).

[52] Die Lachmannsche Methode der kritischen Textedition, die bei vielen Mittelalterphilologen Anerkennung genoss, war nicht unumstritten, denn einigen Germanisten gefiel die Art und Weise der Präsentation der gewonnenen Erkenntnisse nicht. Zu dieser Auseinandersetzung, die im Rahmen des so genannten ‚Nibelungenstreits' kulminierte, siehe Seitz, D.: Karl Bartsch, 2000, 49; Wolf, J.: Kontinuität und Wandel, 2012, 325–329 und Alexander Teixeira Kalkhoff in diesem Band.

[53] Bartsch, K.: Kudrun, 1865, p. XXIV.

[54] Pfeiffer, F.: Walther von der Vogelweide, 1864, p. IX.

[55] Ibid.

[56] Die Zeitschrift *Germania* erschien zum ersten Mal 1856 und wurde 1892 eingestellt. Insgesamt wurden 37 Bände veröffentlicht.

Die Liste von Karl Bartschs romanistischen Monographien, die bis zum Ende seiner Rostocker Jahre zusammenkamen, ist beeindruckend:

- Zunächst das *Provenzalische Lesebuch. Mit einer literarischen Einführung und einem Wörterbuch* (1855). Es ist im Übrigen das einzige romanistische Buch Karl Bartschs, das im Katalog der Rostocker Seminarbibliothek von Bechstein verzeichnet wurde.[57] Doch Bartsch verwendete es immer wieder als Textgrundlage für seine Vorlesungen über das Provenzalische. So findet es sich in den von Bechstein zusammengetragenen Seminarlektüren unter Anleitung Bartschs einmal, bezüglich des Sommersemesters 1864, wo es heißt: „Ferner ausgewählte Stücke aus Bartsch's provenzalischem Lesebuch nach vorausgesandter grammatischer Einleitung."[58] – 1868 erscheint es sogar in zweiter Auflage, nun unter dem Titel *Chrestomathie provençale. Accompagnée d'une grammaire et d'un glossaire.*[59] Nach Auffassung von Fritz Neumann handelte es sich dabei um „eins der nützlichsten Bücher der romanischen Philologie".[60] Natürlich gab es auch kritische Stimmen, diese bezogen sich aber vor allem auf bestimmte Lesarten einzelner Textstellen, wie es bei einer so umfangreichen editorischen Pioniertat nicht ausbleiben konnte.[61]

- Weiterhin ist die schon erwähnte Werkedition des provenzalischen Trobadours *Peire Vidal* aus dem XII. Jahrhundert (1857) zu nennen. Damit wurde, in den Worten von Fritz Neumann, „zum ersten Male auf romanischem Gebiete unternommen, den Urtext der sämtlichen Werke eines Dichters auf Grund des ganzen Handschriftenmaterials – soweit es damals zugänglich war – herzustellen. Der Dilettantismus auf diesem Gebiet war gebrochen und ein Muster strenger textkriti-

---

[57] Bechstein, R.: Denkschrift, 1883,

[58] Bechstein, R.: Denkschrift, 1883, 18.

[59] Bartsch, K.: Chrestomathie provençale, ²1868. Alexander Teixeira Kalkhoff (in diesem Band) vermutet wohl richtig, dass Bartsch sein Buch durch die Änderung des Titels geeigneter für den Gebrauch im universitären Kontext machen wollte.

[60] Neumann, F.: Bartsch als Romanist, 1888, 102. Der in der Universitätsbibliothek Rostock befindliche Band stammt, wie ein Vermerk auf dem Vorsatzblatt zeigt, aus dem Besitz des unrühmlichen Germanisten Friedrich Neumann (1889–1978), der sich 1933 bei der Bücherverbrennung durch die Nationalsozialisten engagierte (https://de.wikipedia.org/wiki/Professorenkatalog_der_Universit%C3%A4t_Leipzig).

[61] Cf. hierzu beispielsweise Chabaneau, C.: [Rez. zu] Chrestomathie provençale, 1875, 227–240.

scher Methode auch innerhalb der romanischen Philologie gegeben,
wie es Lachmann zuvor den Germanisten für die Herausgabe altdeut-
scher Literaturwerke gegeben hatte."[62]

- Eine zweite Zusammenstellung romanistischer Texte und Textauszü-
ge, die *Chrestomathie de l'Ancien Français (VIIIe–XVe siècles). Accompagnée d'une grammaire et d'un glossaire* (1866), – „ein im In-
und Ausland viel gebrauchtes Hilfsmittel"[63] – veröffentlichte Bartsch
ebenfalls noch vor seiner Berufung nach Rostock und verwendete sie
dann dort in Vorlesungen, z. B. im Sommersemester 1869: *„publice
carmina selecta francogallica ex libro suo, Chrestomathie de l'Ancien
Français' (Lips. 1866) interpretabitur bis p.h.".*[64] Seine rigide Vorgehensweise, die auf den Originalhandschriften basiert, beschreibt er im
Vorwort zu dieser altfranzösischen Chrestomathie.[65]

- Zu nennen ist auch das Werk *Sancta Agnes. Provenzalisches geistliches Schauspiel* (1869). Dieses hagiographische Werk aus dem XIV.
Jahrhundert wurde von Karl Bartsch zum ersten Mal ediert.

- Des Weiteren ist noch Bartschs Ausgabe altfranzösischer *Romanzen
und Pastourellen* (1870) zu erwähnen, die Gröber zusammen mit dessen Ausgabe des *Peire Vidal* (1857) früheren Textausgaben bei Wei-
tem vorzog, da sie nach seiner Auffassung die einzigen waren, die
möglichst alle verfügbaren Handschriften berücksichtigten und „eine
philologische Aufgabe dem Text gegenüber zu lösen suchten."[66]

---

[62] Cf. Neumann, F.: Bartsch als Romanist, 1888, 100, Gröber, G.: Grundriss, [2]1904–06, 109
und Avalle, D'Arco S.: Peire Vidal, 1960, p. VII; p. CXX. – Dagegen schätzte Philippe
Ménard die Leistungen Bartschs sehr kritisch ein: „Bartsch ne dit rien sur le classement des
mss. et il ne propose pas de stemma. Il a consulté 21 chansonniers et il donne une masse de
variantes, mais ce sont des matériaux bruts. Il faut donc parler d'éd. intuitive dans ses cor-
rections et non d'éd. critique faite selon la méthode de Lachmann." (Ménard, P.: Histoire
des langues romanes, 2003, 63).

[63] Gröber, G.: Grundriss, [2]1904–06, 125.

[64] Koppitz, H.-J.: Pfeiffer Bartsch Briefwechsel, 1969, 259.

[65] „Je devais donc me borner à représenter, par des exemples caractéristiques, les diverses
tendances et les aspects variés de chaque période". Und weiter: „La méthode peu critique
avec laquelle les anciens textes français ont souvent été publiés rendait nécessaire le recours
aux sources originales: je ne m'en suis dispensé que quand elles n'était pas accessible ou
que j'avais sous les yeux des textes dignes de toute confiance." (Bartsch, K.: Chrestomathie
de l'ancien français, 1866, Préface, p. VII).

[66] Cf. Gröber, G.: Grundriss, [2]1904–06, 152.

- Und schließlich sei noch Karl Bartschs *Grundriss zur Geschichte der provenzalischen Literatur* (1872) genannt. Gustav Gröber zufolge war dieser „bestimmt, der weiteren philologischen Forschung zur Wegweisung zu dienen."[67]

Seine methodologischen Grundsätze machte Bartsch außerdem in kritischen Rezensionen zu Texteditionen anderer publik – etwa im *Jahrbuch für romanische und englische Literatur* (ab 1862ff.). Damit war er für die jüngere Generation von Editoren ein maßgeblicher Anreger der ähnlich wie wie seine Kollegen Adolfo Mussafia, Gaston Paris und Paul Meyer Orientierung bot.[68]

Von einem gigantischen Editionsprojekt, das Bartsch Zeit seines wissenschaftlichen Lebens beschäftigt hielt, berichtet Neumann. Demnach arbeitete Bartsch an einer „Gesamtausgabe aller überlieferten provenzalischen Troubadour-Biographien und Troubadour-Dichtungen".[69] Es war ihm nicht gegönnt, diese zu verwirklichen, da er sich schon 1886 gezwungen sah, seine akademische Tätigkeit aus Krankheitsgründen aufzugeben, und bereits zwei Jahre später mit 56 Jahren verstarb.[70] Fritz Neumann schrieb bezüglich der unvollendeten Gesamtausgabe: „Für diesen schmerzlichen Verlust müssen uns die erwähnten Parerga entschädigen, welche Bartsch während der dreissig Jahre seiner Gelehrtenlaufbahn in großer Zahl zu Tage förderte."[71] Zu diesen zählt auch die zweite Auflage von Friedrich Diez' „Die Poesie der Troubadours", die Bartsch unter Berücksichtigung handschriftlicher Zusätze und Be-

---

[67] Gröber, G., Grundriss, [2]1904–06, 173. Derselben Ansicht war schon Neumann, der schrieb, „sein ‚Grundriß zur Geschichte der provenzalischen Literatur' wird noch geraume Zeit Ausgangspunkt und Unterlage auf dem betreffenden Gebiet bleiben."; zur Begründung fügte er hinzu, dass es sich seiner Meinung nach um „eins der unentbehrlichsten Hilfsmittel des Romanisten [...] von unschätzbarem Werthe [...]" handele (Neumann, F.: Bartsch als Romanist, 1888, 98; 103).

[68] Ibid.

[69] Neumann, F., Bartsch als Romanist, 1888, 99. Siehe auch Golther, W.: Bartsch, Karl, 1903, 751.

[70] „Erstaunlich ist [die] Fülle der Tätigkeiten und die große Zahl wissenschaftlicher Arbeiten auch deshalb, weil Bartsch den größten Teil seines Lebens zumindest latent leidend war. Er hatte eine Lungenerkrankung, die immer wieder ausbrach, auch wenn sie zeitweise ausgeheilt schien." (Seitz, D.: Karl Bartsch, 2000, 52). Weitere, z. T. schwere Erkrankungen, darunter „Nervenfieber" 1843 und eine schwere Augenentzündung 1849, nennt Dressler, S.: Bartsch, Karl Friedrich Adolf Konrad, 2003, 88.

[71] Neumann, F., Bartsch als Romanist, 1888, 100.

richtigungen aus der Hand des Autors mitsamt eigenständigen Aktualisierungen veranstaltete.[72]

Im Zusammenhang mit Bartschs Forschungen ist zudem die Freundschaft mit dem französischen Mediävist Gaston Paris (1839–1903) zu erwähnen, der Bartschs altfranzösische Grammatik ins Französische übersetzte und die Anmerkungen, die der Chrestomathie beigegeben sind.[73] Der Briefwechsel zwischen Karl Bartsch und Gaston Paris begann im Jahr 1865, ein Jahr später lernten sich die beiden persönlich kennen. Die Korrespondenz endete 1885 und enthält, wie nicht anders zu erwarten, viele ausführliche fachliche Erörterungen.[74]

Obwohl eher der Literaturwissenschaft als der Sprachwissenschaft zugeneigt – anders als sein Vorbild Friedrich Diez, der sich im Laufe seiner Tätigkeit mehr und mehr für sprachwissenschaftliche Fragestellungen interessierte und sich auf diesem Gebiet den Ruf als Gründungsvater der Romanistik erwarb –,[75] gelang es Bartsch dennoch, auch auf diesem Gebiet eine wichtige Entdeckung zu machen, nämlich das nach ihm benannte „Bartsch'sche Gesetz."[76] Keine Zustimmung in Fachkreisen fand hingegen der Versuch Bartschs, den altprovenzalischen Elfsilbler aus dem Keltischen abzuleiten (1878).[77]

4. Karl Bartsch als Übersetzer

Neben seiner Tätigkeit als Herausgeber altprovenzalischer und altfranzösischer Handschriften, der Lehrtätigkeit sowie der Wissenschaftsorganisation

---

[72] Diez, F: Leben und Werke, ²1883. Zu Bartschs Eingriffen siehe sein „Vorwort zur zweiten Auflage", in ibid., p. XVI–XVIII.

[73] Bartsch, K.: Chrestomathie de l'Ancien Français, 1866, Préface, p. VIII. Damit hatte er sich mit einem der führenden Romanisten in Frankreich zusammengetan und seinem Werk so Prestige verliehen (s. dazu Bähler, U.: Karl Bartsch – Gaston Paris, 2015).

[74] Roques, M.: Correspondance de Karl Bartsch et Gaston Paris, 1927, 1931 und 1932. Außerdem findet sich auch darin auch die Planung einer Reise Gastons nach Rostock, das er im September 1866 für zwei Tage besuchte.

[75] Neumann, F.: Bartsch als Romanist, 1888, 102. Man denke etwa an Diez' *Etymologisches Wörterbuch der romanischen Sprachen*, das 1853 in zwei Bänden in Bonn erschienen ist.

[76] Auf Karl Bartsch und Adolfo Mussafa geht das so genannte ‚Bartsch'sche Gesetz' zurück, das besagt, dass lat. *á* nach Palatallauten sich im Altfranzösischen unter Einfügung eines *i* zu *ie* entwickelte (CANIS > chien), wodurch eine phonetische Sonderentwicklung erklärt werden konnte; cf. auch Neumann, F.: Bartsch als Romanist, 1888 und Gröber, G.: Grundriss, ²1904–06, 127–128.

[77] Gröber, G.: Grundriss, ²1904–06, 147.

machte sich Bartsch auch auf dem Gebiet der Übersetzung einen Namen. Diese Tätigkeit wurzelte in Bartschs Überzeugung, dass es darum gehe, die mittelalterliche Überlieferung einem breiten Lesepublikum bekannt zu machen.[78] Till R. Kuhnle unterstreicht in seiner Einleitung zur Neuedition der Bartsch'schen Dante-Übersetzung die große Bedeutung, die der Rostocker Romanist dieser Tätigkeit beimaß: „Mehr noch als der Kommentar war ihm das Übersetzen Mittel der Aneignung und Vermittlung von Texten vergangener Zeiten und fremder Kulturen."[79] Dabei begriff er jede Übersetzung als vorläufig und als bloße Annäherung an das Original, dessen Fremdheit er nicht glaubte durch Hermeneutik und Interpretation restlos auflösen, jedoch mindern zu können. Insofern stellte in seinen Augen die übersetzerische Tätigkeit immer nur eine Annäherung an das Original und die dichterische Ausdruckskraft des Originals dar; dabei war er jedoch immer durchdrungen von dem Ehrgeiz, sich möglichst weit anzunähern. Die Prinzipien, von denen Bartsch sich dabei leiten ließ, legte er im Vorwort zu seiner Übersetzung der *Göttlichen Komödie* dar. Zunächst macht er kein Hehl daraus, dass er sich an bereits existierenden Übersetzungen der *Divina Comedia* orientiert habe.[80] Im Gegensatz zu anderen Dante-Übersetzern vor ihm (z.B. Lebrecht Bachenschwanz, 1767–69 oder Johann Benno Hörwarter und Karl von Enk, 1830–31) und nach ihm (Hans Georg Hees, 1995; Walter Naumann, 2003; Hartmut Köhler, 2010 und Kurt Flasch, 2011), die in Prosa übersetzten, bewahrte Bartsch in seiner Übersetzung Reim und Reimschema der mittelalterlichen Vorlage, was er folgendermaßen begründete: „Gerade die Form der Terzine ist eine so charakteristische für Dante, dass, indem man sie aufgibt, man dem Dichter und seinem Stil kaum ganz gerecht werden kann."[81] In Hinblick auf die weiblichen Reime des Originals präzisierte er:

---

[78] Als ein Beleg für diesen Wunsch lässt sich eine Stelle aus dem Vorwort zu seiner Dante-Übersetzung zitieren: „Möchte daher meine Übersetzung dazu beitragen, unter den Gebildeten unseres Volkes Dante mehr und mehr bekannt zu machen und die Zahl nicht bloß der Verehrer, sondern auch seiner Leser zu vermehren!" (Bartsch, K.: Dante Alighieri's Göttliche Komödie, 1877, Vorwort, p. IV).

[79] Kuhnle, T. R.: Das Mittelalter übersetzen, 2010, 28.

[80] „Darum kann hier jede Übersetzung nur ein Versuch sein. Nur immer neue Versuche, die redlich das früher Geleistete benutzen, können allmählich zu dem Ziele führen: einer nach Form und Inhalt möglichst treuen, lesbaren, den Stil des Dichters wiedergebenden Verdeutschung." (Bartsch, K.: Dante Alighieri's Göttliche Komödie, 1877, Vorwort, p. III).

[81] Ibid., p. IV.

Die Treue der Form glaubte ich jedoch nicht so weit ausdehnen zu müssen, dass ich mich bestrebt hätte, die fast durchgängig weiblichen Reime des Originals beizubehalten. So sehr gemäß die Herrschaft des weiblichen Reimes dem Charakter der italienischen Sprache ist, so wenig ist sie es dem der deutschen. Sie legt dem Übersetzer einen Zwang auf, den ihm niemand dankt.[82]

Die Entscheidung, die der Übersetzer Karl Streckfuß (1778–1844) für seine Übertragung von Dantes Text[83] hinsichtlich dieser Frage getroffen hatte, nämlich weibliche und männliche Reime zu alternieren, kritisiert Bartsch explizit:

Auch einen regelmäßigen Wechsel von männlichen und weiblichen Reimen, wie ihn Streckfuß durchgeführt, sehe ich als eine unnötig aufgelegte Fessel an, der zuliebe manches Wesentlichere hätte geopfert werden müssen.[84]

Dabei ging Bartsch keineswegs starr und stur vor, sondern wich vom Reimschema ab, wenn ihm inhaltliche Texttreue wichtiger schien. Diesbezüglich schreibt er:

Dagegen schien mir die Reinheit der Reime viel wichtiger und den Anforderungen, die wir heute mit Recht an unsere Dichter machen, zu entsprechen. Wenn ich einige Mal davon abgewichen bin, so geschah es, um die größere Treue des Gedankens nicht der Form zu opfern.[85]

Die Vorarbeiten zu seiner Übertragung von Dantes *Divina Commedia*, die 1877 erschien, als er bereits in Heidelberg lehrte, gehen auf seine Zeit in Rostock zurück. Wie wir Bechsteins Chronologie des Rostocker Seminars entnehmen, war Bartsch im Wintersemester 1868/69 „zwecks einer wissenschaftlichen Reise nach Italien" beurlaubt worden.[86] Offensichtlich eignete er sich dort die notwendigen Voraussetzungen für seine Beschäftigung mit Dantes magnum opus an. Gelten schon die Übersetzungen, die Bartsch von mittelhochdeutschen Gedichten angefertigt hat, für „durchaus einfühlsam",[87] so lässt

---

[82] Ibid., p. IV.

[83] Alighieri, Dante: *Göttliche Komödie. Uebersetzt und erläutert von Karl Streckfuss.* Halle 1824–26.

[84] Ibid., p. V.

[85] Ibid., p. V.

[86] Bechstein, R., Denkschrift, 1883, 19.

[87] Kuhnle, T. R. Das Mittelalter übersetzen, 2010, 28.

sich das auch von seiner Übertragung der *Divina Commedia* sagen, die als der beste Beleg seines „vortreffliche[n] Übersetzungstalent[s]"[88] gelten kann. Um wenigstens einen gewissen Eindruck vom spezifischen Ton der Bartsch'schen Übersetzung zu vermitteln, sollen hier einige ausgewählte Terzinen folgen.[89] Zunächst die Übersetzung der ersten – allseits bekannten – Verse, mit denen das Werk anhebt und der Ausgangspunkt beschrieben wird, von dem aus die Jenseitsreise des Ich-Erzählers ihren Anfang nimmt:

> Ich fand auf unsers Lebensweges Mitte
> In eines Waldes Dunkel mich verschlagen,
> Weil sich vom rechten Pfad verirrt die Schritte.
>
> (Inf. I, 1–3)[90]

Als Dante-Leser wissen wir, dass das erzählende Ich die abenteuerliche Reise nicht alleine unternehmen muss, sondern rasch einen Begleiter finden wird:

> Als ich zur Tiefe niederstürzt' im Fliehen,
> Sah ich vor meinen Augen Einen stehen,
> der stimmlos mir durch langes Schweigen schien.
>
> (Inf. I, 61–63)[91]

Bei dieser Gestalt handelt es sich bekanntermaßen um den römischen Dichter Vergil, den Verfasser der *Aeneis*, der sich dem Ich-Erzähler von nun an auf einer weiten Stecke des Wegs als „Führer" („Lo duca mio"; Inf. VIII, 25) anschließt, und dies in doppeltem Sinne, weil der römische Dichter zugleich als literarisches Vorbild dient:

> Mein Meister du, du Vorbild meinem Sang,
> Du bists allein, aus welchem ich entnommen
> Den schönen Stil, der Ehre mir errang.
>
> (Inf. I, 85–87)[92]

---

[88] Neumann, F.: Bartsch als Romanist, 1888, 107.

[89] Seit ein paar Jahren ist die Übersetzung in einer Neuausgabe wieder greifbar: *Dante Alighieri Die Göttliche Komödie, übers. v. K. Bartsch, hrsg. v. Till R. Kuhnle.* Wiesbaden 2010.

[90] „Nel mezzo del cammin di nostra vita / mi ritrovai per una selva oscura / chè la diritta via era smarrita." Das ital. Original wird hier und im Folgenden nach der Ausgabe von Anna Maria Chiavacci Leonardi, Mailand [7]2004, wiedergegeben.

[91] „Mentre ch'i' ruvinava in basso loco, / dinanzi alli occhi mi si fu offerto / chi per lungo silenzio parea fioco."

Und so wohllautend und geschmeidig geht das die ganzen 14.233 Verse weiter, bis zum Ende des dritten Teils des „heiligen Gedichts" („poema sacro"; Par. XXV, 1), wo dasselbe mit dem emblematischen Schlusswort „Sterne" („stelle") ausklingt:[93]

> Hier stand die hohe Phantasie verwaist;
> Doch Wunsch und Wille folgten freudig gerne,
> So wie ein Rad, das gleichgeschwungen kreist,
>
> Der Liebe, die da lenket Sonn' und Sterne.
>
> (Par. XXXIII, 142–145)[94]

Mit Dantes Werk hatte sich Bartsch wiederum der mittelalterlichen Romania zugewandt[95] und suchte auch in diesem Zusammenhang, wie zuvor schon mit Blick auf die altprovenzalische und altfranzösische Literatur, den literarischen Austausch zwischen den deutschsprachigen Gebieten und dem südlichen Europa näher zu beleuchten.[96] Das Übersetzen dient ihm, wie die Philologie überhaupt zum „Nacherzeugen fremder Gedanken"[97]. Auch seine übersetzerische Leistung aus romanischen Sprachen spricht folglich gegen die Vereinnahmung Bartschs als Germanisten – vielmehr strebte er ebenso nach einer Horizonterweiterung des Lesepublikums durch Werke aus der Romania.

5. Die Aktualität von Karl Bartsch für die akademische Lehre

Im Zentrum von Bartschs pädagogischem Bemühen, das ihn zur Seminargründung in Rostock und später in Heidelberg veranlasste, stand die Idee, Theorie und Praxis zusammenzuführen. Unter seiner Anleitung sollten die

---

[92] „Tu se' lo mio maestro e 'l mio autore; / tu se' solo colui da cu' io tolsi / lo bello stilo / che m' ha fatto honore."

[93] Bartsch weist seine Leser in einer Anmerkung darauf hin, dass alle drei Teile der *Göttlichen Komödie* mit diesem Wort enden (cf. Bartsch, K.: Dante Alighieri's Göttliche Komödie, 1877, 3. Teil, 215.

[94] „A l'alta fantasia qui mancò possa; / ma già volgeva il mio disio e 'l velle, / sì come rota ch'igualmente è mossa, / l'amor che move il sole e l'altre stelle."

[95] Aus Bartschs Beschäftigung mit Dante ging noch ein weiterer Aufsatz zum mittelalterlichen Leben in Italien hervor: Bartsch, K.: Italienisches Frauenleben, 1879.

[96] So auch Wolf, J.: Kontinuität und Wandel, 2012, 325–329.

[97] Diese Formulierung stammt von Adolf Tobler (Romanische Philologie, 1890, 30), der seine „Philologiekonzeption" in einer Rede anlässlich der Übernahme des Rektorats an der Berliner Universität 1890 darlegte (cf. dazu ausführlich Wolf, J.: Kontinuität und Wandel, 2012, 359–377).

Studierenden die philologisch-kritische Methode erlernen, die Voraussetzung für das gründliche Textverständnis und des Weiteren für wissenschaftlich abgesicherte Editionen insbesondere mittelalterlicher Sprachdenkmäler ist. Schulpraktische Inhalte, die für die Mehrheit seiner Zuhörer, die den Lehrerberuf ergreifen wollten, einen Nutzen gehabt hätten, den er durchaus erkannte, wollte Bartsch im Seminar allerdings nicht berücksichtigen. Vielmehr lag sein Schwerpunkt auf der grundlegenden Entwicklung philologischen Problembewusstseins und dem prinzipiellen Erlernen eines methodischen Vorgehens. Seine Überlegungen und Standpunkte hat Bartsch auf der 36. *Versammlung Deutscher Philologen und Schulmänner* 1882 ausführlich dargelegt.[98] Auch wenn seine Forderung nach einer „gründliche[n] Beschäftigung mit dem Altfranzösischen" – und Altenglischen – unzeitgemäß scheint, ist sie dennoch bis heute von grundlegender Bedeutung für die Fachwissenschaft. „Denn", schreibt Bartsch apodiktisch, „der Ausschluss derselben muss die verderblichsten Folgen haben."[99] Ein Bewusstsein von Sprachwandel und der häufig prekären Überlieferungslage kann sich schließlich nur in diachronischer Perspektive ausbilden. Grundsätzlich muss jede Interpretation, ob linguistisch oder literaturwissenschaftlich, bestrebt sein, vom ‚Urtext' auszugehen. Dazu gehören auch paläographische Grundkenntnisse. Ebenso mögen die von ihm im Zusammenhang mit seminaristischer Tätigkeit gewählten Begriffe „Freude am Finden, [und] am Schaffen" sowie „Freudigkeit und Lust" antiquiert wirken und in den Ohren derer, die an die modernen blutleeren Abstrakta des modernen Universitätsjargons gewöhnt sind, unwissenschaftlich wirken, aber in Verbindung mit strenger wissenschaftlicher Methode lassen sie sich doch auch heute noch für den Beruf des Philologen im besten Sinne des Wortes in Anspruch nehmen. Wenn die Auszüge aus Bartschs Rede im Folgenden unkommentiert aufgeführt werden, so geschieht dies in der Überzeugung, dass sie für sich stehen und in ihrer klaren Form, ohne Erläuterungen, einen Beitrag zur aktuellen Diskussion (Stichwort: Akkreditierung, Kompetenzen, Berufsbezogenheit, Aktualität der Inhalte von philologischen Studiengängen, Studienerfolgsquoten) leisten können:[100]

Nun ist es zwar im Grunde gleichgültig, wie sich ein solches Institut nennt, ob Seminar, ob Gesellschaft, ob Societät, ob Kränzchen, da das

---

[98] Bartsch, K.: Gründung germanischer und romanischer Seminare, 1883.

[99] Ibid., 240.

[100] Zur graduellen Verwissenschaftlichung der philologischen Fächer siehe Selig, M.: Von der Pädagogik zur Wissenschaft, 2005.

Wesentliche in der Art der Übung selbst liegt und diese von der Anerkennung der Regierung unabhängig ist.[101]

Es kann nicht fraglich sein, dass die Rücksicht auf den künftigen Lehrerberuf und die Ausbildung dafür nicht ganz ausser acht gelassen
werden darf. Der Staat braucht Lehrer und kann verlangen, dass auf
einer von ihm dotierten Anstalt die Studierenden für ihren einstigen
Beruf vorbereitet werden. Diese Rücksicht aber zu sehr in den Vordergrund zu stellen, ist einseitig, und ist vor allem verderblich für die philologische Durchbildung.[102]

Denn jenes Betonen des künftigen Berufes führt den Studierenden nur
zu leicht zu der Ansicht, er brauche nicht mehr von Wissen sich anzu-
eignen, als er für den praktischen Beruf bedürfe und verwerten könne.
Solche banausische Auffassung dürfen wir nicht aufkommen lassen:
sie würde geradezu die geistliche und sittliche Macht unserer Universitäten untergraben und vernichten.[103]

Denn die mündliche und schriftliche Beherrschung beider Sprachen,
die vom Lehrer erwartet wird, soll durch das Seminar begründet werden. Man sage nicht, dass das von Lektoren geleistet werden kann. Ja,
wenn die Lektoren philologisch und linguistisch geschult sind, wenn
sie mit Lautphysiologie sich hinreichend beschäftigt haben, um die
Fehler der Aussprache in ihren Gründen verstehen, erklären und besei-
tigen zu können – solche Lektoren lass' ich mir gefallen. Aber sie
werden selten genug sein.[104]

Man sage auch nicht, dass der Aufenthalt im fremden Lande, etwa am
Schlusse der Studien, ehe man in die Praxis tritt, die nötige Vertrautheit geben kann. Gewiss ist ein solcher Aufenthalt nützlich und jedem
künftigen Lehrer des Französischen und Englischen zu empfehlen.
Aber wahrhaft gedeihlich wird er nur sein, wenn der junge Deutsche
eine Vorbildung in dem angedeuteten Sinne empfangen hat.[105]

Wenn man Klagen hört, dass in unsern romanischen und englischen
Seminaren die praktischen Übungen vernachlässigt werden, so ist die-

---

[101] Ibid., 239.

[102] Ibid., 239.

[103] Ibid., 239.

[104] Ibid., 239–240.

[105] Ibid., 240.

se Klage nicht unberechtigt. Es liegt dem die Anschauung zu Grunde, es sei eigentlich eines Mannes der Wissenschaft unwürdig, solche Dinge im Seminar zu treiben. Sicherlich, wenn es sich um ein Parlierenlernen handelt im Sinne eines Sprachmeisters, ist das richtig; nicht aber, wenn die Aufgabe in wissenschaftlichem Geist erfasst und durchgeführt wird.[106]

Lehrer, die auf diesem Wege ihre Kenntnis des Französischen und Englischen begründet haben, werden dem Unterrichte in den beiden Sprachen eine ganz andere Basis geben und auch viel bessere Resultate erzielen, als wir sie jetzt haben, auch wenn sie (was gar nicht zu billigen wäre) nicht Lautphysiologie mit ihren Schülern treiben.[107]

[...] es ist die Freude am Finden, am Schaffen. Hier gewinnt der Studierende das Bewusstsein, selbst etwas zu finden, selbst etwas zu produzieren. Dies Bewusstsein erfüllt ihn mit Freudigkeit und Lust und giebt ihm ein gewisses Selbstvertrauen, das, ohne in Selbstüberhebung auszuarten, um so mehr wachsen wird, je mehr er den festen Schritt der Methode anzuschlagen sich gewöhnt hat. Methodisch denken und arbeiten ist ja das, was alles wissenschaftliche Lehren und Lernen erstrebt, was mithin auch die Hauptaufgabe jeder seminaristischen Thätigkeit sein muss.[108]

6. Karl Bartschs sonstiges Wirken in Rostock

Während der akademischen Jahre 1866–67 und 1867–68 war Karl Bartsch zweimal hintereinander Rektor der Universität Rostock (s. Abb. 1);[109] in seine Amtszeit fiel auch die Grundsteinlegung des neuen Universitätshauptgebäudes (1867), das von dem mecklenburgischen Architekten Hermann Willebrand (1816–99) am Universitätsplatz errichtet werden sollte.[110] Zu diesem Anlass hielt Bartsch im März 1867 die Festrede.[111] Als das Gebäude am 27. Januar 1870 feierlich durch den Mediziner und Physiologen Hermann Aubert

---

[106] Ibid., 240.

[107] Ibid., 240.

[108] Ibid., 245.

[109] Siehe Eintrag zu „Karl Bartsch". In: Catalogus Professorum Rostochiensium. URL: http://purl.uni-rostock.de/cpr/00002231 (14.08.2019).

[110] Die Grundsteinlegung erfolgte genau zum silbernen Thronjubiläum des Großherzogs im März 1867.

[111] Bedauerlicherweise scheint der Text der Rede nicht erhalten zu sein.

(1826–1892) feierlich eingeweiht wurde, war Bartsch zwar gerade noch an der Universität tätig, aber nicht nicht mehr Rektor. Nach dem Ableben des Großherzogs Friedrich Franz II. (1823–83) errichtete man diesem zu Ehren 1893 ein Reiterdenkmal in Schwerin, das von dem Bildhauer Ludwig Brunow ausgeführt wurde und an dessen Sockel ein Relief angebracht ist, dass an die Eröffnung des Universitätsgebäudes in Rostock 1870 erinnert (s. Abb. 2). In der Mitte ist der Großherzog selbst dargestellt, flankiert zur rechten wie zur linken Hand von Gelehrten und anderen Honoratioren, unter ihnen der Architekt Hermann Willebrand. Die Beschriftung, die an dem Relief angebracht ist, nennt auch Bartsch und bezieht sich, folgt man der Leserichtung, auf die zweite neben dem Großherzog vom Betrachter aus rechts im Mittelgrund stehende Figur.[112]

Auch nach seinem Weggang blieb Bartsch mit Mecklenburg verbunden. So veröffentlichte er eine Sammlung mit dem Titel *Sagen, Märchen, Legenden, Bräuche aus dem Raum Mecklenburg-Strelitz*, die im Übrigen 2003 ihre dritte Auflage erfuhr.[113] Im Zusammenhang mit dieser Publikation wurde Bartsch seinerzeit zum korrespondierenden Mitglied des *Vereins für mecklenburgische Geschichte und Altertumskunde* ernannt.[114]

---

[112] Allerdings scheint die Beschriftung erst nachträglich eingefügt worden zu sein, wofür die etwas krakeligen Buchstaben derselben sprechen. Das Denkmal wurde zudem erst viele Jahre nach dem Weggang des Germanisten und Romanisten aus Rostock angefertigt. Eine andere Figur auf der linken Seite könnte viel eher zu dem Festredner bei der Grundsteinlegung zu passen, wofür die erhobene rechte Hand spricht, die der Geste eines Rhetors entspricht, was zur prominenten Rolle von Bartsch bei der Grundsteinlegung zum Universitätshauptgebäude passen würde.

[113] Bartsch, K.: Sagen, Märchen, Legenden, 1879–1880.

[114] Die Ernennung erfolgte zum 5.1.1880. Die Urkunde darüber befindet sich in Bartschs Nachlass, der in der UB Heidelberg verwahrt wird, Nr. 143–144 (https://www.ub.uni-heidelberg.de/allg/benutzung/bereiche/pdf/HeidHs3643_Nachlass_Bartsch.pdf; letzter Zugriff am 14.08.2019).

Abb. 2: Relief am Sockel des Reiterdenkmals
für Großherzog Friedrich Franz II. in Schwerin.

7. Fazit

Wie gezeigt wurde, arbeitete Bartsch tatsächlich auf dem „Doppelgebiet des Germanischen und Romanischen" [Herv. R.A.].[115] Dass ihm das ein besonderes Anliegen war, sprach er selbst in einem Brief an Wilhelm Grimm vom 26.10.1857 aus: „Mir hat deutscher und romanischer Philologie gleichmässige Aufmerksamkeit und Pflege zuzuwenden immer als ein schönes, wenn auch schwer zu erreichendes Ziel vorgeschwebt."[116] Auch Lachmann hatte nebenher auf romanistischem Gebiet gearbeitet.[117] Und auch Hermann Paul ist, wie er selbst schreibt, von Gustav Gröbers *Grundriss der Romanischen Philo-*

---

[115] Neumann, F.: Bartsch als Romanist, 1888, 98.

[116] Zitiert nach Breuer, G. et al.: Briefwechsel Grimm Bartsch, 2002, 25.

[117] Lachmanns Abschrift des provenzalischen *Fierabras* wurde mit Textauszügen aus anderen altfranzösischen Texten von dem Altphilologen Immanuel Bekker unter dem Titel *Der Roman von Fierabras* 1826 (s.l.) bzw. 1829 in Berlin herausgegeben.

logie beeinflusst worden.[118] „Die gleichmäßige Beherrschung der romanischen und germanischen Philologie kam", im Falle von Bartsch, „vornehmlich den Untersuchungen über die mittelhochdeutschen Liederdichter, übers Rolandslied und den Parzival zu gut."[119] Sie ist somit sachlich gut begründet. Damit ist Bartsch ein typischer früher Vertreter der Romanistik in den Jahren ihrer disziplinären Herausbildung gewesen. Die Übertragung der vormals in der klassischen Philologie und dann in der germanistischen Mediävistik geübten textkritischen Methode ist eines seiner Verdienste. „Besonders tritt dieselbe", so formulierte es Fritz Neumann, „in seinen textkritischen Arbeiten zu Tage: außerordentliche Belesenheit in altprovenzalischer und altfranzösischer Literatur, und in Folge davon ausgedehnte und tiefe Vertrautheit mit Sprachschatz und Sprachgebrauch, eine seltene Fähigkeit, sich in Charakter und Sprachgebrauch eines Schriftstellers hineinzuleben, ein kritischer Blick, der zuweilen sogar etwas Divinatorisches hatte."[120]

Ein methodisch gesicherter und empirischer Zugriff auf den Objektbereich durch die Anwendung der kritisch-philologischen respektive Lachmann'schen Methode sowie die eigenständige Autopsie von Handschriften im In- und Ausland, woraus viele Editionen mittelalterlicher Texte für den Einsatz in seinen Seminaren entstanden,[121] zeichnen Bartschs moderne Wissenschaftlichkeit aus. Seine übersetzerische Tätigkeit steht dazu in keinem Widerspruch, sondern stellt eine förderliche Ergänzung dar, wie Dieter Seitz meint: „[D]ie von ihm praktizierte Öffnung für ein breiteres Publikum trug dazu bei, daß sich die Germanistik nicht in den Elfenbeinturm der ,reinen' Philologie zurückzog."[122] Das gleiche lässt sich für die Romanistik sagen.

Klaus Weimar charakterisiert Bartsch als „wohl besessensten Arbeiter, den es unter Literaturwissenschaftler jemals gab."[123] Und augenzwinkernd schrieb Adolf Tobler in einer Rezension zu Bartschs *Alte französische Volkslieder* (1882), dass Bartsch hastiger Eifer dazu geführt habe, dass er „die Lust

---

[118] Paul, H.: Grundriss der germanischen Philologie, 1889.

[119] Golther, W.: Bartsch, Karl, 1903, 750.

[120] Neumann, F.: Bartsch als Romanist, 1888, 98.

[121] Alexander M. Kalkhoff sieht in der seminaristischen Arbeit „de[n] systematische[n] Ort der Chrestomathien". Siehe dazu Alexander Teixeira Kalkhoff in diesem Band.

[122] Seitz, D.: Karl Bartsch, 2000, 52.

[123] Weimar, K.: Geschichte der deutschen Literaturwissenschaft, 1989, 331.

zu vollendender Arbeit" verloren habe.[124] Es wurde auch beanstandet, dass Bartsch nicht immer und allerorts mit derselben Akribie vorgegangen sei. Als Grund dafür ist wohl die reißende Ungeduld des Pioniers zu nennen, der zuerst von allem Besitz ergreifen möchte und glaubt, es sich nicht leisten zu können, an einer Stelle zu verweilen. Aber schmälern solche Nachlässigkeiten tatsächlich den Blick auf die Gesamtleistung? „Die Arbeiten des rastlos thätigen Mannes", argumentierte Wolfgang Wolther, „bedeuten auch dort, wo sie überholt werden, eine kräftige Förderung und sein Name bleibt mit der Erforschung zahlreicher deutscher und romanischer Denkmäler des Mittelalters für immer verknüpft."[125] Bestätigung fand dieses Lob in den vielfachen Neuauflagen seiner Werke,[126] die bis in unsere Zeit erfolgen.[127] Und eine Auflistung aller Publikationen Bartschs, von denen hier nur die Monographien auf dem Gebiet der Romanistik genannt wurden[128] – seine zahlreichen Aufsätze und Buchbesprechungen mussten aus Platzgründen unberücksichtigt bleiben – beeindruckt noch heute und würde ihn ohne weiteres auf eine romanistische Professur ‚berufbar' machen.

Nicht zuletzt mit der Gründung germanistischer bzw. germanischromanischer Seminare sicherte Bartsch sich eine bedeutende Stellung innerhalb beider Disziplinen. Trotz seiner kritischen Selbsteinschätzung in Bezug auf seine didaktischen Fähigkeiten zeugen mehrere Nachrufe, die nach seinem frühen Tod veröffentlicht wurden, von der Beliebtheit, die Bartsch unter seinen Studenten genoss.[129] Ihn anlässlich des 600-jährigen Jubiläums der Universität in seiner Doppelfunktion als Germanist und Romanist ersten Ranges herauszustellen, ist folglich auf vielfältige Weise gerechtfertigt.

---

[124] Zitiert nach Neumann, F.: Bartsch als Romanist, 1888, 99. Neumann selbst kommt auf diesen Kritikpunkt in Bezug auf die Neuausgaben Bartschs selbst noch einmal zu sprechen (ibid., 102).

[125] Golther, W.: Bartsch, Karl, 1903, 751–2.

[126] An dieser Stelle sei nur an die sechs Auflagen (und ein Reprint 2018) seiner *Chrestomathie provençale* und die 13 Auflagen seiner *Chrestomathie de l'ancien français* erinnert.

[127] Siehe dazu Bartsch, K.: Dante Alighieri's Göttliche Komödie, 1877 oder Bartsch, K.: Sagen, Märchen, Legenden, 1879–1880.

[128] Siehe die Bibliografie zu diesem Beitrag und Ehrismann, G.: Verzeichnis,1888.

[129] Seitz, D.: Karl Bartsch, 2000, 48 und Meyer von Waldeck, F.: Karl Bartsch, 1888.

Bibliografie

Avalle, D'Arco Silvio (Ed.): Peire Vidal. Poesie. Mailand 1960.

Bähler, Ursula: Karl Bartsch – Gaston Paris. Correspondance, entièrement revue et complétée pas Ursula Bähler à partir de l'édition de Mario Roques. Florenz 2015.

Bartsch, Karl: Provenzalisches Lesebuch. Mit einer literarischen Einleitung und einem Wörterbuche. Elberfeld 1855

Bartsch, Karl: Denkmäler der provenzalischen Litteratur. Stuttgart 1856.

Bartsch, Karl (Ed.): Peire Vidal's Lieder. Berlin 1857.

Bartsch, Karl: Erlösung mit einer Auswahl geistlicher Dichtungen. Quedlinburg 1858.

Bartsch, Karl: Die Formen des geselligen Lebens im Mittelalter (1862). In: Bartsch, Karl (Ed.): Gesammelte Vorträge und Aufsätze von Karl Bartsch. Tübingen 1883 [akad. Vortrag aus B.'s Rostocker Zeit (1862); Erstabdruck im Album des literarischen Vereins in Nürnberg 1863, 149–179].

Bartsch, Karl: Die romanischen und deutschen Tagelieder (1864). In: Bartsch, Karl (Ed.): Gesammelte Vorträge und Aufsätze von Karl Bartsch. Tübingen 1883 [Vortrag B.'s im Literarischen Verein in Nürnberg (1864); Erstabdruck im Album des literarischen Vereins in Nürnberg 1865, 1–75].

Bartsch, Karl: Kudrun. Leipzig 1865.

Bartsch, Karl: Chrestomathie de l'ancien français (VIIIe–XVe siècle) accompagnée d'une grammaire et d'un glossaire par Carl Bartsch. Leipzig 1866 [¹²1927].

Bartsch, Karl: Chrestomathie provençale accompagnée d'une grammaire et d'un glossaire. Elberfeld ²1868 [⁶1904; Nachdruck 2018].

Bartsch, Karl: Altfranzösische Romanzen und Pastourellen. Leipzig 1870.

Bartsch, Karl: Grundriss zur Geschichte der provenzalischen Literatur. Elberfeld 1872.

Bartsch, Karl: Dante Alighieri's Göttliche Komödie. Übersetzt und erläutert von Karl Bartsch. Leipzig 1877.

Bartsch, Karl: Italienisches Frauenleben im Zeitalter Dantes (1879). In: Bartsch, Karl (Ed.): Gesammelte Vorträge und Aufsätze von Karl Bartsch. Tübingen 1883 [Vortrag B.'s in der Museumsgesellschaft zu Frankfurt am Main (1879); Erstabdruck in: Nord und Süd 10 (1879), 352–365].

Bartsch, Karl: Sagen, Märchen, Legenden, Bräuche aus dem Raum Mecklenburg-Strelitz. Wien 1879–1880 [^{3}2003].

Bartsch, Karl: Das altfranzösische Volkslied des zwölften und dreizehnten Jahrhunderts (1881). In: Bartsch, Karl (Ed.): Gesammelte Vorträge und Aufsätze von Karl Bartsch. Tübingen 1883 [Vortrag B.'s im Museum zu Heidelberg (1881); Erstabdruck in: Nord und Süd 21 (1882), 224–235].

Bartsch, Karl: Alte französische Volkslieder. Heidelberg 1882.

Bartsch, Karl: Über die Gründung germanischer und romanischer Seminare und die Methode kritischer Übungen. In: Verhandlungen der sechsunddreissigsten Versammlung Deutscher Philologen und Schulmänner in Karlsruhe (vom 27.–30. September 1882). Leipzig 1883, 237–247.

Bartsch, Karl: Jugenderinnerungen. Hrsg. von Hans-Joachim Koppitz. Würzburg 1966.

[Bartsch, Karl] Eintrag zu „Karl Bartsch". In: Catalogus Professorum Rostochiensium.
URL: http://purl.uni-rostock.de/cpr/00002231 (14.08.2019).

Baumgarten, Marita: Professoren und Universitäten im 19. Jahrhundert. Zur Sozialgeschichte deutscher Geistes- und Naturwissenschaftler. Göttingen 1997.

Bechstein, Reinhold: Denkschrift zur Feier des fünfundzwanzigjährigen Bestehens des deutsch-philologischen Seminars auf der Universität zu Rostock am 11. Juni 1883. Rostock 1883.

Bechstein, Reinhold: Karl Bartsch. In: Germania 33 (1888), 65–94.

Benecke, Georg Friedrich: Beyträge zur Kenntnis der altdeutschen Sprache und Litteratur, Bd. 1, 1. Teil, Minnelieder. Ergänzungen der Sammlung von Minnesängern. Göttingen 1810.

Breuer, Günter/Jaehling, Jürgen/Schröter, Ulrich (Ed.): Briefwechsel der Brüder Jacob und Wilhelm Grimm mit Karl Bartsch, Franz Pfeiffer und Gabriel Riedel. Stuttgart 2002.

Chabaneau, Camille: [Rez. zu] Chrestomathie provençale accompagnée d'une grammaire et d'un glossaire, par Karl Bartsch. Elberfeld ^{3}1875. In: Revue des Langues Romanes VIII (1875), 227–240.

Christmann, Hans Helmut: Romanistik und Anglistik an der deutschen Universität im 19. Jahrhundert: ihre Herausbildung als Fächer und ihr Verhältnis zu Germanistik und klass. Philologie. Stuttgart 1985.

Dante Alighieri Die Göttliche Komödie, übers. v. K. Bartsch, hrsg. v. Till R. Kuhnle. Wiesbaden 2010. [Neuausgabe der Übersetzung Bartschs von 1877]

Diez, Friedrich: Leben und Werke der Troubadours. 2. vermehrte Auflage von Karl Bartsch. Leipzig ²1883.

Dressler, Stephanie: Bartsch, Karl Friedrich Adolf Konrad. In: König, Christoph/Wägenbaur, Birgit (Ed.): Internationales Germanistenlexikon 1800–1950, vol. 1. Berlin/New York 2003, 88–89.

Eggers, Hans: Bartsch, Karl. In: Neue Deutsche Biographie. Berlin 1953, 1. Bd., 613.
URL=https://www.deutsche-biographie.de/gnd118506943.html#ndbcontent (14.08.2019).

Ehrismann, Gustav: Verzeichnis der selbständig erschienenen Schriften. K. B.s. In: Germania 33 (1888), 94–98.

Elvers, Rudolf: Victor Aimé Huber. Sein Werden und Wirken, 2 Bde. Bremen 1872–74.

Gauger, Hans-Martin/Oesterreicher, Wulf/Windisch, Rudolf: Einführung in die romanische Sprachwissenschaft. Darmstadt 1981.

Geschichte der Universität Rostock, hrsg. v. Forschungsgruppe Universitätsgeschichte der Universität Rostock 1419–1969. Festschrift zur Fünfhundertfünfzig-Jahr-Feier der Universität, 2 Bde. Berlin 1969.

Golther, Wolfgang: Bartsch, Karl. In: Allgemeine Deutsche Biographie. Leipzig 1903, Bd. 47, 749–752.
URL: https://de.wikisource.org/wiki/ADB:Bartsch,_Karl (14.08.2019).

Gröber, Gustav: Grundriss der Romanischen Philologie, I. Bd. Strassburg [1888] ²1904–06.

Haenicke, Gunta: Zur Geschichte der Anglistik an deutschsprachigen Universitäten 1850–1925. Augsburg 1979.

Kalkhoff, Alexander M.: Romanische Philologie im 19. und frühen 20. Jahrhundert. Institutionengeschichtliche Perspektiven. Tübingen 2010.

Kalkhoff, Alexander M./Wolf, Johanna: Kontingenz: Zufall und Kalkül. Zur Fachgeschichte der Romanischen Philologie (1820–1890). In: Oesterreicher, Wulf/Selig, Maria (Ed.): Geschichtlichkeit von Sprache und Text: Philologien – Disziplingenese – Wissenschaftshistoriographie. Paderborn 2014, 131–152.

Kolk, Rainer: Berlin oder Leipzig, Studien zur sozialen Organisation der Germanistik im ,Nibelungenstreit'. Tübingen 1990.

Koppitz, Hans-Joachim: Franz Pfeiffer/Karl Bartsch, Briefwechsel. Mit unveröffentlichten Briefen der Gebrüder Grimm und weiteren Dokumenten zur Wissenschaftsgeschichte des 19. Jahrhunderts. Köln 1969.

Krätzner-Ebert, Anita: Von Christian Wilbrandt zu Karl Bartsch: Von Institutionalisierung und Disziplinierung der Germanistik in Rostock. In: Boeck, Gisela/Lammel, Hans-Uwe (Ed.): Wissen im Wandel: Disziplinengeschichte im 19. Jahrhundert. Referate der interdisziplinären Ringvorlesung des Arbeitskreises „Rostocker Universitäts- und Wissenschaftsgeschichte" in Wintersemester 2007/08. Rostock 2011, 61–76.

Kuhnle, Till R.: Das Mittelalter übersetzen. Der Philologe Karl Bartsch. In: Bartsch, Karl: Dante Alighieri's Göttliche Komödie, übers. v. K. Bartsch, hrsg. v. Till R. Kuhnle. Wiesbaden 2010, 26–44.

Mahn, Karl August Friedrich: Über die Entstehung, Bedeutung, Zwecke und Ziele der romanischen Philologie. Ein Vortrag in der germanistischromanistischen Section der in Meiszen tagenden Versammlung deutscher Philologen und Schulmänner am 1. October 1863 gehalten. Berlin 1863.

Ménard, Philippe: Histoire des langues romanes et philologie textuelle. In: Gerhard Ernst, Martin-Dietrich Gleßgen, Christian Schmitt, Wolfgang Schweickhardt (Ed.): Romanische Sprachgeschichte/Histoire linguistique de la Romania, 1. Teilband. Berlin/New York 2003, 62–71.

Meves, Uwe: Die Gründung germanistischer Seminare an den preußischen Universitäten (1875–1895). In: Deutsche Vierteljahreszeitschrift 61 (1987), 96–122.

Meves, Uwe: Institutionalisierungsprozeß der Deutschen Philologie. Die Periode der Lehrstuhleinrichtung (von ca. 1810 bis zum Ende der 60er Jahre des 19. Jahrhunderts). In: Fohrmann, Jürgen/Voßkamp, Wilhelm (Ed.): Wissenschaftsgeschichte der Germanistik im 19. Jahrhundert. Stuttgart/Weimar 1994, 115–203.

Meves, Uwe: Karl Bartsch und die Gründung des ersten germanistischen Se-
minars (Universität Rostock 1858). In: Kurt Gärtner, Hans-Joachim
Solms (Ed.): Von Ion der wisheit: Gedenkschrift für Manfred Lemmer.
Sandersdorf 2009, 154–175.

Meyer von Waldeck, Friedrich: Karl Bartsch. Nekrolog. München 1888. [Son-
derdruck aus den Beilagen zur Allgemeinen Zeitung. Jg. 1888, Nr. 71]

Nachlass Karl Bartsch in der Universitätsbibliothek Heidelberg.
URL: https://www.ub.uni-heidelberg.de/allg/benutzung/bereiche/pdf/
HeidHs3643_Nachlass_Bartsch.pdf (20.10.2019).

Neumann, Fritz: Karl Bartsch als Romanist. In: Germania Vierteljahrsschrift
für deutsche Alterthumskunde 33 (1888), 98–107.

Paul, Hermann. Grundriss der germanischen Philologie. Strassburg 1889.

Pfeiffer, Franz (Ed.): Walther von der Vogelweide. Leipzig 1864.

Roques, Mario: Correspondance de Karl Bartsch et Gaston Paris de 1865 à
1885, première partie: 1865–1867. In: Medieval Studies in Memory of
Gertrude Schoepperle Loomis. Paris 1927, 413–441.

Roques, Mario: Correspondance de Karl Bartsch et Gaston Paris de 1865 à
1885, deuxième partie: 1868–1870. In: Neuphilologische Mitteilungen
32 (1931), 127–145.

Roques, Mario: Correspondance de Karl Bartsch et Gaston Paris de 1865 à
1885, troisième partie: 1871. In: A Miscellany of Studies in Romance
Languages & Literatures, presented to Leon E. Kastner, M. Williams, J.
A. de Rothschild. Cambridge 1932, 427–439.

Schlegel, August Wilhelm: Sämmtliche Werke, hrsg. v. E. Böcking, Bd. 12.
Leipzig 1847.

Schlegel, Friedrich: Philosophie der Philologie, hrsg. v. J. Körner. In: Logos 17
(1928), 1–72.

Schöning, Udo: Karl Bartsch (1832–1888). In: Trachsler, Richard (Ed.): Bartsch, Foerster et C[ie.]. La première romanistique allemande et son influence en Europe. Paris 2013, 37–61.

Schröer, Karl Julius: Erinnerungen an Karl Bartsch. In: Germania Bd. 33. Wien
1888, 59–64.Seidel-Vollmann, Stefanie: Die romanische Philologie an
der Universität München (1826–1913). Zur Geschichte einer Disziplin
in ihrer Aufbauzeit. Berlin 1977.

Seitz, Dieter: Karl Bartsch (1832–1888). In: Wissenschaftsgeschichte der
Germanistik in Porträts. Berlin 2000, 47–52.

Selig, Maria: Von der Pädagogik zur Wissenschaft. Romanistik im 19. Jahrhundert. In: Romanische Zeitschrift für Literaturgeschichte/Cahiers d'Histoire des Littératures Romanes 3/4. Heidelberg 2005, 289–307.

Stackmann, Karl: Die klassische Philologie und die Anfänge der Germanistik. In: Flashar, Hellmut/Gründer, Karlfried/Horstmann, Axel (Ed.): Philologie und Hermeneutik im 19. Jahrhundert. Zur Geschichte und Methodologie der Geisteswissenschaften. Göttingen 1979, 240–259.

Universitätsarchiv Rostock (UAR): Phil. Fak. 1419–1945, Nr. 156, ohne Blattzählung.

Universitätsarchiv Rostock (UAR): Personalakte Carl Bartsch. 1857–1871.

Universitätsarchiv Rostock (UAR): Wiederbesetzung des Lehrstuhls für neuere Sprache und Litteratur 1852–57. In: UAR, Phil. Fak. 1419 –1945, Nr. 156.

Tobler, Adolf: Romanische Philologie an deutschen Universitäten. Rede bei Übernahme des Rektorats gehalten in der Aula der Königlichen Friedrich-Wilhelms Universität zu Berlin am 15. Oktober 1890. Berlin 1890.

Weimar, Klaus: Geschichte der deutschen Literaturwissenschaft bis zum Ende des 19. Jahrhunderts. München 1989.

Wolf, Johanna: Kontinuität und Wandel. Textarchäologische Studien zur romanischen Philologie im 19. Jahrhundert. Tübingen 2012.

Abbildungsverzeichnis

Abb. 1: Universitätsarchiv Rostock, Portraitsammlung, Karl Bartsch.

Abb. 2: Foto privat (Henning Preuß), Relief am Sockel des Reiterdenkmals für Großherzog Friedrich Franz II. in Schwerin.

Sprachmeister an der Universität Rostock[*]

Marcus Reinfried

1. Die Anfänge des neusprachlichen Unterrichts in Europa

Die ersten europäischen Lehrer für neuere Fremdsprachen finden wir etwa ab 1200 in England und ab 1300 in Flandern.[1] Etwa ab 1400 ist die professionelle Vermittlung neuerer Fremdsprachen auch in italienischen und in deutschen Handelsstädten nachweisbar.[2] Wir kennen aus dieser mittelalterlichen Phase des Fremdsprachenunterrichts allerdings nur sehr wenige Details: meistens nur die Namen der Fremdsprachenlehrer, wenn sie überhaupt überliefert worden sind, in selteneren Fällen auch Unterrichtsmaterialien (z.b. Vokabellisten; Dialoge, die gelesen, übersetzt und mit verteilten Rollen auswendig gelernt wurden; überwiegend kürzere grammatische Darstellungen, z.B. zur Konjugation von Verben).[3]

In dem letzten spätmittelalterlichen Jahrhundert, es ist das XV. Jahrhundert, gab es bereits die Universität Rostock, die bekanntlich die älteste Universität in Norddeutschland, sogar im ganzen Ostseeraum ist. Mit Sicherheit gab es damals in Rostock noch keine Lehrangebote für neuere Sprachen, weil an den Universitäten alle Literatur nur auf Lateinisch abgefasst wurde und die Gelehrtenkommunikation ausschließlich auf Latein erfolgte. In Deutschland beschränkte sich das Erlernen neuerer Sprachen bis in das XVI. Jahrhundert hinein noch weitgehend auf Fernkaufleute und auf adlige Kreise.[4] Hinzu kamen – sieht man einmal von den bilingualen Grenzgebieten nach Frankreich hin ab – noch einige Studenten, die im Ausland studieren wollten, z.B. an der Universität Bologna oder der Sorbonne in Paris.[5] Öfter dürften aber auch diese

---

[*] Der vorliegende Aufsatz stellt die bearbeitete und leicht erweiterte Fassung eines Vortrags dar, der am 8. Dezember 2017 im Internationalen Begegnungszentrum der Universität Rostock im Rahmen des Workshops *Romania in Rostock* gehalten wurde.

[1] Cf. Kibbee, D. A.: For to speke, 1991, 25–6, 78.

[2] Cf. Glück, H.: Deutsch, 2002, 88, 418.

[3] Cf. Kibbee, D. A.: For to speke, 1991, 26, 33, 57, 74. Glück, H.: Deutsch, 2002, 419.

[4] Cf. Kuhfuß, W.: Eine Kulturgeschichte, 2014, 150–5.

[5] Cf. ibid., 71–9, 88: Der früheste Französischunterricht im deutschsprachigen Raum, dessen Abhaltung durch die Überlieferung von (heute im Jenaer Universitätsarchiv befindlichen) Unterrichtsmaterialien dokumentiert ist und um 1500 herum am kursächsischen Fürstenhof

akademischen Zielgruppen im Spätmittelalter und in der frühen Neuzeit versucht haben, zuerst einmal mit ihren Lateinkenntnissen oder mit einer dürftigen Interkomprehension[6] zurecht zu kommen, die sich auf der Grundlage einer Art von Vulgärlatein um die Erschließung romanischer Varietäten bemühte – zumal sich damals das Latein und seine sprachlichen Abkömmlinge noch nicht ganz so weit wie heute voneinander entfernt hatten. Deshalb sind die allerersten Sprachmeister an deutschen Universitäten nicht vor der zweiten Hälfte des XVI. Jahrhunderts belegbar, meistens sogar erst im XVII. oder XVIII. Jahrhundert.

2. Literatur zu Sprachmeistern an deutschen Universitäten

In Deutschland gibt es ein einzigartiges Werk zur Dokumentation der Sprachmeisterinnen und Sprachmeister. Es wurde in den 1990er Jahren herausgegeben und besteht aus sechs Bänden, die etwa 3000 Fremdsprachenlehrer zwischen 1490 und 1800 erfassen.[7] Die einzelnen Artikel sind von sehr unterschiedlicher Länge: Sie umfassen zwischen zehn Seiten und zwei Zeilen; von manchen Sprachmeistern wurde viel überliefert, von vielen aber auch nur der Name und ein belegtes Jahr ihrer Tätigkeit. Von den Artikeln in Schröders Lexikon entfallen etwa 96% auf männliche Sprachmeister und nur etwa 4% auf Sprachmeisterinnen, von denen es vor dem XIX. Jahrhundert nur wenige gegeben hat.[8]

---

in Wittenberg stattfand, wurde von Bernhardin Pfot und Veit Warbeck, zwei ehemaligen Studenten mit längeren Parisaufenthalten und Studienabschlüssen von der Sorbonne, erteilt.

[6] Interkomprehension ist eine Art der mehrsprachigen Kommunikation, bei der interlinguale Ähnlichkeiten zwischen mindestens zwei Idiomen (über den Einsatz von Erschließungsstrategien) zum Sprachverstehen genutzt werden. Die aktive Sprachproduktion der Kommunikationsteilhaber wird hingegen möglichst auf die eigene Muttersprache oder zumindest eine einigermaßen beherrschte Zweit- oder Fremdsprache reduziert.

[7] Cf. Schröder, K.: Biographisches, 1989–99.

[8] In absoluten Zahlen gibt es 132 Fremdsprachenlehrerinnen, wie meine Durchsicht der sechs Bände des Werks von Schröder und meine Auszählung der weiblichen Personen ergeben haben. Wenn wir von einer Gesamtzahl von 3500 bekannten (männlichen und weiblichen) Fremdsprachenlehrern ausgehen, beträgt der genaue Anteil der im Lexikon erfassten Fremdsprachenlehrerinnen 4,4%. Diese sind allerdings sehr ungleichmäßig auf die drei von Schröder berücksichtigten Jahrhunderte verteilt: Während im XVI. Jahrhundert nur eine einzige weibliche Lehrperson für neuere Fremdsprachen bekannt ist, sind es in der zweiten Hälfte des XVIII. Jahrhunderts 75 Fremdsprachenlehrerinnen (was 57 % des weiblichen Gesamtanteils entspricht). Den (bisher einzigen) ausführlichen Versuch einer Typisierung der einzelnen Unterformen von Sprachmeisterinnen, die sich vor allem an Sprachlehrinstitutionen, Orten und Epochen orientiert, repräsentiert folgender Aufsatz in einem Sam-

Das *Lexikon der Fremdsprachenlehrer des deutschsprachigen Raumes* weist den Nachteil auf, dass unmittelbar bei den einzelnen Artikeln keine Literaturangaben erfolgen, sodass die Richtigkeit der erfolgten Angaben nur mit erheblichem Suchaufwand anhand der Originalquellen gezielt überprüft werden kann, denn am Ende der meisten Bände befinden sich nach Orten geordnete Literaturangaben; insgesamt führt Schröder darin etwa 5000 Titel auf, die er als Primärquellen benutzt hat. Das Lexikon Schröders erfasst positivistisch zahlreiche Daten über einzelne Sprachmeisterinnen und Sprachmeister; aber es mangelt im Augenblick noch an deren systematischer Aufarbeitung, damit ihnen (auch quantifizierbare) räumliche, zeitliche, soziale und fremdsprachendidaktische Aussagen entnommen werden können.

Eine gute europaweite Überblicksdarstellung über Sprachmeister und -meisterinnen bietet ein Aufsatz von Pellandra/Suso López, der in einem Zusatzband der Zeitschrift *Le français dans le monde* erschienen ist.[9] Er beschreibt ausführlich die frei tätigen Sprachmeister und die Präzeptoren, spart aber die Sprachlehrer an den Universitäten weitgehend aus. Ebenso lässt auch der umfangreiche Band von Glück/Häberlein/Schröder zur Mehrsprachigkeit in den Reichsstädten Augsburg und Nürnberg den universitären Bereich weitgehend unbehandelt, da er sich intensiv nur mit dem kaufmännischen Bereich befasst.[10] Prinzipiell wichtig für die Darstellung romanistischer Lektoren ist die Dissertation von Teixeira Kalkhoff[11] – jedoch nicht für die Frühphase des universitären Fremdsprachenunterrichts, sondern nur für die Zeit des XIX. und XX. Jahrhunderts, in der bekanntlich ja die Romanistik, um die es Teixeira Kalkhoff in erster Linie geht, institutionalisiert worden ist. Die einzige Überblicksdarstellung in Aufsatzform zu den in Deutschland tätigen Fremdsprachenlehrenden, die auch Universitätslektoren einbezieht, wurde von Klippel abgefasst.[12]

Ausführlicher wird die deutsche Geschichte der universitären Sprachmeister im XVII. bis XIX. Jahrhundert nur in drei Büchern thematisiert, wozu zwei gedruckte Dissertationen gehören. Die erste Doktorarbeit behandelt den

---

melband: Schröder, K.: Fremdsprachenlehrerinnen, 2015. Dieser Aufsatz stellt eine Vervollständigung und Überarbeitung vorangegangener Aufsätze desselben Autors zum selben Thema dar.

[9] Cf. Pellandra, C./Suso López, J.: Vers une, 1992, 94–106.

[10] Cf. Glück, H./Häberlein, M./Schröder, K.: Mehrsprachigkeit, 2013.

[11] Cf. Kalkhoff, A. M.: Romanische Philologie, 2010.

[12] Cf. Klippel, F.: Sprachmeister, 2014; zu den Lektoren: ibid., 9–12.

Beginn des Englischunterrichts an deutschen Ritterakademien.[13] Ein Kapitel in diesem Buch beschreibt detailliert die Herkunft und Vorbildung einiger Sprachmeister, ihre Anstellungsbedingungen, ihr Einkommen und ihre soziale Stellung, die Kandidatenauswahl und die Berufungskriterien.[14] Die zweite Dissertation, abgefasst von Schröder, welche ebenfalls der Frühzeit des Englischunterrichts gewidmet ist, aber nur auf die deutschen Universitäten hin ausgerichtet, enthält gleichfalls ein Kapitel über die dort tätigen Fremdsprachenlehrer.[15] Sie greift im großen Ganzen die Analysekriterien Aehles wieder auf, bestätigt, vervollständigt und präzisiert manche Charakteristika der frühen Englischlehrer, die sich an den Universitäten nicht allzu sehr von den an den Ritterakademien tätigen unterscheiden. Allerdings können aus der Darstellung Schröders nur bedingt Rückschlüsse im Hinblick auf den Unterricht der romanischen Sprachen gezogen werden. Dennoch enthalten nicht wenige Passagen in beiden Doktorarbeiten allgemeine Einsichten, die für den universitären Fremdsprachenunterricht und seine Akteure *insgesamt* von Bedeutung sein dürften.

Beim dritten Buch handelt es sich um eine Monographie zur Geschichte der Romanistik an der Universität Jena, die 1955 als (vorerst noch ungedruckter) Teil einer Festschrift zu Ehren des Professors Eduard von Jan vom Portugiesischlektor und Regionalhistoriker Dr. Herbert Koch angefertigt wurde.[16] Etwa die Hälfte dieses Buchs wird den Lektoren und ihren Vorgängern, den Jenaer Sprachmeistern, gewidmet.[17] Einige Ausführungen sind generell für die Lage der Sprachmeister von Interesse, andere wiederum können – komplementär zur Bedeutung der Sprachmeister an der Universität Rostock – eher als Gegenmodell interpretiert werden. Denn im XVIII. und XIX. Jahrhundert repräsentierte Jena den Prototyp einer großen Universität (Koch hat die Namen von über 100 Sprachmeistern herausgefunden), während Rostock meines Wissens in diesen Jahrhunderten immer eine kleinere Universität gewesen ist.

---

[13] Cf. Aehle, W.: Die Anfänge, 1938.

[14] Cf. ibid., 169–224.

[15] Cf. Schröder, K.: Die Entwicklung, 1969, 32–69.

[16] Das Typoskript des Autors Herbert Koch wird seit Jahrzehnten im Universitätsarchiv Jena aufbewahrt (Signaturen C 155 und C 155/2). Es wurde von Christian Faludi und Joachim Hendel bearbeitet und durch Fußnoten sowie zusätzliche Texte und Register ergänzt und ist 2019 in einer gedruckten Fassung erschienen.

[17] Cf. Faludi, C./Hendel, J.: Geschichte der Romanistik, 2019, 23–85.

3. Die Rostocker Sprachmeister von der Mitte des XVII. bis zum Anfang des XVIII. Jahrhunderts

Franciscus de Marseville ist der erste Sprachmeister, der ausdrücklich in Zusammenhang mit der Universität Rostock erwähnt wird.[18] Er kam aus Paris. Der frankophile Herzog Christian von Mecklenburg wünschte im Jahre 1659 für seine Universität, die auch von adligen Studenten besucht wurde, einen besonders kompetenten Sprachmeister, der die Studenten auch in gute Umgangsformen einführen konnte und dem er sogar ein festes Salär zahlen wollte. Nur etwa jeder achte bis zehnte Sprachmeister bezog damals ein festes Salär; die anderen wurden stundenweise bezahlt, was mit stark wechselnden Einnahmen und dem zeitweiligen Armutsrisiko verbunden sein konnte. Der Dreißigjährige Krieg war vor elf Jahren zu Ende gegangen; Deutschland hatte sich von den Kriegsschäden und landwirtschaftlichen Beeinträchtigungen teilweise wieder erholt. Das Französische, das bereits im XVI. Jahrhundert in Deutschland die führende moderne Fremdsprache gewesen war, hatte im ersten Nachkriegsjahrzehnt seinen Vorsprung vor allen anderen neueren Fremdsprachen weiter vergrößert.[19] Paris, das war der Nabel der adligen Welt, das waren legendäre Feste am Hof, aber auch der technologische Fortschritt und alles, was damals als modern empfunden wurde. Christian von Mecklenburg wollte diesem adligen Sprachmeister, der etwas Glanz in sein provinzielles Rostock bringen sollte, den Titel eines außerordentlichen Professors verleihen; das stieß aber auf den Widerstand der Professorenschaft, für welche vermutlich dieser wissenschaftlich unausgewiesene Aristokrat, von dem keine Publikationen bekannt sind, nicht ernst zu nehmen war. Die Anstellung kam nicht zustande, ohne dass wir etwas über die exakten Gründe ihres Scheiterns erfahren können.

Etwa zur selben Zeit, in der de Marseville mit seiner Bewerbung in Rostock scheiterte, kam es an der Universität Jena zur Festeinstellung eines Fremdsprachenlehrers für Französisch und Italienisch. Sein Name war Carolus (Carlo) Caffa. Er hatte in Neapel Philosophie und Theologie als Magister gelehrt und in Rom den theologischen Doktorgrad erworben. Caffa dozierte in seinen Sprachlehrveranstaltungen für Fortgeschrittene nicht nur über philologische oder landeskundliche Inhalte, sondern befasste sich ebenfalls häufig mit ethisch-religiösen Fragen. Er bekam den Professorentitel verliehen und sah sich selbst als Ordinarius an, wurde aber dazu gezwungen, bei den festlichen Anlässen, zu denen die Professoren in Talaren – nach ihrem jeweiligen Status

---

[18] Cf. Schröder, K.: MARSEVILLE, 1992, 154.

[19] Cf. Schröder, K.: Linguarum, 1980, p. XIII. Cf. auch die Zahl der Einträge zu „Französisch" und „Italienisch" im Sprachenverzeichnis ibid., p. VII–VIII.

geordnet – aufmarschierten, sich am Ende der Philosophischen Fakultät einzureihen.[20]

In den ersten drei Jahren, in denen Carlo Caffa Vorlesungen zur Grammatik der französischen und italienischen Sprache an der Universität Jena hielt, bezog er ein Jahresgehalt von 50 Gulden. Da diese Bezahlung eigentlich zu schlecht für einen Professor war, wurde sie 1662 auf 100 Gulden erhöht. Außerdem bekam Caffa neben dem Empfang bestimmter Naturalien das Sonderrecht eingeräumt, von den anderen Sprachmeistern in Jena jeweils zusätzlich auch noch einen Taler monatlich zu bekommen. Es muss sich dabei bis zum Ende des XVII. Jahrhunderts um etwa fünf bis zwölf weitere Sprachmeister in jedem Jahrzehnt gehandelt haben, die untereinander an der Universität Jena um Studenten konkurrierten, welche das Französische oder Italienische kostenpflichtig allein oder in einer Gruppe erlernen wollten.[21]

Im Jahre 1685 kam es in Frankreich zur Aufhebung des Edikts von Nantes, das den Hugenotten ihre zeitweilige Religionsfreiheit garantiert hatte. Die Folge: eine Emigrationswelle, die sich über Deutschland ergoss und die zu einer Überfüllungskrise unter den Sprachmeistern führte. Die Einkommen der Jenaer Sprachmeister dürften sich aufgrund des enorm gestiegenen Lehrerangebots erheblich reduziert haben, möglicherweise sogar fast um die Hälfte, sodass die Bereitschaft, an Carlo Caffa oder an seinen Nachfolger François Roux finanzielle Abgaben zu entrichten, fast auf null sank.[22]

Auch im Umkreis der Universität Rostock dürfte es eine ähnliche Pauperisierung der Sprachmeister gegeben haben. 1701 bewarb sich ein polyglotter Sprachmeister in Rostock mit dem Namen de Sallinago um die Möglichkeit, Italienisch, Französisch, Spanisch und Englisch unterrichten zu dürfen.[23] Ob er zugelassen wurde und ob er an der Universität oder auch überhaupt in der Stadt Sprachschüler gefunden hat, ist ungewiss. Ein anderer, deutschstämmiger Sprachmeister mit dem Namen Ludwig Haaks, von dem wir wissen, dass er das Französische an einer höheren Schule unterrichtet hat, beschwerte sich – vermutlich beim Magistrat oder beim geistlichen Schulträger – darüber, dass ein Konkurrent an seiner Schule plötzlich aufgetaucht sei, der ebenfalls Französischunterricht gegen Bezahlung anbiete. Ob Haaks und sein Konkurrent

---

[20] Cf. Koch, H.: GESCHICHTE DER ROMANISTIK, 2019, 33–34, 37–44.

[21] Cf. ibid., 33–37.

[22] Cf. ibid., 35–37, 49–50.

[23] Schröder, K.: SALLINAGO, 1995, 86.

auch Studenten unterrichtet haben, wurde nicht nachgewiesen, könnte aber durchaus möglich sein.[24]

4. Die Rostocker Sprachmeister in der Mitte des XVIII. Jahrhunderts

In der Mitte des XVIII. Jahrhunderts nahm die Zahl der Französischlernenden erheblich zu. Nach wie vor gehörten neuere Sprachen nur an wenigen Lateinschulen zum obligatorischen Unterricht, aber vor allem das Französische etablierte sich trotzdem – oft als fakultatives, aber sehr häufig gewähltes Fach, selbst im kostenpflichtigen Zusatzunterricht. An den höheren Mädchenschulen, die zunehmend eingerichtet wurden, war Französisch sogar oft eines der wichtigsten Hauptfächer. Für Frauen und Mädchen wurden zahlreiche Grammatiken abgefasst, die weitgehend ohne die lateinische Terminologie auskamen: die *grammaires des dames* (s. Abb. 1 auf der nächsten Seite).[25]

Auch die französische Belletristik wurde in Deutschland immer beliebter. Französische Bücher wurden zunehmend auf Französisch und nicht nur in deutschsprachigen Übersetzungen gelesen. Die Anzahl der französischsprachigen Titel erreichte in den 1770er Jahren ihren Höhepunkt mit 13% Anteil an sämtlichen Buchtiteln in den Leipziger Messekatalogen – ein sensationell hoher Prozentwert, der heute kaum mit englischsprachiger Literatur erreicht würde und dessen Höhe allerdings auch nicht nachhaltig war, sondern ab den 1780er Jahren wieder deutlich abnahm.[26]

Hinter dem Französischen avancierte das Englische im letzten Drittel des XVIII. Jahrhunderts an die zweite Stelle unter den neueren Fremdsprachen und verdrängte allmählich das Italienische, das allerdings in einigen deutschen Ländern, wie z.B. Bayern, und in einigen deutschen Territorien, wie z.B. dem Umfeld Weimars, seine alte Beliebtheit aufrecht erhielt.[27]

Unter den Sprachmeistern nahmen in der zweiten Hälfte des XVIII. Jahrhunderts die deutschstämmigen stark zu. Nach den Berechnungen von Kuhfuß arbeiteten im letzten Viertel des XVIII. Jahrhunderts bereits 42% der in Schröders Lexikon dokumentierten Sprachlehrer an höheren Schulen, während der Anteil der Sprachlehrer an Universitäten und Ritterakademien 33% betrug und auf den privaten Bereich nur 21% entfielen.[28] Das quantitative Ver-

---

[24] Schröder, K.: HAAKS, 1989, 179.

[25] Cf. Kuhfuß, W.: Eine Kulturgeschichte, 2014, 450–61, 408–73.

[26] Cf. Paulsen, F.: Geschichte, [3]1919, 627–8.

[27] Cf. Reinfried, M.: Geschichte, [6]2016, 620.

[28] Cf. Kuhfuß, W.: Sprachlehrer, 2015, 164.

hältnis zwischen französischen Muttersprachlern und registrierten deutschen Sprachlehrern war nach Kuhfuß im privaten Lernbereich ausgeglichen, während an den höheren Schulen der Anteil deutscher Sprachmeister bereits im Verhältnis von zwei Dritteln zu einem Drittel in der Überzahl war. Nur an den Universitäten und Ritterakademien überwogen noch die französischen Muttersprachler in Relation von zwei zu eins.[29]

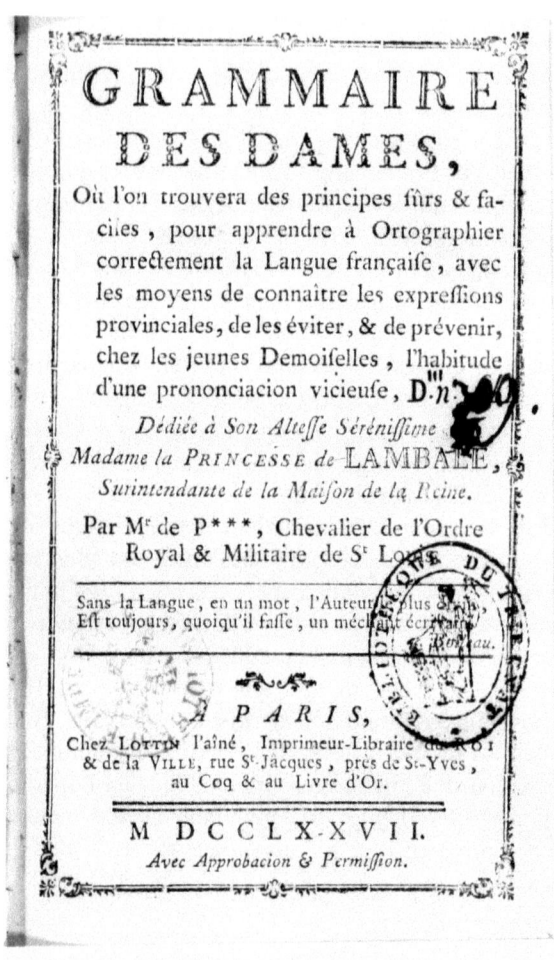

Abb. 1: *Grammaire des dames*, Paris 1777.

---

[29] Cf. ibid., 164–5.

Das trifft allerdings nur auf die Gesamtsituation in Deutschland und nicht auf die Verhältnisse an der Universität Rostock zu. Denn gerade in der Mitte des XVIII. Jahrhunderts sind drei deutschstämmige Fremdsprachenlehrer bekannt, die zeitweilig in Rostock tätig waren. Einer davon ist Ludwig Karl Schnering, der Sohn eines niedersächsischen Pastors. Er studierte an den Universitäten Rostock und Leipzig Theologie, bevor er im Alter von 24 Jahren zum Konrektor eines niedersächsischen Gymnasiums und schließlich im Alter von 26 Jahren zum Pfarrer ernannt wurde. Er hatte als schon etwas fortgeschrittener Student in Leipzig Privatunterricht im Französischen erteilt und dazu auch zwei Lektüren mit sprachlichen Anmerkungen drucken lassen.[30] Ob er das bereits zuvor, d.h. als noch etwas jüngerer Student auch schon an der Universität Rostock gemacht hat, ist nicht bekannt.

Ebenso hat wohl auch Nathanael Friedrich Fromm, ein junger und zeitweilig stellenloser Privatdozent an der Universität Rostock, Französisch und Italienisch unterrichtet. Fromm kannte sich in den klassischen Sprachen und Kulturen ebenso wie in einigen orientalischen Sprachen, die nicht näher bezeichnet wurden, gut aus. Er wurde schließlich im Alter von 33 Jahren auf das Rektorat des Gymnasiums in Neustettin (Hinterpommern) berufen.[31]

Der einzige Fremdsprachenlehrer, der in der Mitte des XVIII. Jahrhunderts an der Universität Rostock ein Festgehalt bezog, hieß J. C. Schreiber. Er unterrichtete das Französische, Italienische und Englische. Schreiber erhielt ein Professorengehalt und trug vermutlich auch einen Professorentitel. Seltsamerweise war auch er nur drei Jahre in seinem Amt an der Universität Rostock tätig.[32]

5. Die Rostocker Sprachmeister zum Ende des XVIII. und zu Anfang des XIX. Jahrhunderts

Wie bereits oben dargestellt worden ist, wurde das Englische im letzten Drittel des XVIII. Jahrhunderts – vor allem in Norddeutschland – zur zweitwichtigsten neueren Fremdsprache. Dementsprechend tauchte auch im Jahr 1777 ein Sprachmeister für das Englische an der Universität Rostock auf. Tharold, so hieß der Engländer, kam aus London. Wir wissen nicht, wie lange er in Rostock geblieben ist.[33]

---

[30] Schröder, K.: SCHNERING, 1995, 120–1.

[31] Schröder, K.: FROMM, 1989, 121–2.

[32] Schröder, K.: SCHREIBER, 1995, 125.

[33] Schröder, K.: THAROLD, 1995, 202.

1791 wird als Ergänzung zu Tharold ein französischer *maître de langue*
im Staatskalender erwähnt, der mindestens ein ganzes Jahrzehnt lang in
Rostock geblieben ist. Sein Name wird mit Ludwig Arnauld angegeben.[34] Es
bleibt unklar, warum er als Vornamen Ludwig und nicht Louis angegeben hat.
Vielleicht soll der eingedeutschte Vorname den Wunsch dieses Sprachmeisters
zum Ausdruck bringen, sich zu einer Zeit deutschen Normen anpassen zu wollen, in der wegen der allmählich eskalierenden Französischen Revolution sich
bei deutschen Adligen und weiteren konservativen Bevölkerungsteilen ein
Misstrauen gegenüber französischen Migranten ausbildete. Vielleicht gehörte
Ludwig Arnauld aber auch einer geflüchteten Hugenottenfamilie an, die sich
schon seit mehreren Generationen in Deutschland aufgehalten hatte. Auch
Sprachmeister, die ihren Beruf auf den Sohn und gelegentlich sogar auf den
Enkel vererbt haben, finden sich bisweilen in Schröders *Lexikon der Fremd-
sprachenlehrer*.

Aber auch deutschstämmige Sprachmeister, die gegen Ende des XVIII.
Jahrhunderts als stellenlose Nachwuchswissenschaftler ihr Dasein an der Universität Rostock fristeten, hat es gegeben. Christian Wilhelm Ahlwardt, der
Sohn eines Greifswalder Professors der Logik und Metaphysik, gehörte zu den
Altertumswissenschaftlern, die im beginnenden Zeitalter des Neuhumanismus
en vogue waren. Er war so universell gebildet, wie Wilhelm von Humboldt
sich das für Gelehrte vorstellte. Nach einem abgeschlossenen Studium der
Medizin, anschließend der Theologie an der Universität Greifswald, ging er
nach Rostock. Dort bot er nicht nur Unterricht in den alten und orientalischen
Sprachen, die allerdings kaum nachgefragt wurden, an, sondern auch drei Jahre
lang in den neueren Sprachen Englisch, Französisch, Italienisch und Spanisch.
Vermutlich war dieser Unterricht kaum auf kommunikative Kompetenzen
ausgerichtet, wie man heute sagen würde; der Magister Ahlwardt hatte vor
allem den Ruf, ein ‚Meister der Übersetzungskunst' zu sein. Parallel zu seinem
neusprachlichen Unterricht bot er Vorlesungen über Ästhetik und vor allem
über griechische und lateinische Schriftsteller an. Im Alter von 27 gelang es
ihm bereits, sich zu habilitieren. Da er aber keine Stelle an der Universität
Rostock bekam, wurde er drei Jahre lang Hilfslehrer und schließlich 22 Jahre
lang Rektor einer Lateinschule in Anklam (heute Mecklenburg-Vorpommern).
Ahlwardt war bereits 57 Jahre alt, als er endlich zum Professor für alte Literatur an der Greifswalder Universität ernannt wurde. Sein wissenschaftliches
Oeuvre ist schon beim Antritt der Professur sehr umfangreich und vielfältig.[35]

---

[34] Schröder, K.: ARNAULD, [2]1991, 20.

[35] Schröder, K.: AHLWARDT, [2]1991, 8–10.

Ein ähnlicher Fall ist Adolf Christian Siemssen. Er studierte Philosophie und Naturwissenschaften in Göttingen und Rostock. Im Alter von 24 Jahren promovierte er zu einem philosophischen Thema. Zwei Jahre lang unterrichtete er als Hilfslehrer an einer Rostocker Schule, im Alter von 30 Jahren ging er aber wieder an die Universität Rostock zurück. Seinen Lebensunterhalt fristete er dort lange als Lehrer der lateinischen, dänischen, englischen, holländischen und italienischen Sprachen. Daneben habilitierte er sich und hielt von da an als Privatdozent Vorlesungen über allgemeine Naturgeschichte, Botanik, Forstwissenschaft, Astronomie, Ökonomie, Technologie und Warenkunde. In späteren Jahren übernahm Siemssen das Amt eines Sekretärs der Gesellschaft der Mecklenburgischen Naturforscher.[36]

6. Fazit und Ausblick

Wahrscheinlich waren etwa drei Dutzend Sprachmeister von der Mitte des XVII. bis zum Anfang des XIX. Jahrhunderts an der Universität Rostock tätig. Allerdings konnten aus dieser Berufsgruppe bisher erst sechs an der Universität unterrichtende Sprachmeister eindeutig nachgewiesen werden;[37] bei vier weiteren Sprachmeistern ist eine solche Lehrtätigkeit gut möglich bis relativ wahrscheinlich, aber nicht exakt belegt.[38]

Sechs dieser Sprachmeister kamen aus deutschstämmigen Familien,[39] vier Sprachmeister waren Migranten (zwei Franzosen, ein Italiener, ein Engländer).[40] Damit unterscheiden sich die in Rostock tätigen Sprachmeister von dem deutschlandweit tätigen Durchschnitt, bei dem die Anzahl der Fremdsprachenlehrer mit Migrationshintergrund gegenüber der Zahl der deutschstämmigen Sprachmeister erheblich überwog.[41]

Von den an der Universität Rostock nachgewiesenen Sprachmeistern erhielt nur einer ein Professorengehalt und möglicherweise auch den Professorentitel.[42] Er unterrichtete die im XVIII. Jahrhundert gefragten neueren Haupt-

---

[36] Schröder, K.: SIEMSSEN, 1995, 160.

[37] Christian Wilhelm Ahlwardt, Ludwig Arnauld, Nathanael Friedrich Fromm, J. C. Schreiber, Adolf Christian Siemssen und Tharold.

[38] Ludwig Haaks, Franciscus de Marseville, de Sallinago und Ludwig Karl Schnering.

[39] Christian Wilhelm Ahlwardt, Nathanael Friedrich Fromm, Ludwig Haaks, Ludwig Karl Schnering, J. C. Schreiber und Adolf Christian Siemssen.

[40] Ludwig Arnauld, Franciscus de Marseville, de Sallinago und Tharold.

[41] Siehe oben, Abschnitt 4.

[42] J. C. Schreiber.

fremdsprachen Französisch, Italienisch und Englisch. Ein zweiter ehemaliger Sprachmeister wurde (nach Zwischenstationen als Rektor an mehreren Gelehrtenschulen) im fortgeschrittenen Alter von 56 Jahren noch zum Professor der alten Literatur (die neben der griechischen und lateinischen Literatur auch noch die Literatur mehrerer orientalischer Sprachen umfasste) an der Universität Greifswald ernannt.[43]

Ab dem letzten Drittel des XVIII. Jahrhunderts findet man unter den Sprachlehrern öfter Altphilologen[44] und manchmal auch Naturwissenschaftler.[45] Sie repräsentierten den wissenschaftlichen Nachwuchs in diesen Bereichen und bewarben sich oft erfolglos um die wenigen Professorenstellen, bei deren Besetzung überdies Hausberufungen und Nepotismus nicht selten vorkamen. Für neuere Fremdsprachen hatten sie aber oft auch ein ausgeprägtes Interesse. Sie fristeten damit ihr karges Dasein an der Universität, wenn sie nicht an die ab 1810 neu gegründeten Gymnasien gehen wollten, deren Leiter und stellvertretende Leiter in der ersten Hälfte des XIX. Jahrhunderts oft nach einer breiten wissenschaftlichen Grundbildung, in der die altphilologische Komponente eine herausragende Rolle spielte, ausgewählt wurden. In der zweiten Hälfte des XIX. Jahrhunderts, in welcher das fächerorientierte Studium den wissenschaftlichen Generalismus neuhumanistischer Prägung ablöste[46] und neuphilologische Seminare (nach dem Modell der altphilologischen) an vielen Universitäten eingerichtet wurden[47], erwartete man auch von den Lektoren eine gute fachspezifische wissenschaftliche Kompetenz. Migranten ohne einen deutschen Studienabschluss wurden nun meistens als Lehrpersonen abgelehnt. Neben der praktischen Beherrschung von neueren Fremdsprachen spielte eine theoretische Kenntnis im Bereich von Literatur- und Sprachgeschichte eine zunehmende Rolle.

---

[43] Christian Wilhelm Ahlwardt.

[44] An der Universität Rostock Christian Wilhelm Ahlwardt und Nathanael Friedrich Fromm.

[45] An der Universität Rostock Adolf Christian Siemssen.

[46] Diese Entwicklung spiegelte sich in den preußischen Prüfungsordnungen wider (cf. Mandel, H. H.: Geschichte, 1989, 40–3). Das preußische Staatsexamen von 1831 war noch eine Art Erweiterung des Abiturs; die Kandidaten wurden in vier Sprachen und bis zu neun Sachfächern geprüft. Ab 1866 unterschied eine neue Prüfungsordnung zwischen (gründlichen) Prüfungen in den wichtigsten Studienfächern und den (viel oberflächlicheren) Prüfungen, welche die Allgemeinbildung testeten. Ab 1898 wurden die Examina auf ein Hauptfach und zwei Nebenfächer eingeschränkt.

[47] An der Universität Rostock erfolgte die Gründung eines romanisch-englischen Seminars 1898; erst 1916/17 wurde ein spezifisch romanisches Seminar eingerichtet (Kalkhoff, A. M.: Romanische Philologie, 2010, 82–3).

Bibliografie

Aehle, Wilhelm: Die Anfänge des Unterrichts in der englischen Sprache, besonders auf den Ritterakademien. Hamburg 1938.

Faludi, Christian/Hendel, Joachim (Bearb.): Die "Geschichte der Romanistik an der Universität Jena" von Herbert Koch. Eine um Professoren-Porträts und ein Schriftenverzeichnis Kochs ergänzte Edition. (Quellen und Beiträge zur Geschichte der Universität Jena, 14). Stuttgart 2019.

Glück, Helmut: Deutsch als Fremdsprache in Europa vom Mittelalter bis zur Barockzeit. Berlin/New York 2002.

Glück, Helmut/Häberlein, Mark/Schröder, Konrad: Mehrsprachigkeit in der Frühen Neuzeit. Die Reichsstädte Augsburg und Nürnberg vom 15. bis ins frühe 19. Jahrhundert. Wiesbaden 2013.

Kalkhoff, Alexander M.: Romanische Philologie im 19. und frühen 20. Jahrhundert. Institutionengeschichtliche Perspektiven. Tübingen 2010.

Kibbee, Douglas A.: For to speke Frenche trewely. The French language in England, 1000–1600: its status, description and instruction. Amsterdam/Philadelphia 1991.

Klippel, Friederike: Sprachmeister, Gouvernanten, Hauslehrer, Lektoren und Philologen. Fremdsprachenlehrende der letzten Jahrhunderte. In: Fremdsprachen Lehren und Lernen, 43 (2014), N° 1, 7–19.

Koch, Herbert (2019): GESCHICHTE DER ROMANISTIK AN DER UNI-VERSITÄT JENA. In: Faludi, Christian/Hendel, Joachim (Bearb.): Die „Geschichte der Romanistik an der Universität Jena" von Herbert Koch. Eine um Professoren-Porträts und ein Schriftenverzeichnis Kochs ergänzte Edition. Stuttgart 2019, 21–139.

Kuhfuß, Walter: Eine Kulturgeschichte des Französischunterrichts in der frühen Neuzeit. Französischlernen am Fürstenhof, auf dem Marktplatz und in der Schule in Deutschland. Göttingen 2014.

Kuhfuß, Walter: Sprachlehrer zwischen akademischer Überfüllungskrise, politischer Immigration und staatlichem Schulfach. In: Häberlein, Mark (Ed.), Sprachmeister. Sozial- und Kulturgeschichte eines prekären Berufsstands. Bamberg 2015, 163–77.

Mandel, Hans Heinrich: Geschichte der Gymnasiallehrerbildung in Preußen-Deutschland 1787 – 1987. Berlin 1989.

Paulsen, Friedrich: Geschichte des gelehrten Unterrichts auf den deutschen Schulen und Universitäten vom Ausgang des Mittelalters bis zur Gegenwart. 1. Bd. Leipzig [3]1919.

Pellandra, Carla/Suso López, Javier: Vers une disciplinarisation du FLE: enseignants, apprenants et institutions. In: Kok Escalle, Marie-Christine/Minerva, Nadia/Reinfried, Marcus (Ed.): Histoire internationale de l'enseignement du français langue étrangère ou seconde: problèmes, bilans et perspectives. Paris 1992, 94–106.

Reinfried, Marcus: Geschichte des Fremdsprachenunterrichts bis 1945. In: Burwitz-Melzer, Eva/Mehlhorn, Grit/Riemer, Claudia/Bausch, Karl-Richard/Krumm, Hans-Jürgen (Ed.): Handbuch Fremdsprachenunterricht. Tübingen [6]2016, 619–25.

Schröder, Konrad: Die Entwicklung des englischen Unterrichts an deutschsprachigen Universitäten. Mit einer Analyse zu Verbreitung und Stellung des Englischen als Schulfach an den deutschen höheren Schulen im Zeitalter des Neuhumanismus. Ratingen 1969.

Schröder, Konrad: Linguarum recentium annales. Der Unterricht in den modernen europäischen Sprachen im deutschsprachigen Raum. Bd. 1: 1500–1700. Augsburg 1980.

Schröder, Konrad: Biographisches und bibliographisches Lexikon der Fremdsprachenlehrer des deutschsprachigen Raumes, Spätmittelalter bis 1800. 6 Bände. Augsburg 1989–99.

Schröder, Konrad: AHLWARDT, Christian Wilhelm. In: Schröder, Konrad (Ed.): Biographisches und bibliographisches Lexikon der Fremdsprachenlehrer des deutschsprachigen Raumes, Spätmittelalter bis 1800. Bd. 1: Buchstaben A bis C – Quellenverzeichnis. Augsburg [2]1991, 8–10.

Schröder, Konrad: ARNAULD, Ludwig. In: Schröder, Konrad (Ed.): Biographisches und bibliographisches Lexikon der Fremdsprachenlehrer des deutschsprachigen Raumes, Spätmittelalter bis 1800. Bd. 1: Buchstaben A bis C – Quellenverzeichnis. Augsburg [2]1991, 20.

Schröder, Konrad: FROMM, Nathanael Friedrich. In: Schröder, Konrad (Hrsg.): Biographisches und bibliographisches Lexikon der Fremdsprachenlehrer des deutschsprachigen Raumes, Spätmittelalter bis 1800. Bd. 2: Buchstaben D bis H – erste Nachträge zum Quellenverzeichnis. Augsburg 1989, 121–2.

Schröder, Konrad: HAAKS, Ludwig. In: Schröder, Konrad (Ed.): Biographisches und bibliographisches Lexikon der Fremdsprachenlehrer des deutschsprachigen Raumes, Spätmittelalter bis 1800. Bd. 2: Buchstaben D bis H – erste Nachträge zum Quellenverzeichnis. Augsburg 1989, 179.

Schröder, Konrad: MARSEVILLE, Franciscus de. In: Schröder, Konrad (Ed.): Biographisches und bibliographisches Lexikon der Fremdsprachenlehrer des deutschsprachigen Raumes, Spätmittelalter bis 1800. Bd. 3: Buchstaben I bis Q. Augsburg 1992, 154.

Schröder, Konrad: SALLINAGO, de. In: Schröder, Konrad (Ed.): Biographisches und bibliographisches Lexikon der Fremdsprachenlehrer des deutschsprachigen Raumes, Spätmittelalter bis 1800. Bd. 4: Buchstaben R bis Z. Augsburg 1995, 86.

Schröder, Konrad: SCHNERING, Ludwig Karl. In: Schröder, Konrad (Ed.): Biographisches und bibliographisches Lexikon der Fremdsprachenlehrer des deutschsprachigen Raumes, Spätmittelalter bis 1800. Bd. 4: Buchstaben R bis Z. Augsburg 1995, 120–1.

Schröder, Konrad: SCHREIBER, J. C. In: Schröder, Konrad (Ed.): Biographisches und bibliographisches Lexikon der Fremdsprachenlehrer des deutschsprachigen Raumes, Spätmittelalter bis 1800. Bd. 4: Buchstaben R bis Z. Augsburg 1995, 125.

Schröder, Konrad: SIEMSSEN, Adolf Christian. In: Schröder, Konrad (Ed.): Biographisches und bibliographisches Lexikon der Fremdsprachenlehrer des deutschsprachigen Raumes, Spätmittelalter bis 1800. Bd. 4: Buchstaben R bis Z. Augsburg 1995, 160.

Schröder, Konrad: THAROLD. In: Schröder, Konrad (Ed.): Biographisches und bibliographisches Lexikon der Fremdsprachenlehrer des deutschsprachigen Raumes, Spätmittelalter bis 1800. Bd. 4: Buchstaben R bis Z. Augsburg 1995, 202.

Schröder, Konrad: Fremdsprachenlehrerinnen der Frühen Neuzeit. Zur Physiognomie der frühen Stadien eines modernen Frauenberufs. In: Häberlein, Mark (Ed.): Sprachmeister. Sozial- und Kulturgeschichte eines prekären Berufsstands. Bamberg 2015, 19–60.

Fremdsprachenunterricht in der DDR – historischer Überblick und Interviews mit Zeitzeuginnen aus Rostock

Felix Hartleb, Steffi Morkötter

Im Folgenden wird zunächst ein historischer Überblick über die Entwicklung von Fremdsprachenunterricht in der Sowjetischen Besatzungszone und in der DDR gegeben. Anschließend werden ausgewählte Schwerpunkte des Fremdsprachenunterrichts in der SBZ/DDR in ihren Ausprägungen skizziert, die – in der damaligen Formulierung – als „Kulturvermittlung" und „Grammatikvermittlung" bezeichnet wurden. Schließlich werden Auszüge aus Interviews mit Rostocker Zeitzeuginnen zu Fremdsprachenunterricht und zur damaligen Lehrerausbildung präsentiert und erläutert.

1. Die Entwicklung des Fremdsprachenunterrichts in der SBZ/DDR – historischer Überblick

Nach der Befreiung Deutschlands vom Nationalsozialismus am 8. Mai 1945 kehrte die neusprachliche Vielfalt zurück in die vier Besatzungszonen.[1] Im Rahmen der sogenannten „antifaschistisch-demokratischen Umgestaltung" der Sowjetischen Besatzungszone (SBZ) von 1945 bis 1948 wurde auch das Schul- und Bildungswesen reformiert.[2] In diesem Zusammenhang ist darauf hinzuweisen, dass die häufig benutzte Formel der „antifaschistisch-demokratischen Umgestaltung" der SBZ die Tatsache verschleiert, dass zu jener Zeit bereits Personen und Kräfte wirkten, die den Weg in eine stalinistische Diktatur vorbereiteten.

Basierend auf den ersten provisorischen neusprachlichen Lehrplänen der Weimarer Republik für die Grund- und Oberschulen vom 1. Juni 1946 war es den Schülern[3] ab der fünften Klasse möglich, Russisch oder Englisch als erste Fremdsprache, ab der siebten Klasse Russisch, Englisch oder Französisch als zweite Fremdsprache und ab der neunten Klasse Englisch oder Französisch als

---

[1] Cf. Pfeil, U.: Französischunterricht, 2007, 121; cf. Christ, H./Hüllen, W.: Geschichte, 1995, 565ff.

[2] Cf. Röske, M.: Chronik I, 1984a, 437; cf. Hohlfeld, B.: Massenorganisation, 1994, 435; cf. Rudolf, P.: Bildungsrecht, 1946, 3ff.

[3] Begriffe zur Bezeichnung von Personen oder Personengruppen wie „Schüler", „Lehrer" usw. werden im Folgenden aus Gründen der besseren Lesbarkeit in der generisch männlichen Form verwendet.

dritte Fremdsprache zu belegen.[4] Dabei wurden die drei Fremdsprachen weitgehend gleichberechtigt behandelt.[5] Aber schon hier verdeutlicht die Reihenfolge der drei Fremdsprachen, dass ein möglichst weitverbreiteter Russischunterricht angestrebt wurde.[6]

In Folge des 1948 vollzogenen Überganges vom „antifaschistisch-
demokratischen" zum Stalinistischen Staats- und Gesellschaftsmodell nahmen
die direkte Orientierung an der pädagogischen Theorie und Praxis der Sowjetunion sowie der Einfluss des Marxismus-Leninismus auch auf den neusprachlichen[7] Fremdsprachenunterricht zu.[8] Aufgrund der Zuspitzung der politischen
Ost-West-Konfrontation führte sie zur ideologischen Stigmatisierung der westlichen Fremdsprachen. Während Russisch wegen der engen Zusammenarbeit
mit der Sowjetunion als Sprache des gesellschaftlichen Fortschritts angesehen
wurde, galten Französisch und Englisch als Sprachen des politischen Gegners.[9]
Nach der Staatsgründung der DDR am 7. Oktober 1949 erließ die SED-
Führung die neuen schulpolitischen Orientierungen, die Russisch zur ersten
obligatorischen Fremdsprache erklärten.[10] Damit wurden Französisch und Englisch wegen des neuen Primats des Russischunterrichts ab 1949 allmählich in
den Hintergrund gedrängt.[11] Mit der Einführung der neuen marxistisch-
leninistischen Lehrpläne nach sowjetischen Vorbild am 1. September 1951[12]
wurde die Vorrangstellung des naturwissenschaftlichen Unterrichts gegenüber
den Fremdsprachen aufgrund der zunehmend utilitaristischen Bildungsauffas-
sung des Deutschen Pädagogischen Zentralinstituts (DPZI) verankert.[13] Nun
wurde Russisch ab der fünften Klasse als erste obligatorische Fremdsprache
festgeschrieben. Französisch und Englisch wurden nur noch als zweite Fremd-

---

[4] Cf. Röseberg, D.: Lex deux France, 1999, 100.

[5] Cf. Deutsche Zentralverwaltung für Volksbildung in der Sowjetischen Besatzungszone:
Lehrpläne, 1946, 3ff.

[6] Cf. Utermark, G.: Französischunterricht, 1991, 1.

[7] Das Adjektiv „neusprachlich" orientiert sich an der Sprache der Quellen.

[8] Cf. Baske, S.: Rahmenbedingungen, 1998, 17; cf. Pfeil, U.: Französischunterricht, 2007,
125f.

[9] Cf. Röseberg, D.: Lex deux France, 1999, 102.

[10] Cf. Röseberg, D.: Lex deux France, 1999, 103.

[11] Cf. Apelt, W.: Der Fremdsprachenunterricht, 1990, 9f.

[12] Cf. Böhme, G.: Russischunterricht, 1985, 468.

[13] Cf. Röske, M.: Untersuchungen, 1989, 6.

sprache im sprachlichen Zweig der Oberschule ab der neunten Klasse und im naturwissenschaftlichen Zweig ab der elften Klasse unterrichtet.[14]

Die neuen Englisch- und Französischlehrpläne vom 1. September 1953 erschienen erstmals getrennt und fielen umfangreicher und konkreter aus als die neusprachlichen Lehrpläne von 1951. In Folge der ideologischen Stigmatisierung des Französisch- und Englischunterrichts wurde allerdings deren Stundenquantum reduziert.[15] Im September 1954 erschienen dann die neuen Lehrpläne für den Französisch- und Englischunterricht wieder gemeinsam[16], wobei sie nun eine Anordnung des Stoffes, detaillierte Unterrichtsziele und methodische Hinweise enthielten.[17]

Die Herausgabe der Zeitschrift *Russischunterricht* unter dem neuen Titel *Fremdsprachenunterricht* ab Januar 1957 und die Einführung der fakultativen zweiten Fremdsprache im September 1957 wurden von den Lehrern begrüßt.[18] Auch wenn die aus der polytechnischen Ausrichtung resultierende Stärkung der mathematisch-naturwissenschaftlichen Fächer hinsichtlich des Stundenquantums zuungunsten des Fremdsprachenunterrichts ausfiel, wurde die Position des Französisch- und Englischunterrichts durch die Einführung der fakultativen zweiten Fremdsprache ab Klasse sieben aufgewertet. Während die zweite Fremdsprache vorher lediglich im sprachlichen Zweig der Oberschule ab Klasse neun und im naturwissenschaftlichen Zweig ab Klasse 11 unterrichtet wurde, konnten die Schüler nun Französisch oder Englisch bereits ab Klasse sieben fakultativ lernen, wenn es an der jeweiligen Schule angeboten wurde.[19]

Es sollten künftig Mittelschulen mit verstärktem Englisch- und Französischunterricht eingerichtet werden, in denen Französisch oder Englisch als erste Fremdsprachen gelernt werden konnten. In der Oberschule wurden nun zudem in dem neu- und altsprachlichen Zweig drei Fremdsprachen gelernt.

---

[14] Cf. Rehfeldt, W.: Grundlagen, 1957a, 4; cf. Ministerium für Volksbildung: Lehrplan, 1951, 4ff.

[15] Cf. Ministerium für Volksbildung: Lehrplan, 1953, 5ff; cf. Röseberg, D.: Lex deux France, 1999, 102.

[16] Cf. Röske, M.: Chronik II, 1984b, 579.

[17] Cf. Rehfeldt, W.: Grundlagen, 1957a, 4.

[18] Cf. Rehfeldt, W.: Grundlagen, 1957a, 7; cf. Voigt, M.: Zweite Fremdsprache, 1958, 200; cf. Röske, M.: Untersuchungen, 1989, 11.

[19] Cf. Ministerium für Volksbildung 1960, 23; cf. Helle, P.: Fremdsprachenunterricht, 1993, 25.

Neben Spanisch sollten auch Tschechisch und Polnisch an einigen wenigen Oberschulen angeboten werden.[20]

Das *Gesetz über die sozialistische Entwicklung des Schulwesens* vom 2. Dezember 1959 löste das *Gesetz zur Demokratisierung der deutschen Schule* von 1946 ab. Es wandelte die zehnklassigen Mittelschulen in zehnklassige allgemeinbildende polytechnische Oberschulen (POS) und die Oberschulen in zwölfklassige erweiterte allgemeinbildende polytechnische Oberschulen (EOS) um. Der Aufbau der POS und EOS bis 1964 erforderte die Ausarbeitung neuer sprachlicher Lehrpläne. Wie auch die Oberschule im alten Schulsystem bot die EOS einen naturwissenschaftlichen, einen neusprachlichen und einen altsprachlichen Zweig von der neunten bis zur zwölften Klasse an.[21] Auch wenn die Bedeutsamkeit des neusprachlichen Fremdsprachenunterrichts für die wachsenden Handelsbeziehungen der DDR mannigfaltig beschworen wurde, erfuhr der neue fakultative Fremdsprachenunterricht ab der siebten Klasse an der POS nur eine stiefmütterliche Behandlung.[22] Aufgrund seines fakultativen Charakters betrachteten ihn zahlreiche Schulleiter, Lehrer und Schüler als ‚Privatvergnügen' sprachlich Interessierter. Da sich einige Französischlehrer bei der Einrichtung des fakultativen Französischunterrichts kaum auf die Hilfe mancher Schulleiter und staatlicher Organe verlassen konnten, mussten sie resigniert den bereits begonnen Unterricht einstellen.[23] Oftmals wurde der Französischunterricht wegen stundenplantechnischer Schwierigkeiten auf den Nachmittag verlegt und fand dann in Form von Blockstunden an zwei aufeinander folgenden Tagen statt.[24] Unter diesen Umständen litt vor allem die Aufnahme- und Leistungsfähigkeit sowie die Aufmerksamkeit der Schüler.[25]

Das *Gesetz über das einheitliche sozialistische Bildungssystem* von Februar 1965 fasste erstmalig alle staatlichen und gesellschaftlichen Bildungseinrichtungen und -bestrebungen der DDR einheitlich zusammen.[26] Da es die Stellung der zweiten Fremdsprache aufwertete, führte es zu einem Aufschwung

---

[20] Cf. Neues Deutschland: Fremdsprachenunterricht, 1956, 4; cf. Rehfeldt, W.: Lehrpläne, 1957b, 404ff.

[21] Cf. Ministerium für Volksbildung: Gesetz, 1960, 9ff.

[22] Cf. Günther, K.: Thesen, 1959, 170; cf. Apelt, W.: Zur Situation, 1961, 270.

[23] Cf. Apelt, W.: Zur Situation, 1961, 270.

[24] Cf. Apelt, W.: Zur Situation, 1961, 272; cf. Freitag, W.: Französisch, 1958, 333.

[25] Cf. G., W.: Englisch- und Franözzsischunterricht, 1958, 275; cf. Apelt, W.: Zur Situation, 1961, 272.

[26] Cf. Röske, M.: Chronik VI, 1986, 358; cf. Fremdsprachenunterricht: Der Fremdsprachenunterricht, 1965, 321.

des Französisch- und Englischunterrichts.[27] Obwohl eine zweite Fremdsprache neben dem Russischen nun ab der siebten Klasse obligatorisch gelernt werden sollte, blieb die Teilnahme daran in der POS bis zur Wende fakultativ.[28] Der obligatorische Unterricht in der zweiten neusprachlichen Fremdsprache sollte allmählich durch die qualitative Verbesserung und die Ausdehnung des fakultativen Fremdsprachenunterrichts vorbereitet werden.[29] Auch wenn das ambitionierte Vorhaben der Vermittlung einer obligatorischen zweiten Fremdsprache in der Oberstufe nicht umgesetzt werden konnte, wurde die Teilnahme am fakultativen Fremdsprachenunterricht der POS ab 1965 zu einer Zugangsvoraussetzung für die EOS.[30]

Im *Gesetz über das einheitliche sozialistische Bildungssystem* wurde zudem die Einrichtung von sprachlichen Spezialklassen und -schulen beschlossen und eine enge Verbindung zwischen Lehrplan und -buch institutionell verankert.[31] Es ebnete außerdem den Weg für einen rasanten sukzessiven quantitativen Anstieg der Englischlerner. Im Schuljahr 1966/67 nahmen noch in der siebten Klasse ca. 75.500 Schüler (31,9% der Schüler dieser Jahrgangsstufe) den Englischunterricht auf, wohingegen im Schuljahr 1970/71 bereits ca. 134.000 Schüler (50,2 % der Schüler dieser Jahrgangsstufe) den Englischunterricht in der siebten Klasse begannen.[32]

Ab dem Schuljahr 1967/68 wurden Spanisch, Polnisch und Tschechisch in Spezialklassen mit verstärktem Fremdsprachenunterricht als dritte Fremdsprache angeboten.[33] Da Spanisch nur an zehn Schulen unterrichtet wurde, lag die Anzahl der Spanischschüler im Schuljahr 1985/86 bei 460 Schülern und im Schuljahr 1989/90 bei 421 Schülern.[34] Spanisch hatte nur eine sehr marginale Bedeutung im Schulkonzept der DDR und wurde als Teil der sogenannten

---

[27] Cf. Utermark, G.: Französischunterricht, 1991, 1.

[28] Cf Hartleb, F.: Französisch- und Spanischunterricht, 2017, 33f.

[29] Cf. Ministerium für Volksbildung: Gesetz, 1971, 26ff; cf. Fremdsprachenunterricht: Der Fremdsprachenunterricht, 1965, 323.

[30] Cf Helle, P.: Fremdsprachenunterricht, 1993, 15.

[31] Cf. Ministerium für Volksbildung: Gesetz, 1971, 26ff; cf. Fremdsprachenunterricht: Der Fremdsprachenunterricht, 1965, 323.

[32] Cf. Utermark, G.: Französischunterricht, 1991, 8f.

[33] Cf. Ministerium für Volksbildung: Entwicklung, 1970c, 12f.

[34] Cf. Perl, M.: Hispanistik, 1990, 34ff; cf. Fleischhauer, T.: Estudiamos, 2011, 30; cf. Utermark, G.: Französischunterricht, 1991, 10.

‚kleineren Sprachen' in der Schulsprachenpolitik gegenüber Russisch, Englisch und Französisch sichtbar vernachlässigt.[35]

Die neuen präzisierten Englisch-, Französisch- und Spanischlehrpläne für den Grund-, Aufbau- und Abiturkurs traten zwischen 1968 und 1973 sukzessive in Kraft.[36] Da die DDR vermehrt Kader mit Französischkenntnissen im politischen, ökonomischen und wissenschaftlich-technischen Bereich benötigte, sollte die Anzahl der Französischschüler ab 1966 durch die qualitative Verbesserung des Französischunterrichts erhöht werden, der immer noch hinter dem Englischunterricht zurückstand.[37] In Folge der ersten Verbesserungsmaßnahmen des Französischunterrichts nahmen im Schuljahr 1966/67 in der siebten Klasse 2343 Schüler (0,98 % der Schüler dieser Jahrgangsstufe) und im Schuljahr 1970/71 in der siebten Klasse 5366 (2,3% der Schüler dieser Jahrgangsstufe) den Französischunterricht auf.[38]

Aufgrund der gestiegenen politischen, wirtschaftlichen und wissenschaftlichen Anforderungen trat am 2. Juli 1973 die *Direktive zur Durchführung des fakultativen Fremdsprachenunterrichts in den Klassen 7 bis 10 der zehnklassigen allgemeinbildenden polytechnischen Oberschule* in Kraft. Sie sollte der weiteren qualitativen und quantitativen Verbesserung des fakultativen Französisch- und Englischunterrichts dienen, indem sie festlegte, dass die Fachlehrer mit dem höchstmöglichen Anteil ihrer Pflichtstundenzahl in Englisch bzw. Französisch eingesetzt, die Unterrichtsstunden des fakultativen Fremdsprachenunterrichts auf mindestens zwei Tage verteilt und die Möglichkeiten zur Erteilung dieses Unterrichts am Vormittag weitgehend genutzt werden sollten.[39] Als der erste eigenständige Fachberaterlehrgang für Französisch im Dezember 1975 stattfand, wurde der fakultative „Französischunterricht in 117 Kreisen an 614 Oberschulen von 708 Lehrern erteilt."[40] Zum zweiten Fachberaterlehrgang für Französisch 1978 wurde Französisch von 1080 Lehrern in 181 Kreisen (74,3% aller Kreise) unterrichtet.[41]

---

[35] Cf. Helle, P.: Fremdsprachenunterricht, 1993, 50.

[36] Cf. Ministerium für Volksbildung: Präzisierter Lehrplan, 1970a, 3; cf. Ministerium für Volksbildung: Präzisierter Lehrplan, 1969, 3f.; cf. Ministerium für Volksbildung: Lehrplan, 1970b, 2f.; cf. Ministerium für Volksbildung: Lehrplan Spanisch, 1977, 14ff; cf. Helle, P.: Fremdsprachenunterricht, 1993, 50.

[37] Cf. Serner, A.: Unser Beitrag, 1967, 2ff; cf. Bastian, E.: Zur Arbeit, 1968, 37.

[38] Cf. Utermark, G.: Französischunterricht, 1991, 2.

[39] Cf. Ministerium für Volksbildung: Direktive zur Durchführung, 1973, 98f.

[40] Cf. Utermark, G.: Französischunterricht, 1991, 2.

[41] Cf. ibid., 3.

Die Lehrerausbildung in der DDR schloss mit dem Titel eines sogenannten „Diplomlehrers" ab und hatte folgende Struktur:

Ausbildungsweg zum „Diplomlehrer"	
PH/Universität: 4 Jahre Studium bzw. 5 Jahre (seit 1982)	
EOS: Jg. 9–12 bzw. Jg. 11–12 (seit 1982)	Berufsausbildung mit Abitur: Jg. 11–13
POS: Jg. 1–8 bzw. 10 (seit 1982) (Kinderkrippe, Kindergarten)	

Abb. 1: Übersicht über die Lehrerausbildung in der ehemaligen DDR[42]

Die Anzahl der Schüler, die in der siebten Klasse den fakultativen Französischunterricht aufnahmen, war von 1966 bis 1975 um mehr als das Fünffa-
che auf 12.667 (4,5 % der Schüler dieser Jahrgangsstufe) gestiegen. Im gleichen Zeitraum hatte sich die Anzahl der Schüler mit Englisch als zweite fakultative Fremdsprache in Klasse sieben von ca. 75.500 Schülern (31,9 % der
Schüler dieser Jahrgangsstufe) 1966 (s. oben) zu ca. 168.000 Schülern (56,7 %
der Schüler dieser Jahrgangsstufe) 1975 mehr als verdoppelt.[43] Obwohl die
Notwendigkeit von Französisch- und Englischkenntnissen für die DDR-Bürger
wegen u.a. politischer und wirtschaftlicher Gründe ausgiebig beschworen wurde, verdeutlicht der fakultative Charakter des Unterrichts in der zweiten modernen Fremdsprache bis zur Wende seinen niedrigen Stellenwert im utilitaristischen Bildungskonzept der DDR.[44]

Als die neuen Französisch- und Englischlehrpläne für die Abiturstufe
1982/83 in Kraft traten, boten 4139 EOS (87%) nur Englisch, 121 EOS (2,5%)
nur Französisch und 498 EOS (10,5%) Englisch und Französisch an.[45] Der
neue Französischlehrplan für die Abiturstufe profitierte von der erhöhten Stun-
denzahl und der reduzierten Klassenfrequenz.[46] Insgesamt unterrichteten im

[42] Dirks, U.: EnglischlehrerInnen, 2000, 24.

[43] Cf. Utermark, G.: Französischunterricht, 1991, 2–7.

[44] Cf. Utheß, H.: Der Fremdsprachenunterricht, 1972, 379; cf. Helle, P.: Fremdsprachenunterricht, 1993, 15.

[45] Cf. Utermark, G.: Französischunterricht, 1991, 3.

[46] Cf. Utheß, H./Utheß, S.: Zur Einführung, 1983, 61; cf. Schwarze, R.: Unser Bemühen,
1983, 508.

Schuljahr 1982/83 1216 Fachlehrer in den siebten bis zwölften Klassen Französisch. Die Anzahl der Schüler, die 1982/83 den Französischunterricht in Klasse 7 aufnahmen, war bereits auf 11.126 (5,1% der Schüler dieser Jahrgangsstufe) gestiegen, wohingegen die Anzahl der Schüler mit Englisch als zweite fakultative Fremdsprache in der siebten Klasse im gleichen Jahr 136.770 (61,5% der Schüler dieser Jahrgangsstufe) betrug.[47] Aufgrund der zunehmenden ökonomischen und wissenschaftlich-technischen Zusammenarbeit mit englisch- und französischsprachigen Ländern benötigte die DDR mehr Menschen mit Englisch- und Französischkenntnissen. Die Anzahl der Übersetzungen war stark gestiegen, wobei Französisch nach Russisch und Englisch den dritten Platz einnahm. Um die gewachsenen kommunikativen Bedürfnisse der DDR zu befriedigen, sollten mehr Schüler für den fakultativen Fremdsprachenunterricht ab der siebten Klasse gewonnen werden. Im Sinne der konsequenten Vereinheitlichung des Bildungssystems wechselten die künftigen Abiturienten ab dem Schuljahr 1984/85 mit Ausnahme der Spezialschulen und -klassen erst nach dem Abschluss der zehnten Klasse von der POS auf die EOS und besuchten diese noch zwei weitere Jahre.[48]

Am 1. September 1985 erschienen neue Englisch- und Französischlehrpläne für die Spezialklassen mit verstärktem Fremdsprachenunterricht in der Abiturstufe, die auf dem Abiturniveau aufbauten und sich an den Zielen und Inhalten der „Sprachkundigenausbildung" (Stufe I) orientierten.[49] Ab Mitte der 80er Jahre gingen die Teilnehmerzahlen bei Französisch sukzessive zurück, sodass der Französischunterricht bis 1986/87 schon in 20 Kreisen eingestellt werden musste. Der Rückgang der Französischlerner war sowohl das Ergebnis einer verfehlten Bildungspolitik als auch einer zunehmend pragmatischen Wahrnehmung des Französischlernens durch die Schüler und deren Eltern. Diese utilitaristische Perspektive auf den niedrigen Wert des Französischen im späteren Berufsleben wurde zudem dadurch verstärkt, dass an Hochschuleinrichtungen und in neuen Ausbildungsdokumenten von Facharbeitern vor allem Englischkenntnisse gefordert wurden. Zum Schuljahr 1987/88 nahmen nur noch 6014 Schüler (3,7% der Schüler dieser Jahrgangsstufe) den Französischunterricht in der siebten Klasse auf. Die Anzahl der Schüler, die Englisch als zweite fakultative Fremdsprache in der siebten Klasse im gleichen Jahr auf-

---

[47] Cf. Utermark, G.: Französischunterricht, 1991, 3ff.

[48] Cf. Ministerium für Volksbildung 1984, 1ff.

[49] Cf. Christoph, I.: Neue Lehrpläne, 1985, 124; cf. Richter, R.: Neue Materialien, 1985, 345.

nahmen, war hingegen auf 121.431 (73% der Schüler dieser Jahrgangsstufe) gestiegen.[50]

Die auf Grundlage von Lehrplanentwürfen und -diskussionen in der Zeitschrift *Fremdsprachenunterricht* entstandenen weiterentwickelten Lehrpläne für den Französisch- und Englischunterricht traten am 1. September 1989 in Kraft. Ihre Hauptaufgabe lag in der Vermittlung solider, anwendbarer und ausbaufähiger Grundlagen des Englischen und Französischen.[51]

Am Vorabend der Wiedervereinigung wurde das Primat des Russischen als alleinige erste Fremdsprache aufgehoben und das Fremdsprachenangebot flexibler und differenzierter gestaltet. In der fünften Klasse mussten die Schüler nun je nach Angebot zwischen Englisch, Französisch und Russisch als erste obligatorische Fremdsprache wählen. Der fakultative Unterricht in der zweiten Fremdsprache ab der siebten Klasse bestand neben dem wahlweise-obligatorischen Unterricht in der ersten Fremdsprache weiter. Während für den Abschluss der zehnklassigen Bildung der Nachweis von Kenntnissen in mindestens einer Fremdsprache ausreichte, waren für den Übergang in eine Leistungsklasse bzw. Abiturstufe Kenntnisse in zwei Fremdsprachen erforderlich. Da sich 1990 etwas mehr als neun Prozent der Schüler der fünften und siebten Jahrgangsstufe für Französisch als erste oder zweite Fremdsprache entschieden, stieg die Anzahl der Französischlerner kurz vor der Wiedervereinigung stark an. In der Abiturstufe wurde die Fremdsprachenausbildung in zwei Fremdsprachen fortgesetzt und eine dritte Fremdsprache konnte fakultativ ab der elften Klasse und der neunten Klasse der Leistungsklassen gelernt werden. Neben Französisch und Englisch konnten auch Spanisch, Polnisch und Tschechisch je nach Angebot belegt werden. Die Klassen mit erweitertem Russischunterricht wurden zudem in Klassen mit erweitertem Fremdsprachenunterricht umgewandelt und dieser wurde an mehr Schulen als zuvor angeboten.[52]

Im Wissen der zukünftigen Wiedervereinigung der beiden deutschen Staaten wurde festgelegt, dass alle gegenwärtigen und künftigen Lehrpläne nun Rahmencharakter hätten und den Lehrern neben den verbindlichen Unterrichtszielen große Freiräume zur individuellen Gestaltung des Unterrichts lassen sollten. Die ideologisch überfrachteten Erziehungsaufgaben wurden gestrichen und die Themen des Französisch- und Englischunterrichts modifiziert.[53]

---

[50] Cf. Utermark, G.: Französischunterricht, 1991, 4ff.

[51] Cf. Christoph, I.: Neue Lehrpläne, 1985, 124; cf. Richter, R.: Neue Materialien, 1985, 345. Cf. Christoph, I./Gärtner, M./Porsch, G.: Die Lehrpläne, 1989, 6.

[52] Cf. Utermark, G.: Französischunterricht, 1991, 6f.

[53] Cf. Ministerium für Bildung und Wissenschaft: Handreichungen, 1990, 4ff.

2. Der Fremdsprachenunterricht in der SBZ/DDR mit Blick auf ausgewählte Schwerpunkte

2.1 Die ‚Kulturvermittlung'[54] im Englisch-, Französisch- und Spanischunterricht

Die Kulturvermittlung im Französischunterricht der SBZ und DDR durchlief von 1945 bis 1990 zahlreiche unterschiedliche Phasen, wohingegen die Kulturvermittlung im Spanischunterricht der DDR von 1967 bis 1990 nur geringfügig modifiziert wurde. Da nach der Befreiung Deutschlands vom Nationalsozialismus zunächst die Kultur- und Wesenskunde der Weimarer Republik reaktiviert wurde, erfolgte die Kulturvermittlung von 1945 bis 1951 auf ihrer Basis.[55] Obwohl die Französischlehrpläne von 1951 weiterhin die Vermittlung von französischen Beiträgen zur Weltkultur forderten, wurden von nun an überwiegend landeskundliche Inhalte zu fortschrittlichen Kräften des französischen Volkes vermittelt. Die Französischlehrpläne und -werke waren somit seit 1951 ideologisch ausgerichtet.[56]

Die Kulturvermittlung des ersten Französischlehrwerks *Ici la France* von 1951 vermittelte ein politisiertes Frankreichbild. Da die Mehrheit der landeskundlichen Themenkomplexe des ersten Lehrwerks wie Familie, Politik, Geschichte und Kultur mit einigen Modifikationen bis 1990 beibehalten wurde, prägte es die nachfolgenden Französischlehrwerke entscheidend.[57] So wurde z.b. bis zur Wende die *Commune de Paris* von 1871 im Französischunterricht

---

[54] Aus heutiger Perspektive würde man selbstverständlich von einem Aufbau interkultureller Kompetenz sprechen, der kommunikative Handlungsfähigkeit einschließt und mit einem geschlossenen Kulturbegriff nicht vereinbar ist (vgl. beispielsweise hierzu die Bildungsstandards für die erste Fremdsprache (KMK 2003: 6): „Die Entwicklung interkultureller Kompetenzen ist eine übergreifende Aufgabe von Schule, zu der der fremdsprachliche Unterricht einen besonderen Beitrag leistet. Angesichts der zunehmenden persönlichen und medialen Erfahrung kultureller Vielfalt ist es auch Aufgabe des Fremdsprachenunterrichts, Schülerinnen und Schüler zu kommunikationsfähigen und damit offenen, toleranten und mündigen Bürgern in einem zusammen wachsenden Europa zu erziehen. Mit der Fähigkeit, eigene Sichtweisen, Wertvorstellungen und gesellschaftliche Zusammenhänge mit denen anderer Kulturen tolerant und kritisch zu vergleichen, und mit der Bereitschaft, Interesse und Verständnis für Denk- und Lebensweisen, Werte und Normen und die Lebensbedingungen der Menschen eines anderen Kulturkreises aufzubringen, erleben die Schülerinnen und Schüler einen Zuwachs an Erfahrung und Stärkung der eigenen Identität.").

[55] Cf. Röseberg, D.: Lex deux France, 1999, 100ff.

[56] Cf. Hartleb, F.: Französisch- und Spanischunterricht, 2017, 103.

[57] Cf. Röseberg, D.: Lex deux France, 1999, 107ff; cf. Wintgen, G./Wintgen-Belland, M.: Ici la France, 1951, 4ff; cf. Wintgen, G./Wintgen-Belland, M.: Ici la France, 1955, 7ff.

behandelt. Die landeskundlichen Inhalte der Französischlehrwerke blieben bis ca. 1979 überwiegend faktenbezogen.[58]

Im Französischunterricht löste 1958 das marxistisch-leninistische Klassenkampfkonzept das demokratisch-humanistische Konzept der Völkerverständigung ab.[59] Die marxistisch-leninistische Kulturvermittlung hatte nun vor allem die sozialistische und polytechnische Erziehung der Schüler zum Ziel.[60] Während die sozialistische Erziehung u.a. auf den Prinzipien des proletarischen Internationalismus und des sozialistischen Patriotismus aufbaute, wurden im Rahmen der polytechnischen Erziehung nun auch Themen aus der Industrie, Landwirtschaft und Technik behandelt. Auch wenn landeskundliche Inhalte zu Frankreich entsprechend des proletarischen Internationalismus die Kulturvermittlung dominierten, wurden im Sinne der sozialistischen Erziehung zum sozialistischen Patriotismus landeskundliche Inhalte zur DDR vermittelt. Sie dienten neben der Selbstbespiegelung der DDR auch der Vorbereitung der Schüler auf zukünftige Dolmetschertätigkeiten.[61]

Die im Sinne der sozialistischen Erziehung ausgewählten landeskundlichen Inhalte hatten u.a. die marxistisch-leninistische Indoktrination der Schüler zum Ziel. Dadurch sollte die Identifikation der Schüler mit der DDR und ihrer marxistisch-leninistischen Staatsideologie gefördert werden.[62] Dabei wurde aufgrund der ideologisch bedingten Trennlinie zwischen Ausbeutern und Ausgebeuteten ein doppeltes, dialektisches Frankreichbild vermittelt.[63]

Das *Gesetz über das einheitliche sozialistische Bildungssystem* von 1965 verknüpfte den Marxismus-Leninismus stärker als zuvor mit der Kulturvermittlung.[64] Die marxistisch-leninistische Kulturvermittlung wurde nun durch die Verbindung von Sprache und Träger legitimiert und zielte auf die Förderung ideologischer Einsichten und die Entwicklung der Schüler zu mar-

---

[58] Cf. Hartleb, F.: Französisch- und Spanischunterricht, 2017, 103f.

[59] Cf. Röseberg, D.: Lex deux France, 1999, 126ff.

[60] Cf. Herms, J.: Einige Erfahrungen, 1961, 232f.

[61] Cf. Röseberg, D.: Lex deux France, 1999, 126ff; cf. Espich, H. Die Entwicklung, 1987, 573ff.

[62] Cf. Neuner, G.: Allgemeinbildung, 1972, 39f.; cf. Utheß, H.: Der Fremdsprachenunterricht, 1972, 381ff; cf. Espich, H.: Die Entwicklung, 1987, 580.

[63] Cf. Pfeil, U.: Französischunterricht, 2007, 131. Der dialektische und historische Materialismus wird u.a. im *Manifest der Kommunistischen Partei* von Karl Marx und Friedrich Engels sowie in *Das Kapital* von Karl Marx ausgeführt.

[64] Cf. Utheß, H.: Der Fremdsprachenunterricht, 1972, 381ff.

xistisch-leninistischen Persönlichkeiten ab.[65] Durch die stärkere Ideologisierung der Kulturvermittlung wurde außerdem das Primat der Parteilichkeit in
die Kulturvermittlung übernommen.[66] Diese parteilichen Texte waren oft nicht
authentisch und beachteten die Schülerinteressen kaum.[67]

Da die Schüler durch die sozialistische Erziehung zum proletarischen
Internationalismus und sozialistischen Patriotismus zu ‚Außenpolitikern' geformt werden sollten, kam der Selbstbespiegelung der DDR als Teil der Staats-
bürgerkunde eine größere Relevanz zu als bisher.[68] Im Englisch-, Französisch-
und Spanischunterricht wurden aufgrund der Orientierung des Französisch-
und Spanischunterrichts am Englischunterricht und der gelenkten zentralisier-
ten Ausarbeitung der Lehrpläne und -werke teilweise die gleichen landeskundlichen Inhalte zur DDR vermittelt, sodass z.B. das Englischlehrwerk *English
for you*, das Französischlehrwerk *Bonjour les amis* und das Spanischlehrwerk
Estudiamos español eine umfangreiche Lektion zu Leipzig und der Leipziger
Messe enthielten.[69]

1 A visit to the Leipzig Fair

Linda and Jeff came to Leipzig to visit the Fair. They wanted to take some
photos for an English newspaper. Jeff was interested in building machines
and optical instruments, Linda wanted to see the exhibitions of books and
of toys.
The Fair had already begun when they arrived. On their first day they went
to the Foreign Visitors' Centre. There they saw people from all over the
world. They had come to show the products of their firms or to buy things
from firms of other countries.
At the Foreign Visitors' Centre Linda and Jeff changed their money into
G.D.R. Marks. They got a plan of the Fair and bought some tickets for a
concert.
This was also where they met Herr Fischer from Carl Zeiss Jena. He asked
them to come to the exhibition of his firm and have a look at the new
cameras, microscopes and telescopes.

Abb. 2: Lektionstext aus *English for you II* (Schibor et al. 1979: 98–99)

---

[65] Cf. Ecker, U./Lasetzky, I.: Unterrichtshilfen, 1969, 13; cf. Förster, U.: Funktion und Inhalt, 1981, 81.

[66] Cf. Espich, H. Die Entwicklung, 1987, 573ff.

[67] Cf. Apelt, W.: Der Fremdsprachenunterricht, 1990, 9.

[68] Cf. Pröhl, G.: Der Zusammenhang, 1968, 150ff.

[69] Cf. Schibor, D. et al.: English, 1979, 98ff; cf. Klare, W./Naumann, G.: Bonjour, [4]1980,
65ff; cf. Domke, G./Baumbach, G.: Estudiamos 6, [4]1983, 22ff.

Durch die allgegenwärtige Selbstdarstellung der DDR wurde im Französischunterricht zusätzlich zu dem ideologisch bedingten doppelten, dialektischen Frankreichbild ein Vergleich zwischen dem kapitalistischen Frankreich und der ‚idyllischen‘ sozialistischen DDR konstruiert. Aufgrund dieses Vergleiches ähnelte die marxistisch-leninistische Kulturvermittlung partiell der kulturkundlichen Folientheorie.[70]

Im Spanischunterricht dominierten landeskundliche Inhalte zu Kuba, weil die DDR unter den spanischsprachigen Ländern bis Anfang der 70er Jahre nur zu Kuba diplomatische Beziehungen unterhielt und es ihr größter spanischsprachiger Verbündeter war.[71] Dieser politisch-ideologisch motivierte Primat der landeskundlichen Inhalte zu Kuba schloss auch die propagandistische Glorifizierung des Verbündeten ein.[72] Die Auswahl der anderen spanischsprachigen Länder und derer länderspezifischen Themen erfolgte ebenfalls aus wirtschaftlichen und politischen Gründen. Einerseits wurden ein einseitiges glorifizierendes Kubabild und andererseits ein doppeltes, dialektisches Lateinamerika- und Spanienbild vermittelt. Dabei sollte der Vergleich zwischen dem fortschrittlichen sozialistischen Kuba und den kapitalistischen spanischsprachigen Ländern die Überlegenheit des Marxismus-Leninismus darstellen und untermauern.[73] In Abgrenzung zu den verbündeten und als fortschrittlich dargestellten lateinamerikanischen Ländern wurde ein ideologisch bedingtes Feindbild von den kapitalistischen Staaten aufgebaut.[74] Den Schülern wurde folglich im Spanischunterricht nur ein gefiltertes Auslandsbild präsentiert.[75]

Auch wenn im Sinne des proletarischen Internationalismus größtenteils landeskundliche Inhalte zu den spanischsprachigen Ländern vermittelt wurden, nahmen die Themen zur DDR aufgrund des sozialistischen Patriotismus auch im Spanischunterricht unverhältnismäßig viel Raum ein. Durch diese Selbstdarstellung der DDR wurde sowohl ein Vergleich zwischen dem wirtschaftlich unterentwickelten sozialistischen Kuba und der fortschrittlichen sozialistischen

---

[70] Cf. Espich, H. Die Entwicklung, 1987, 580; cf. Spantzel, C.: Landeskunde-Diskussion, 2001, 202.

[71] Cf. Ahrendt-Völschow, D.: Lateinamerikawissenschaften, 2004, 5.

[72] Cf. Ecker, U./Lasetzky, I.: Unterrichtshilfen, 1969, 10ff.

[73] Cf. Isenberg, H./Ecker, U.: Estudiamos 2, 1970, 24ff; cf. Domke, G.: Estudiamos 1, [4]1980, 24ff; cf. Hog, M./Thiemer, E.: Estudiamos 3, [3]1984, 5ff; cf. Hog, M./Thiemer, E.: Estudiamos 4, 1971, 7ff; cf. Domke 1983a, 23 ff; cf. Domke, G./Baumbach, G.: Estudiamos 6, [4]1983, 17ff.

[74] Cf. Helle, P.: Fremdsprachenunterricht, 1993, 67.

[75] Cf. Espich, H. Die Entwicklung, 1987, 573ff.

DDR als auch – wie im Französischunterricht – ein Vergleich zwischen den kapitalistischen spanischsprachigen Ländern und der ‚idyllischen' sozialistischen DDR konstruiert. Diese Vergleiche fielen meistens zugunsten der DDR aus. Während die propagierte internationale Solidarität und Freundschaft der Arbeiterklasse im Sinne des proletarischen Internationalismus auf internationaler Ebene identitäts- und einheitsstiftend waren, bewirkten die Selbstbespiegelung und -überhöhung der DDR im Sinne des sozialistischen Patriotismus eine nationalistische Abgrenzung.[76]

Da aufgrund der zunehmend kommunikativen Orientierung im Französischunterricht ab 1979 mehr alltagsbezogene als faktenbezogene landeskundliche Inhalte vermittelt wurden,[77] bot das Französischlehrwerk *Bonjour, chers amis* ein nuancierteres Frankreichbild als zuvor dar.[78] Auch wenn interkulturelle Vergleiche nach wie vor zugunsten der DDR ausfielen, geschah dies weniger explizit, als es noch bei *Bonjour les amis* der Fall war:[79]

Lisez:
En RDA, la formation professionnelle pour les métiers du bâtiment dure deux ans. Après cette formation, on est ouvrier qualifié.
En France, on peut apprendre un métier dans un LEP ou dans un centre de formation professionnelle d'entreprise. Mais il y a des jeunes qui ne trouvent pas de place dans ces écoles: ils cherchent tout de suite du travail. Ils n'en trouvent pas toujours. [...]

Lisez:
Après l'école, la situation des jeunes Français qui cherchent du travail n'est pas drôle. Une partie de ces jeunes ne trouvent rien pendant des mois. Ils ont beaucoup de problèmes, c'est très pénible. [...]
Christian cherche du travail: [...]
Christian: [...] Je ne travaille pas encore. J'ai quitté l'école en juillet dernier, et depuis je cherche du travail. J'ai une formation professionnelle, j'ai un CAP du bâtiment.... Mais dans mon métier, il y a quelquefois cent, deux cents ouvriers qualifiés qui se présentent pour la même place.[...]

Abb. 3: Lektionstexte aus *Bonjour, chers amis*[80]

---

[76] Cf. Hartleb, F.: Französisch- und Spanischunterricht, 2017, 113.

[77] Cf. Hartleb, F.: Französisch- und Spanischunterricht, 2017, 104.

[78] Cf. Hartleb, F.: Französisch- und Spanischunterricht, 2017, 104.; cf. Bertrand, F.: Bonjour, 1999, 153ff; cf. Dietrich, J./Krüger, N./Krüger, U.: Bonjour II, ²1982, 50ff; cf. Dietrich, J./Krüger, N./Krüger, U.: Bonjour III ²1984, 35ff; cf. Dietrich, J./Krüger, N./Krüger, U.: Bonjour IV, ²1985, 109ff.

[79] Cf. Bertrand, F.: Bonjour, 1999, 162.

[80] Dietrich, J./Krüger, N./Krüger, U.: Bonjour II, ²1982, 107–109.

Wie die Lehrbuchausschnitte zeigen, wurde – wenn auch weniger deutlich – immer noch aus der Perspektive der sozialistischen Ideologie der DDR ein negatives Bild des Kapitalismus vermittelt, hier am Beispiel des Themas Arbeitslosigkeit in Verbindung mit einer persönlichen Stellungnahme von „Christian", der trotz eines „CAP" (*certificat d'aptitude professionnelle*) bereits seit Monaten nach Arbeit sucht und die Erfahrung machen musste, dass sich bis zu 200 qualifizierte Arbeiter für dieselbe Stelle bewerben.

Am Vorabend der Wiedervereinigung wurde die Kulturvermittlung vom Marxismus-Leninismus getrennt, indem die ideologisch überfrachteten landeskundlichen Inhalte modifiziert oder entfernt wurden.[81]

2.2 Die Grammatikvermittlung[82] im Englisch-, Französisch- und Spanischunterricht

In den ersten Jahren nach der Befreiung Deutschlands vom Nationalsozialismus kam der Grammatikvermittlung eine besondere Bedeutung im Französischunterricht zu. Da die ersten Französischlehrpläne auf Grundlage von Dokumenten der Weimarer Republik entwickelt wurden, knüpften sie teilweise an deren Grammatikvermittlung an.[83]

Im Zuge der Abwertung des Französischunterrichts durch das Primat des Russischunterrichts um 1949 wurden die Ausführungen der Französischlehrpläne zur Grammatikvermittlung zunächst drastisch reduziert.[84] Die normative Grammatikvermittlung des Französischunterrichts orientierte sich seitdem stark an den Ausführungen des Russisch- und Englischunterrichts.[85] Ab 1953 nahm die Ausführlichkeit der Ausführungen zur Vermittlung der französischen Grammatik schrittweise zu.[86] Die normative Grammatikvermittlung der Lehr-

---

[81] Cf. Ministerium für Bildung und Wissenschaft: Handreichungen, 1990, 4ff.

[82] Grammatik wird heutzutage neben Wortschatz, Aussprache, Intonation und Orthographie zu den sprachlichen Mitteln gezählt, deren dienende Funktion betont wird (vgl. die Bildungsstandards KMK ibid.: 14: „Die sprachlichen Mittel Wortschatz, Grammatik, Aussprache, Intonation und Orthographie sind funktionale Bestandteile der Kommunikation. Anzustreben ist ihre höchstmögliche Verfügbarkeit, allerdings haben sie grundsätzlich dienende Funktion. Im Vordergrund steht die gelungene Kommunikation.").

[83] Cf. Röseberg, D.: Lex deux France, 1999, 100.

[84] Cf. Rehfeldt, W.: Grundlagen, 1957a, 4.

[85] Cf. Herms, J.: Induktion, 1957, 355.

[86] Cf. Ministerium für Volksbildung: Lehrplan, 1953, 5ff; cf. Ministerium für Volksbildung: Lehrplan, 1959a, 5; cf. Ministerium für Volksbildung: Englisch, 1959b, 1; cf. Ministerium für Volksbildung: Lehrplan, 1959c, 3; cf. Ministerium für Volksbildung: Lehrplan, 1961a, 1f.; Cf. Ministerium für Volksbildung: Lehrplan, 1961b, 2ff; cf. Ministerium für Volksbil-

pläne wurde aufgegriffen und durch die enge Verbindung der Lehrpläne und -werke detailliert ausgeführt.[87]

Aufgrund der Aufwertung und Stabilisierung des Französischunterrichts 1959 und 1965 sowie der zahlreichen elaborierten didaktischen Diskussionen in der Zeitschrift *Fremdsprachenunterricht* machte die Grammatikvermittlung zwischen 1959 und 1968 große Fortschritte. Unter den Didaktikern herrschte in diesem Zeitraum hinsichtlich der Präferenz der induktiven Grammatikvermittlung weitestgehend Konsens.[88] Auch wenn einige Didaktiker versuchten, die Grammatikvermittlung elaboriert mit dem Marxismus-Leninismus zu verknüpfen, indem die Schüler z.B. durch den Leninschen dialektischen Erkenntnisdreischritt zur Abstraktion grammatikalischer Phänomene geführt werden sollten, wurde die Grammatikvermittlung im Gegensatz zur Kulturvermittlung nur teilweise durch die marxistisch-leninistische Ideologisierung des Französischunterrichts beeinflusst.[89]

In den am Ende der 60er Jahre erschienenen neuen Französischlehrplänen und ersten Spanischlehrplänen wurde die Grammatikvermittlung am ausführlichsten und stringentesten seit 1945 dargeboten. Auch wenn die gleichzeitig erschienenen Lehrbücher *Bonjour les amis* und *Estudiamos español* sowie die dazugehörigen Unterrichtshilfen den Lehrern eine Grammatikvermittlung ermöglichten, wurden ihre Entscheidungsfreiheiten aufgrund der detaillierten normativen Unterrichtsplanung eingegrenzt.[90]

Bei einem exemplarischen Blick in eine Lektion aus dem Lehrbuch *Estudiamos español 5* aus dem Jahre 1971 fällt (aus heutiger Perspektive betrachtet) auf, dass die im Lektionstext „En el aeropuerto de Santiago de Chile" vorkommenden Personen – wie bei jenem zur Leipziger Messe (s. oben) – Erwachsene sind und für Schüler kaum Identifikationsmöglichkeiten bieten,

---

dung: Präzisierter Lehrplan, 1969, 16ff; cf. Ministerium für Volksbildung: Präzisierter Lehrplan, 1970a, 6ff; cf. Ministerium für Volksbildung: Lehrplan, 1970b, 18ff; cf. Ministerium für Volksbildung: Lehrplan, 1984, 28f.

[87] Cf. Schiff, B.: Entwicklung, 1966, 1ff.

[88] Cf. Herms, J.: Induktion, 1957, 351ff; cf. Wolff, E.: Grammatik, 1958, 124ff; cf. Günther, K.: Bedeutung und Rolle, 1961, 132ff; cf. Pohl, L.: Bemerkungen, 1961, 422f.; cf. Rehfeldt, W.: Kritische Auseinandersetzung, 1957c, 640ff; cf. Zimmermann-Ssusslow, W.: Probleme, 1957, 595ff; cf. Zimmermann-Ssusslow, W.: Direkte Methode, 1958, 365; cf. Malíř, F./Cícha, V.: Möglichkeiten, 1958, 233ff; cf. Apelt, W.: Zur Problematik, 1965, 282ff.

[89] Cf. Pohl, L.: Bemerkungen, 1961, 423ff. Der dialektische und historische Materialismus wird, wie erwähnt, u.a. im *Manifest der Kommunistischen Partei* von Karl Marx und Friedrich Engels sowie in *Das Kapital* von Karl Marx ausgeführt.

[90] Cf. Hartleb, F.: Französisch- und Spanischunterricht, 2017, 53.

was jedoch auch auf Lehrbücher aus dem damaligen Westen zutrifft, denn die sogenannte kommunikative Wende des Fremdsprachenunterrichts hatte sich noch nicht vollzogen. Die Grammatikübungen sind teilweise ohne Bezug zum vorangegangen Text bzw. zum Thema der Lektion (z.B. „¿Sabrá ese estudiante todo lo que ha aprendido?" oder „Mi amigo mi dijo que su compañero pediría una cerveza.").[91] Darüber hinaus fällt auch bei den Grammatikübungen (vgl. die französischen Texte oben) eine inhaltliche Ausrichtung zugunsten der DDR und zuungunsten des Herkunftslandes der Gäste auf (z.B. „querer visitar las grandes ciudades"; „hablar de los problemas de su país" in einer Übung zur Bildung des Futur).[92] In Übungen zur Vorbereitung auf zukünftige Dolmetschertätigkeiten werden Schüler beispielsweise aufgefordert, Äußerungen eines Grenzkontrolleurs zu übertragen:

13 Sie sind einem Angestellten der Grenzzollkontrolle bei der Abfertigung eines in die DDR einreisenden Gastes aus Lateinamerika als Dolmetscher behilflich. Bitten Sie den Gast, seinen Koffer zu öffnen, und fragen Sie ihn sinngemäß,

– ob er etwas zu verzollen hat;
– ob er Schallplatten oder Tonbänder mit sich führt;
– was für Zeitungen und Zeitschriften er in seinem Koffer hat;
– ob er Briefmarken mit sich führt;
– wieviel Zigaretten er bei sich hat.

Sagen Sie ihm sinngemäß,

– daß Tonbänder und Schallplatten zur Einfuhr nicht zugelassen sind, ausgenommen Schallplatten mit Volksliedern u. ä.;

Abb. 4: Übung zum Dolmetschen aus *Estudiamos español 5*[93]

Auch hier spiegelt sich der gewünschte Auf- und Ausbau der marxistisch-leninistischen Erziehung wider, denn unterschwellig zielt die Übung auf eine Identifikation mit der DDR und eine Vermittlung von Kenntnissen über Einfuhrbestimmungen zu Produkten ab.

---

[91] Cf. Domke, G. et al.: Estudiamos 5, 1971, 48.

[92] Cf. ibid., 47.

[93] Domke, G. et al.: Estudiamos 5, 1971: 51.

Grammatischer Schwerpunkt dieser Lektion ist dem Inhaltsverzeichnis zufolge der Konjunktiv nach Verben des Sagens und Denkens:

3 Vergleichen Sie:

a

> Estoy seguro ...
> Creo ...   que los papeles *están* en orden.
> No dudo ...   que nos *dejarán* pasar.
> Digo ...
>
> Worüber besteht *Gewißheit?*

b

> *No estoy seguro ...*
> *No creo ...*   que todo *vaya* bien.
> *Dudo ...*   que *haya* dificultades.
> *No digo ...*
>
> Worüber besteht *Ungewißheit?*

Wann steht nach Verben des Sagens und Denkens der Indikativ und wann der Konjunktiv?

(→ §§ 18–20.)

Aber: Juan *no* me ha dicho que *hay* dificultades. (d. h., es gibt Schwierigkeiten, Juan hat es mir nur nicht gesagt.)

Abb. 5: Grammatikvermittlung in *Estudiamos español 5*[94]

Positiv hervorzuheben ist die induktive Gestaltung dieser Übung zum Konjunktiv in der Lektion (so auch Nr. 17 auf S. 52), die Übungen bleiben jedoch insgesamt auf einer vorkommunikativen Stufe stehen (allerdings auch, wie oben angedeutet, in Lehrbüchern aus dem Westen aus der damaligen Zeit), d.h. eine selbstbezogene Äußerung wird den Schülern nicht ermöglicht.

In den 70er Jahren erschienen immer umfangreichere Ausführungen zur Grammatikvermittlung wie die offiziellen Handreichungen der Lehrwerke und die Methodik für den Französisch- und Englischunterricht.[95] Die neuen Fran-

---

[94] Ibid.: 47.

[95] Cf. Utheß, H.: Der Fremdsprachenunterricht, 1972, 383ff; cf. Schlecht, G.: Die Entwicklung, 1982, 143ff.

zösischlehrpläne von 1983 und 1989 führten die Grammatikvermittlung ebenfalls detailliert aus.[96]

Mit der zunehmend kommunikativen Orientierung wurde die dienende
Funktion von Grammatik im Fremdsprachenunterricht betont.[97] Am Vorabend
der Wiedervereinigung wurden die Freiheiten der Lehrer bezüglich der Grammatikvermittlung erweitert.[98]

3. Interviews mit Zeitzeuginnen aus Rostock

Im Folgenden werden Auszüge aus leitfadengestützten Interviews mit
Zeitzeuginnen dargestellt, die in der ehemaligen DDR als Englisch- bzw. Spa-
nischlehrerin tätig waren und hier Frau Fuchs und Frau Krause genannt werden. Frau Fuchs hat ab 1971 an der Universität Rostock Englisch und Deutsch
für das Lehramt studiert, von 1975 bis 1978 in Rostock als Lehrerin gearbeitet
und ist im Anschluss an die Universität zurückgekehrt, wo sie bis zu ihrer Pensionierung im Jahr 2017 eine Stelle in der Englischdidaktik innehatte. Frau
Krause hat an der Universität Rostock von 1964 bis 1969 ein Lehramtsstudium
in den Fächern Spanisch und Russisch absolviert, in denen sie bis 1980 unterrichtete, bis sie anschließend ihr Fächerspektrum um Portugiesisch erweiterte
und insbesondere in dieser Zielsprache als Lehrerin tätig war und ist.

Während Englisch neben Rostock auch an den Universitäten Greifswald, Halle, Jena, Leipzig und Potsdam angeboten wurde, hatte die Universität
Rostock im Falle von Spanisch zunächst eine Monopolstellung:

„[W]eil es immer festgelegt wurde zu DDR-Zeiten, welche Fachgrup-
pe man wählt, hatte man jetzt die Absicht, **Spanischlehrer hier in der
DDR auszubilden, wir waren die ersten in der DDR, hier an der
Universität Rostock, und zwar in der Kombination Hispanistik-
Slawistik"**[99]

Für das Fach Englisch war neben der Fächerkombination mit Russisch
auch die Verbindung mit dem Fach Deutsch möglich. Die Curricula für die
Lehrerausbildung hatten die Gestalt detaillierter und präskriptiver „Lehrpro-

---

[96] Cf. Ministerium für Volksbildung: Lehrplan, 1984, 28f.; cf. Christoph, I./Gärtner,
M./Porsch, G.: Die Lehrpläne, 1989, 9ff.

[97] Cf. Lissner, H.-J./Wolter, I.: Lehrplankonzeption, 1959, 285ff.

[98] Cf. Ministerium für Bildung und Wissenschaft: Handreichungen, 1990, 43.

[99] Interview Frau Krause, Z. 57–61.

gramme".[100] Die Hauptbestandteile der Ausbildung im Fach Englisch waren unter anderem:[101]

- „Einführung in die Sprachwissenschaft",
- „Englische Sprache der Gegenwart": *„Phonetik/Phonologie", „Grammatik", „Lexikologie", „Existenzformen des heutigen Englisch",*
- „Geschichte der englischen Sprache",
- „Sprachpraktische Ausbildung",
- „Einführung in die Literaturwissenschaft",
- „Literaturanalyse",
- „Literatur Großbritanniens": *Entwicklung der englischen Nationalliteratur", „Englische Literatur des 20. Jahrhunderts", „William Shakespeare und das volkstümliche Renaissance-Theater", „Spezialprobleme der englischen Literatur",*
- „Literatur der USA": *„Geschichte der amerikanischen Literatur von den Anfängen bis 1917", „Entwicklungstendenzen und ausgewählte Probleme der amerikanischen Literatur des 20. Jahrhunderts",*
- „Landeskunde Großbritanniens und der USA": „Geschichte Großbritanniens und der USA", „Landeskundliche Gegenwartsprobleme Großbritanniens und der USA".[102]

Das angesprochene Feindbild von den kapitalistischen Staaten und das gefilterte Auslandsbild, das den Schülern präsentiert werden sollte (s. Abschnitt 2.1), spiegelt sich auch in den Curricula für die Lehrerausbildung wider. So ist bereits in den Titeln der Lehrveranstaltungen von „Spezialproblemen", „ausgewählten Problemen" und „landeskundlichen Gegenwartsproblemen" die Rede: „[I]nsbesondere den landeskundlichen, aber auch sprachwissenschaftlichen und z.T. literaturwissenschaftlichen Ausbildungsteilen [werden] gesellschaftspolitisch bedingte Perspektiven übergestülpt"[103]. Doch auch jene Hochschulreformen, die der Reform von 1982 (s. auch Abb. 5) vorausgingen, hatten unter anderem eine „verstärkte Betonung der ideologischen Erziehungsaufgabe der Hochschullehrer"[104] als Ziel. So erinnert sich Frau Fuchs:

---

[100] Dirks, U.: EnglischlehrerInnen, 2000, 28.

[101] Ibid., 30.

[102] Herv. i.O.; „Lehrprogramme...", 1982: 3f.

[103] Dirks, U.: EnglischlehrerInnen, 2000, 31.

[104] Fischer: 1992, 71.

„Man hat als Ausgangstext jetzt einen **Text über Schule in Großbritannien** und kommt dann dahin, dass **die Schüler dann selbst über ihren eigenen Schulalltag berichten können**, so auf variierender Stufe[105] oder so, dann **mussten wir dann in den**, in den Entwurf schreiben, den **Stundenentwurf schreiben**, also politisch-ideologische Ziele kam dann, die Schüler, ja, wie mussten wir das formulieren, **die Schüler lernen das Schulsystem Großbritanniens kennen, vergleichen es mit dem der DDR und** ((lachend)) **stellen die Vorteile des letzteren fest.**"[106]

Lehrende hatten die Aufgabe, auf der Grundlage von psychologischem und erziehungswissenschaftlichem Wissen die „planmäßige Herstellung einer ‚objektiv richtigen‘ Abbildung der Wirklichkeit in den Köpfen der Schüler" zu bewirken[107]. In diesem Vermittlungsmodell war u.a. der Auftrag an die Lehrkräfte enthalten, „feindliche Auffassungen und auch Fragen von Schülern zurück[zu]weisen" sowie „Grenzen einer Diskutierbarkeit" aufzuzeigen[108]. Diese instruktivistischen Lehrvorstellungen und unerreichbaren Erziehungsziele aus der DDR-Zeit haben die Tätigkeit von Frau Fuchs als Didaktikerin geprägt und wirken sich bis heute auf ihre Lehrtätigkeit aus:[109]

„Und deswegen sage ich heute immer zu den Studenten, ich sag: Wenn ihr ein **Erziehungsziel** formuliert, dann nehmt **ein ganz konkretes**. Und wenn es heißt, Max Meyer soll endlich seine Hausaufgaben regelmäßig machen oder so. Ne, dass sie was ganz, **ganz Konkretes** nehmen, **was man auch erreichen kann**. Dieser Quatsch, ((lachend)), ne. Das glaubt ja sowieso keiner."[110]

Frau Krause konnte als Studentin der Lehrerausbildung an der Universität Rostock in der ehemaligen DDR im Bereich der landeskundlichen Ausbil-

---

[105] Unter „gelenkt-variierendem" Sprechen und „gelenkt-variierendem" Schreiben wird in der Fremdsprachendidaktik eine Vorstufe vor freiem Sprechen oder Schreiben verstanden, auf der Lernende sprachliche Unterstützung (zum Beispiel Redemittel zur Beschreibung des Tagesablaufs in Form von Satzanfängen) zur Entastung des Arbeitsgedächtnis' erhalten, aber auch Anteile selbst formulieren müssen.

[106] Interview Frau Fuchs, Z. 438–445.

[107] Lenhardt et al.: 1992, 728.

[108] Kirchhöfer: 1987, 47; zitiert aus: Dirks, U.: EnglischlehrerInnen, 2000, 36.

[109] Das Interview mit Frau Fuchs wurde am 24. Oktober 2017 noch vor ihrer Pensionierung durchgeführt.

[110] Interview Frau Fuchs, Z. 452–465.

dung auch Positives abgewinnen und spricht von einer regionalwissenschaftlichen Orientierung:

„[E]s war ja eine **regionalwissenschaftliche Orientierung** und man hat uns, und das fand ich ausgezeichnet, wenn ich das jetzt mal auf Argentinien beziehe, **man hat die politische, die geschichtliche, die sozialökonomische Struktur vermittelt** oder wir haben sie in Seminararbeiten dann eben auch selber erarbeiten müssen"[111]

Was beide Lehrkräfte – selbstverständlich – bedauern, ist die mangelnde Möglichkeit der Anwendung von (sprachlichen) Kenntnissen:

„Es fehlte einfach nur die Möglichkeit, **diese Kenntnisse in der Realität anwenden zu können** und was ich für einen Vorzug von heute, ich nenne es jetzt mal heute, halte, ist es, dass man den Studenten, sogar auch den Studenten der Unterstufenlehrerausbildung eben vorschlägt, doch mindestens drei Monate in einem anderen Land eben gearbeitet oder, oder in einem Praktikum gewirkt zu haben, und das fehlte, denn bei uns war es so, dass zum Beispiel **nur ein ausgesuchter Kreis von Leuten** mal eine Reise nach Kuba unternahm."[112]

Frau Fuchs erinnert sich an ihre Tätigkeit als Dozentin in der ehemaligen DDR, in deren Rahmen das Ausland sozusagen ‚nach Rostock geholt‘ wurde:

„Weil die **Studenten** eben **nicht nach außerhalb konnten**, wenn wir das mal so sagen wollten, haben, haben wir das, haben wir die alle hergeholt. [...] jedenfalls haben die die **Lehrkräfte geschickt** und die haben **Lehrveranstaltungen mit den Studenten** gemacht und so eine Art, also wie so ein richtiger Sommerkurs war das eigentlich. Und da haben die natürlich auch **so viele Materialien mitgebracht** und was man dann alles nutzen konnte und die haben sie uns auch hiergelassen und da haben wir dann auch solche Sachen gemacht, auch **wirklich so zum ganz Normalen**, landeskundliche Sachen zum **Essen, Trinken, Spiele oder Sport** oder so was alles, das haben wir auch gemacht. Es wurden, gab natürlich auch politische Diskussionen, das musste natürlich auch immer irgendwie so nachgewiesen werden, ne, aber hauptsächlich war, haben wir das also auch wirklich genutzt, **um den Stu-**

---

[111] Interview Frau Krause, Z. 323–327.
[112] Interview Frau Krause, Z. 348–355.

denten auch diese Möglichkeit zu geben, das Land kennen-, die Länder kennenzulernen, ne."[113]

Neben diesen Versuchen, das ‚damalige Ausland nach Rostock zu bringen‘, gab es auch einzelne Bemühungen, renommierte Didaktikexperten als Gastvortragende zu gewinnen. So konnte die Universität Rostock einen in der Fremdsprachendidaktik – damals und heute – äußerst renommierten Professor als Gast begrüßen, Hans-Eberhard Piepho (geb. 15. Februar 1929 in Hannover; gest. 11. September 2004 ebenda), der im Jahre 1974 mit seinem Buch *Kommunikative Kompetenz als übergeordnetes Lernziel im Englischunterricht*[114] die oben erwähnte kommunikative Wende in Deutschland initiiert hat:

„Ja, Piepho war bei uns, wir hatten eine **Konferenz** und wir hatten **Piepho eingeladen,** das war aber noch zu DDR-Zeiten und – das hat uns auch sehr gut gefallen, also diese **Konferenz kam auch sehr gut an und da, wir waren eigentlich auch in dieser Entwicklung mit drin, also das haben wir auch alles sehr schnell berücksichtigt, ne.** Und die haben uns natürlich dann auch mit Materialien versorgt und so. Piepho war da ja auch sehr großzügig und – **seine ganzen Bücher und was wir dann alles noch gekriegt haben** und so."[115]

Ebenfalls beide Lehrpersonen erwähnen in den Interviews, dass der damalige Mangel an Lehrmaterialien bzw. die Gestaltung der vorhandenen Lehrwerke auch Anlass für Kreativität waren. Frau Krause betont: „Das hat **natürlich auch motiviert, selber Lehrmaterial herzustellen,** auf Band zu sprechen, sich das auszudenken."[116] Auch Frau Fuchs erinnert sich:

„[W]ir haben auch **viele Sachen** bei uns **selbst gebastelt** ((lachend)) für den Unterricht und was wir alles gemacht haben, ne. Wenn es zum Beispiel um eine Stunde im **Reisebüro** ging, dann haben wir **Prospekte gebastelt** und alles Mögliche und, aber es war eben schwierig. **Aber wir waren eben sehr kreativ, weil wir so diese Exoten waren.** […], ich habe mit meinen Schülern, was habe ich mir für Mühe gegeben. Dann habe ich eine **englische Weihnachtsfeier** gemacht, dann habe ich stundenlang *plum pudding* gekocht, dann, und, und noch ein

---

[113] Interview Frau Fuchs, Z. 353–372.

[114] Piepho, H.-E.: Kommunikative Kompetenz, 1974.

[115] Interview Frau Fuchs, Z. 521–527.

[116] Interview Frau Krause, Z. 139.

Geldstück rein und so und diese ganzen Bräuche und das haben wir alles, alles aufgesogen."[117]

Insgesamt betrachtet zeigen die Schilderungen der Lehrerinnen zu der Frage, wie sie Fremdsprachendidaktik – bzw. in damaliger Terminologie - methodik – und Fremdsprachenunterricht in der DDR erlebt haben, ein ambivalentes Bild. Auf der einen Seite spiegeln sie die gesellschaftspolitischen Zwänge und ideologischen Erziehungsaufgaben der damaligen Zeit wider. Dieses Korsett setze jedoch auf der anderen Seite Energien frei für Einfallsreichtum und eine Kommunikationsorientierung des Unterrichts. Darüber hinaus führte der geringere Stellenwert der englischen Sprache und der romanischen Sprachen zu einem Gemeinschaftsgefühl von Lernenden und Lehrenden, das sich in Formulierungen wie „*happy family*"[118] und „Exoten" (s.o.) äußert.

An diesem hat sich im Laufe der mittlerweile nahezu drei Jahrzehnte, die nach der Wende vergangen sind, selbstverständlich Entscheidendes geändert. Universitäre und schulische Strukturen machen die gegenwärtige Fremdsprachensituation sichtbar, wie beispielsweise die Förderung früh beginnenden Französischunterrichts oder bilingualer Sachfachunterricht in englischer und/oder französischer Sprache. So ist das Innerstädtische Gymnasium in Rostock die einzige Schule in Mecklenburg-Vorpommern, die den AbiBac-Abschluss, den gleichzeitigen Erwerb der Allgemeinen Hochschulreife und des französischen *baccalauréat*, ermöglicht. Abschließend seien noch die zahlreichen Kooperationen erwähnt, die die Institute für Romanistik und Anglistik/Amerikanistik der Universität Rostock unter anderem mit Partneruniversitäten in Frankreich, Großbritannien, Irland, Italien, Kanada, Polen, Portugal, Spanien und den USA pflegen.

---

[117] Interview Frau Fuchs, Z. 325–342.
[118] Interview Frau Fuchs, Z. 99.

Bibliografie

Ahrendt-Völschow, Dörte: Die Lateinamerikawissenschaften an der Universität Rostock von 1958 bis 1995, Rostock 2004.

Apelt, Walter: Zur Situation des Englisch- und Französischunterrichts an der zehnklassigen allgemeinbildenden polytechnischen Oberschule. In: Fremdsprachenunterricht (1961), 270–274.

Apelt, Walter: Zur Problematik der Functional Grammar. In: Fremdsprachenunterricht (1965), 282–287.

Apelt, Walter: Der Fremdsprachenunterricht und seine Methodik in der DDR. Rückblick und Ausblick. In: Der fremdsprachliche Unterricht (1990), 23, Heft 103, 8–12.

Baske, Siegfried: Grund- und Rahmenbedingungen. In: Führ, Christoph/Furck, Carl-Ludwig (Ed.): Handbuch der deutschen Bildungsgeschichte. Bd. VI. 1945 bis zur Gegenwart. Zweiter Teilband. Deutsche Demokratische Republik und neue Bundesländer. Bd. VI/2. München 1998, 3–26.

Bastian, Eberhard: Zur Arbeit mit dem Präzisierten Lehrplan Französisch – Grundkurs. In: Fremdsprachenunterricht (1968), 37–40.

Bertrand, Françoise: Bonjour les amis und Bonjour, chers amis. Frankreich in den Lehrwerken für den Französischunterricht der DDR. In: Röseberg, Dorothee (Ed.): Frankreich und „Das andere Deutschland". Analysen und Zeitzeugnisse. Tübingen 1999, 135–173.

Böhme, Günther: Vierzig Jahre Russischunterricht an den Schulen unseres Landes (1). In: Fremdsprachenunterricht (1985), 465–471.

Christ, Herbert/Hüllen, Werner: Geschichte des Fremdsprachenunterrichts seit 1945. In: Bausch, Karl-Richard/Christ, Herbert/Krumm, Hans-Jürgen: Handbuch Fremdsprachenunterricht. Tübingen 1995, 565–573.

Christoph, Ingrid: Neue Lehrpläne für die erweiterten Abiturkurse Englisch und Französisch, in: Fremdsprachenunterricht (1985), S. 124–126.

Christoph, Ingrid/Gärtner, Max/Porsch, Günter: Die Lehrpläne Englisch und Französisch der zehnklassigen allgemeinbildenden polytechnischen Oberschule. Inhaltliche und didaktisch-methodische Erläuterungen. Berlin 1989.

Dirks, Una: Wie werden EnglischlehrerInnen professionell? Eine berufsbiographische Untersuchung in den neuen Bundesländern. Münster 2000.

Espich, Horst: Die Entwicklung des England- und Amerikabildes in den ‚sozialistischen' Staaten unter Berücksichtigung der Englischlehrwerke der SBZ/DDR. Frankfurt a. M. 1987.

Fischer, Andreas: Das Bildungssystem der DDR. Entwicklung, Umbruch und Neugestaltung seit 1989. Darmstadt 1992.

Fleischhauer, Tom: „Estudiamos español". 40 Jahre Spanischunterricht am Heinrich-Mann-Gymnasium Erfurt (1971–2011). In: Stadt und Geschichte. Zeitschrift für Erfurt (2011), 48, 30–31.

Förster, Ursula: Funktion und Inhalt der Landeskunde. In: Desselmann, Günther/Hellmich, Harald: Didaktik des Fremdsprachenunterrichts. Deutsch als Fremdsprache. Leipzig 1981, 77–102.

Freitag, Werner: Französisch in der 7. Klasse. In: Fremdsprachenunterricht (1958), 332–334.

Fremdsprachenunterricht: Der Fremdsprachenunterricht im einheitlichen sozialistischen Bildungssystem. In: Fremdsprachenunterricht (1965), 321–324.

G., W.: Zum Englisch- und Französischunterricht in der Mittelschule. In: Fremdsprachenunterricht (1958), 274–275.

Günther, Klaus: Die Thesen des Zentralkomitees der Sozialistischen Einheitspartei Deutschlands über die sozialistische Entwicklung des Schulwesens und der Fremdsprachenunterricht. In: Fremdsprachenunterricht (1959), 169–173.

Günther, Klaus: Zur Bedeutung und Rolle der Grammatik im neusprachlichen Unterricht, in: Fremdsprachenunterricht (1961), 130–146.

Hartleb, Felix: Der Französisch- und Spanischunterricht in der DDR, Friedrich-Schiller-Universität Jena: unveröffentlichte Staatsexamensarbeit. Jena 2017.

Helle, Patrick: Fremdsprachenunterricht in der ehemaligen DDR und in den neuen Bundesländern unter besonderer Berücksichtigung des Spanischunterrichts. Bochum 1993.

Herms, Joachim: Induktion und Deduktion im Fremdsprachenunterricht an der Oberschule. In: Fremdsprachenunterricht (1957), 351–364.

Herms, Joachim: Einige Erfahrungen bei der Verwirklichung des neuen Lehrplans für den fakultativen Französischunterricht in der 7. Klasse. In: Fremdsprachenunterricht (1961), 227–233.

Hohlfeld, Brigitte: „Massenorganisation" Schule. Der Zugriff auf das allgemeinbildende Schulwesen in der Frühphase der SBZ/DDR 1945–1953. In: Geschichte in Wissenschaft und Unterricht, Bd. 7, Stuttgart 1994, 434–455.

Kirchhöfer, Dieter: Die Werte des Sozialismus im Lehrplanwerk. In: Informationen der Akademie der Pädagogischen Wissenschaften der DDR, Heft 3, Berlin 1987, 30–49.

Lenhardt, Gero et al.: Zur Transformation der Lehrerrolle in der ehemaligen DDR. In: Meyer, Hansgünter (Ed.): Soziologen-Tag Leipzig 1991 Soziologie in Deutschland und die Transformation großer gesellschaftlicher Systeme. Berlin 1992, 722–740.

Lissner, Hans-Joachim/Wolter, Inge: Die neue Lehrplankonzeption für die Fächer Russisch, Englisch und Französisch in der allgemeinbildenden polytechnischen zehnklassigen Oberschule. In: Fremdsprachenunterricht (1959), 284–295.

Malíř, František/Cícha, Václav: Über die Möglichkeiten der Anwendung der direkten Methode. In: Fremdsprachenunterricht (1958), 233–239.

Neues Deutschland· Fremdsprachenunterricht wird verbessert. In: Neues Deutschland (1956), 4.

Neuner, Gerhart: Allgemeinbildung in der sozialistischen Schule. In: Neuner, Gerhart: Allgemeinbildung. Lehrplanwerk. Unterricht. Berlin 1972, 21–51.

Perl, Matthias: Hispanistik im anderen Teil Deutschlands. In: Deutscher Hispanistenverband (1990), Mitteilungen 3, 34–39.

Pfeil, Ulrich: Französischunterricht in der DDR. In: Fisch, Stefan/Gauzy, Florence/Chantal, Metzger (Ed.): Lernen und Lehren in Frankreich und Deutschland. Apprendre et enseigner en Allemagne et en France. Stuttgart 2007, 119–141.

Piepho, Hans-Eberhard: Kommunikative Kompetenz als übergeordnetes Lernziel im Englischunterricht. Dornburg-Frickhofen 1974.

Pohl, Lothar: Einige Bemerkungen zur Gestaltung des neusprachlichen Grammatikunterrichts. In: Fremdsprachenunterricht (1961), 422–425.

Pröhl, Gerhard: Der Zusammenhang zwischen der gesellschaftlichen Entwicklung sowie der wachsenden internationalen Autorität unserer Republik und den Anforderungen an den Fremdsprachenunterricht. In: Fremdsprachenunterricht (1968), 145–156.

Rehfeldt, Walter: Grundlagen und Perspektiven des Englisch- und Französischunterrichts in den allgemeinbildenden Schulen der Deutschen Demokratischen Republik (Rückschau und Ausblick). In: Fremdsprachenunterricht (1957), 4–9 (=1957a).

Rehfeldt, Walter: Die neuen Lehrpläne und Anweisungen für den Englisch- und Französischunterricht in den allgemeinbildenden Schulen der Deutschen Demokratischen Republik. In: Fremdsprachenunterricht (1957), S. 401–408 (=1957b).

Rehfeldt, Walter: Kritische Auseinandersetzung mit der sogenannten „Direkten Methode" im Englisch- und Französischunterricht. In: Fremdsprachenunterricht (1957), 640–646 (=1957c).

Richter, Rolf: Neue Materialien für den erweiterten Abiturkurs Französisch. In: Fremdsprachenunterricht (1985), 345–347.

Röseberg, Dorothee: Les deux France im Deutschland der 50er Jahre. Frankreichbilder in Schulbüchern der DDR und der Bundesrepublik. In: Röseberg, Dorothee (Ed.): Frankreich und „Das andere Deutschland". Analysen und Zeitzeugnisse. Tübingen 1999, 97–135.

Röske, Marion: Chronik des Fremdsprachenunterrichts in der DDR I. In: Fremdsprachenunterricht (1984), 437–451 (=1984a).

Röske, Marion: Chronik des Fremdsprachenunterrichts in der DDR II. In: Fremdsprachenunterricht (1984), S. 578–580 (=1984b).

Röske, Marion: Chronik des Fremdsprachenunterrichts in der DDR III. In: Fremdsprachenunterricht (1985), 583–585.

Röske, Marion: Chronik des Fremdsprachenunterrichts in der DDR IV. In: Fremdsprachenunterricht (1986), S. 358–362.

Röske, Marion: Untersuchungen zu Zielen, Organisationsformen, methodischen Verfahren und Mitteln des Englischunterrichts der allgemeinbildenden Schulen der DDR (1949 bis 1965). Potsdam 1989.

Schiff, Bernhard: Entwicklung und Reform des Fremdsprachenunterrichts in der Sowjetunion. Berlin 1966.

Schlecht, Günter: Die Entwicklung fremdsprachigen Könnens unter dem Aspekt der Arbeit an grammatischen Kenntnissen. In: Pohl, Lothar/Schlecht, Günter/Utheß, Sabine: Methodik Englisch- und Französischunterricht. Berlin 1982, 143–177.

Schwarze, Renate: Unser Bemühen um Qualitätserhöhung im Französischunterricht. In: Fremdsprachenunterricht (1983), 508–510.

Serner, Arpad: Unser Beitrag zum VII. Parteitag der Sozialistischen Einheitspartei. In: Fremdsprachenunterricht (1967), 2–5.

Spantzel, Claudia: Die Landeskunde-Diskussion im Rahmen des Fremdsprachenunterrichts in der DDR. Eine bildungspolitische und wissenschaftliche Analyse. Frankfurt a. M. 2001.

Utermark, Gisela: Der Französischunterricht in der ehemaligen DDR. In: französisch heute (1991), 22, 1–11.

Utheß, Herbert: Der Fremdsprachenunterricht. In: Neuner, Gerhart: Allgemeinbildung. Lehrplanwerk. Unterricht. Berlin 1972, 378–407.

Utheß, Herbert/Utheß, Sabine: Zur Einführung der neuen Lehrpläne für den Fremdsprachenunterricht auf der Abiturstufe. In: Fremdsprachenunterricht (1983), 61–84.

Voigt, Margarete: Eine zweite Fremdsprache in unseren Mittelschulen ab 1. September 1957. In: Fremdsprachenunterricht (1958), 200–202.

Wolff, Eugen: Grammatik im Englisch- und Französischunterricht der Oberschulen. Einige grundsätzliche Bemerkungen. In: Fremdsprachenunterricht (1958), 121–131.

Zimermann-Ssusslow, Willy: Probleme der sowjetischen Fremdsprachenmethodik. Ihr gegenwärtiger Stand – Aufgaben für ihre Weiterentwicklung – Vorbereitung eines geschichtlichen Abrisses für die Zeit von 1917 bis 1957. In: Fremdsprachenunterricht (1957), 595–608.

Zimmermann-Ssusslow, Willy: Die ‚direkte Methode'. Ihre Geschichte und ihre Stellung im Fremdsprachenunterricht. In: Fremdsprachenunterricht (1958), 359–367.

Gesetze, Direktiven und Anordnungen (chronologisch)

Rudolf, Paul: Gleiches Bildungsrecht für Alle. Das Gesetz zur Demokratisierung der Deutschen Schule. Feierlich verkündet am 12. Juni 1946 in Weimar. Weimar 1946.

Ministerium für Volksbildung: Gesetz über die sozialistische Entwicklung des Schulwesens und andere Grundsatzbestimmungen und Dokumente. Berlin 1960.

Ministerium für Volksbildung: Beschluß über die Aufgaben und den Aufbau der Mittelschulen in der Deutschen Demokratischen Republik. Vom 15. März 1956. In: Monumenta Paedagogica, Bd. VII, Berlin 1960, 23–28.

Ministeriums für Volksbildung: Entwicklung der Klassen mit verstärktem Fremdsprachenunterricht vom 14. Januar 1970. In: Verfügungen und Mitteilungen des Ministeriums für Volksbildung, Heft 3, Berlin 1970 (=1970c), 12–16.

Ministerium für Volksbildung: Gesetz über das einheitliche sozialistische Bildungssystem der DDR. Berlin 1971.

Ministerium für Volksbildung: Direktive zur Durchführung des fakultativen Fremdsprachenunterrichts in den Klassen 7 bis 10 der zehnklassigen allgemeinbildenden polytechnischen Oberschule. In: Ministerium für Volksbildung: Verfügungen und Mitteilungen des Ministeriums für Volksbildung. Berlin 1973, 98–100.

Ministerrat der Deutschen Demokratischen Republik, Ministerium für Volksbildung, Ministerium für Hoch- und Fachschulwesen: Lehrprogramme für die Ausbildung von Diplomlehren der allgemeinbildenden polytechnischen Oberschulen im Fach Englisch an Universitäten und Hochschulen der DDR. Berlin 1982.

KMK (2003). *Bildungsstandards für die erste Fremdsprache (Englisch/Französisch) für den Mittleren Schulabschluss.* (Sekretariat der Ständigen Konferenz der Länder in der Bundesrepublik Deutschland. Ref. II A3, Postf. 2240, 53012 Bonn).

Lehrmaterialien für den Unterricht an den allgemeinbildenden Schulen der DDR (chronologisch)

Französischunterricht

Wintgen, Georg/Wintgen-Belland, Madeleine: Ici la France. Lehrbuch der französischen Sprache. Teil I. Leipzig 1951.

Wintgen, Georg/Wintgen-Belland, Madeleine: Ici la France. Lehrbuch der französischen Sprache. Teil II. Leipzig 1955.

Klare, Waltraud/Rehfeldt, Walter: Nos amis français. I. Französisches Lehrbuch für die 7. Klasse der Mittelschule. Berlin 1958.

Klare, Waltraud/Rehfeldt, Walter: Nos amis français. II. Französisches Lehrbuch für die 8. Klasse. Berlin 1959.

Klare, Waltraud: Nos amis français. III. Französisches Lehrbuch für die 9. Klasse. Berlin 1960.

Wilhelm, Paul/Friedrich, Werner: Nos amis français. IV. Französisches Lehrbuch für die 10. Klasse. Berlin 1961.

Wilhelm, Paul/Zühlsdorff, Karl-Heinz: Parlons français I. Berlin 1964.

Judt, Lore/Stibbe, Dietrich: Parlons français II. Berlin 1964.

Judt, Lore/Stibbe, Dietrich: Parlons français III. Berlin 1965.

Klare, Waltraud/Naumann, Gerhard: Bonjour les amis 3. Berlin 1969.

Siegesmund, Edeltraud/Gorf, Helmut: Unterrichtshilfen zu Bonjour les amis 4. Berlin 1970.

Bastian, Eberhard: Unterrichtshilfen zu Bonjour les amis 5. Berlin 1971.

Klare, Waltraud/Naumann, Gerhard: Bonjour les amis 5. Berlin ^{2}1972.

Klare, Waltraud/Naumann, Gerhard: Bonjour les amis 7. Berlin 1973.

Vollmer, Elisabeth/von Wolffersdorff, Henning: Unterrichtshilfen zu Bonjour les amis 2. Berlin ^{2}1976.

Klare, Waltraud/Naumann, Gerhard: Bonjour les amis 2. Berlin ^{8}1979.

Klare, Waltraud/Naumann, Gerhard: Bonjour les amis 4. Berlin ^{4}1980.

Dietrich, Jacqueline/Krüger, Nicole/Krüger, Ulrich: Bonjour, chers amis. Französisches Lehrbuch Teil II. Berlin ^{2}1982.

Dietrich, Jacqueline/Krüger, Nicole/Krüger, Ulrich: Bonjour, chers amis. Französisches Lehrbuch Teil III. Berlin ^{2}1984.

Dietrich, Jacqueline/Krüger, Nicole/Krüger, Ulrich: Bonjour, chers amis. Französisches Lehrbuch Teil IV. Berlin ^{2}1985.

Spanischunterricht

Ecker, Ursula/Lasetzky, Isolde: Unterrichtshilfen zu Estudiamos español 1. Berlin 1969.

Ecker, Ursula: Unterrichtshilfen zu Estudiamos español 2. Berlin 1970.

Isenberg, Horst/Ecker, Ursula: Estudiamos español 2. Leipzig 1970.

Domke, Gisela/Baumbauch, Georg/Koten, Frank: Estudiamos español 5. Gräfenhainichen 1971.

Hog, Martin/Thiemer, Eberhard: Estudiamos español 4. Leipzig 1971.

Domke, Gisela: Estudiamos español 1. Gräfenhainichen ^{4}1980.

Domke, Gisela/Baumbach, Georg: Estudiamos español 6. Gräfenhainichen ^{4}1983.

Hog, Martin/Thiemer, Eberhard: Estudiamos español 3. Leipzig ^{3}1984.

Englischunterricht

Schibor, Dorothea et al.: English for You. Englisches Lehrbuch Teil II. Berlin 1979.

Lehrpläne (chronologisch)

Französischunterricht

Deutsche Zentralverwaltung für Volksbildung in der Sowjetischen Besatzungszone: Lehrpläne für die Grund- und Oberschulen in der Sowjetischen Besatzungszone Deutschlands. Neuere Fremdsprachen (Russisch, Englisch, Französisch). 1. Juli 1946. Berlin 1946.

Deutsche Zentralverwaltung für Volksbildung in der Sowjetischen Besatzungszone: Lehrpläne für die Grund- und Oberschulen in der Sowjetischen Besatzungszone Deutschlands. Neuere Fremdsprachen. Russisch, Englisch, Französisch. 2. Auflage. 1. September 1947. Berlin 1947.

Ministerium für Volksbildung: Lehrplan für Oberschulen. Englisch-Französisch. 9. bis 12. Schuljahr. Berlin 1951.

Ministerium für Volksbildung: Lehrplan für Oberschulen. Französisch. 9. bis 12. Schuljahr. Berlin 1953.

Ministerium für Volksbildung: Lehrplan der zehnklassigen allgemeinbildenden polytechnischen Oberschule. Berlin 1959 (=1959a).

Ministerium für Volksbildung: Englisch- und Französischunterricht (fakultativ). Klasse 7 bis 10, in: Ministerium für Volksbildung: Lehrplan der zehnklassigen allgemeinbildenden polytechnischen Oberschule. Berlin 1959, 1–20 (=1959b).

Ministerium für Volksbildung: Lehrplan der zwölfklassigen erweiterten Oberschule für das Schuljahr 1959/60. Berlin 1959 (=1959c).

Ministerium für Volksbildung: Lehrplan der zwölfklassigen allgemeinbildenden polytechnischen Oberschule (erweiterte Oberschule). Berlin 1961 (=1961a).

Ministerium für Volksbildung: Lehrplan für die erweiterte Oberschule. Französisch, in: Ministerium für Volksbildung: Lehrplan der zwölfklassigen allgemeinbildenden polytechnischen Oberschule (erweiterte Oberschule). Berlin 1961 (=1961b).

Ministerium für Volksbildung: Präzisierter Lehrplan für das Fach Französisch. Aufbaukurs. Berlin 1969.

Ministerium für Volksbildung: Präzisierter Lehrplan für das Fach Französisch. Grundkurs (fakultativer Fremdsprachenunterricht in den Klassen 7 und 8; obligatorischer Fremdsprachenunterricht in den Vorbereitungsklassen 9 und 10 für Schüler ohne Vorkenntnisse). Berlin 1970 (=1970a).

Ministerium für Volksbildung: Lehrplan für das Fach Französisch. Abiturkurs. Berlin 1970 (=1970b).

Ministerium für Volksbildung: Lehrplan. Französisch. Abiturstufe. (Abiturkurs). Berlin 1984.

Ministerium für Bildung und Wissenschaft: Handreichungen zur Gestaltung des Unterrichts in den Fächern Russisch (Klassen 5 bis 10) Englisch (Klassen 7 bis 10) Französisch (Klassen 7 bis 10). Berlin 1990.

Spanischunterricht

Ministerium für Volksbildung: Lehrplan Spanisch. Grundkurs, Aufbaukurs, Abiturkurs. Berlin 1977.

Olaus Magnus entre le Nord et le Sud: traduire la culture au XVIe siècle

Elena Balzamo

En embrassant du regard l'Europe du XVIe siècle, on note une particularité: il s'agit d'une époque incomparablement plus contrastée que la nôtre, époque dont l'homogénéité est plus grande, mais les ruptures aussi.[1] Ainsi, au niveau linguistique, il y a à première vue une grande unité: le latin domine. Cependant, ce monopole rend problématiques les rapports entre les langues vernaculaires; les techniques de traduction ne sont pas développées, le *know how* n'existe pas encore. En outre, souvent, l'état des jeunes langues nationales ne permet pas la traduction adéquate; le travail d'assouplissement et d'enrichissement inauguré par *la* traduction du siècle – la Bible! – est encore à ses débuts. Les langues vernaculaires se montrent rebelles à l'expression des idées abstraites, à la terminologie précise, aux articulations subtiles (tellement les carences syntaxiques sont grandes). Par ailleurs, faute de besoin, il y a relativement peu de traductions directes d'une langue à l'autre; tout passe par l'idiome relais: le latin.

Même contrastes au niveau culturel: il existe, certes, un fond commun dû au caractère cosmopolite des élites, presque toujours ecclésiastiques, qui bénéficient d'une éducation analogue, de cursus universitaires semblables, et surtout d'un fond référentiel commun: les Saintes Ecritures et l'héritage antique. Au XVIe siècle, la culture européenne n'est ni un projet, ni un mythe. Et pourtant, malgré l'intérêt grandissant pour les autres pays à une époque marquée par des voyages et des découvertes, les gens ont peu d'expérience directe des cultures étrangères; les Européens du Sud ignorent tout du Nord (et vice versa), les pays scandinaves leur sont moins familiers que l'Afrique! Là-dessus se greffe bientôt un clivage religieux: la Réforme. Les différences confessionnelles font naître des différences langagières, désormais le même mot ne désigne pas la même chose: 'sainte relique' pour les uns se traduit par 'superstition idolâtre' pour d'autres. C'est la confusion de Babel des Temps modernes. Dès lors, un voyage à travers les espaces culturels européens, semé d'embûches, ne va pas de soi. D'autant plus étonnant est le cas d'un intellec-

---

[1] La première mouture de cet article parut dans Eriksson, O.: Översättning, 2007, 41–56. Cf. également Balzamo, E.: Den osynlige, 2015, 37–52.

tuel suédois multilingue qui a réussi à jeter des ponts par-dessus plus d'un abîme: Olaus Magnus.[2]

Né en 1490 à Linköping, Olaus Magnus semble avoir été, dès le début, destiné à une carrière ecclésiastique. A la sortie de l'école (Linköping, puis Västerås), il part en Allemagne, comme presque tous ceux qui choisissent cette voie; il étudie d'abord à Rostock, puis vraisemblablement à Cologne et à Greifswald.[3] A la différence de beaucoup d'entre eux, le jeune prêtre ne doit pas ses connaissances uniquement à la lecture. A son retour en Suède en 1517, il a l'occasion de parcourir le pays que par la suite il va décrire: pour le compte de la papauté il entreprend un voyage qui durera plus d'un an. Parti d'Uppsala en mai 1518, Olaus traverse le Hälsingland, monte vers le nord en suivant l'Ångermanälven, redescend dans le Jämtland, puis passe en Norvège. Il voyage dans les provinces de Trøndelag et de Nordland, retourne en Suède, qu'il retraverse d'ouest en est, et atteint le golfe de Botnie. Il suit la côte, en profitant de l'occasion pour visiter le Västerbotten et le Norrbotten, remonte jusqu'à Tornio, puis, à la fin de l'été 1519, entame le voyage retour, par bateau, en longeant la côte. Au terme du périple de «4860 milles italiens», selon sa propre estimation (ce qui correspond à environ 7200 km), il arrive à Stockholm, où il prend sa nouvelle charge, celle de curé à la cathédrale de Stockholm. Mais cette existence sédentaire ne dure guère: dès 1524, Olaus Magnus se trouve à nouveau à l'étranger, d'abord comme agent diplomatique de Gustave Vasa, puis comme exilé. Catholique intransigeant, il rejoint son frère Johannes, lui aussi farouchement opposé à la Réforme, en 1927, à Dantzig, après trois années de vie itinérante.

Après avoir quitté la Suède, Olaus Magnus vécut successivement dans deux milieux linguistico-culturels: germano-polonais (1527–37) et italien (1537–57), ce qui ne put que renforcer sa sensibilité aux passages d'une culture à l'autre. Dans les deux cas, il fréquenta les cercles intellectuels locaux, et durant tout ce temps le latin lui servit de filet de sécurité – et aussi de langue de travail: la majeure partie de son œuvre et de sa correspondance fut rédigée en latin.

Pro religione in regnis aquilonaribus restituenda, tel est désormais le refrain des écrits des frères Magnus, le sens de leur action, leur «projet existen-

---

[2] L'aspect purement traductionnel a été traité dans mon article *La fortune littéraire des frères Johannes et Olaus Magnus ou les enjeux de la traduction.*

[3] Richter, H.: Olaus Magnus, 1967, 10–11; pour la biographie d'Olaus Magnus, les deux ouvrages les plus importants sont: Martin, J.: Deux confesseurs, 1908 et Grape, H.: Olaus Magnus, Literära, 1970.

tiel». Un projet qui, soit dit en passant, implique une certaine unification de l'espace spirituel et culturel, scindé par la Réforme. Ce projet existentiel revêt, à partir de 1527, une forme on ne peut plus concrète: dresser une carte des pays scandinaves afin de les faire connaître aux

Européens du Sud et de leur faire prendre conscience des régions que l'Eglise catholique est en passe de perdre. Plusieurs années plus tard, Olaus le dira explicitement dans son *curriculum vitae*, en parlant de lui-même à la troisième personne:

> il établit une carte de tous les royaumes du Nord et des régions avoisinantes situées outre-mer, afin que le Saint-Siège apostolique et tous les gens de bien puissent avoir une idée claire de cette grande partie du monde à la population innombrable qui s'était détachée de la sainte tradition apostolique ...[4]

Ce choix d'une *carte* est significatif: il obéit à la nécessité de mettre l'Europe septentrionale à la portée du public étranger, en la rendant à la fois visible et compréhensible, autrement dit en traduisant le Nord pour les Européens du Sud. Un projet à la fois politique, érudit et sentimental, car certainement non exempt de nostalgie d'un exilé à l'égard de la patrie devenue inaccessible.

Chef-d'œuvre de la cartographie renaissante, *Carta marina et descriptio septentrionalium terrarum dilegentissimo elaborata anno Domini 1539*, que Olaus Magnus appelle aussi sa *Carta gothica*, fut imprimée à Venise. Olaus et Johannes Magnus y séjournèrent entre 1537 et 1539, bénéficiant de l'hospitalité du patriarche de la ville, Gerolamo Querini, qui avait mis son palais à leur disposition et avancé les 440 ducats nécessaires à l'impression. La carte, constituée de neuf planches, fut munie de deux fascicules de commentaires, imprimés séparément, l'un en allemand, l'autre en italien: *Ain kurze Auslegung* et *Opera breve*, ainsi que d'un commentaire latin faisant partie de la carte elle-même.

De dimensions imposantes (1,25 x 1,70m), la *Carta marina* fourmille d'images: êtres humains, animaux, monstres, édifices divers, bateaux, images de guerre, images de paix, sobres pictogrammes et véritables histoires en images qui font penser à des bandes dessinées (fig. 1). Sélectionner les phénomènes susceptibles de figurer sur la carte fut la première tâche[5] de son auteur;

---

[4] Hjärne, H.: Olaus Magnus, 1892, 6–7.

[5] Pour l'aspect proprement géographique de la carte cf.: Balzamo, E.: Olaus Magnus, 2005; Balzamo, E./Kaiser, R.: Olaus Magnus, 2006.

tous les aspects de la vie septentrionale y sont représentés, mais sa préférence va indubitablement à ceux qui sont particuliers, qui diffèrent de la vie dans le Sud et qui, par conséquent, sont susceptibles de frapper l'imagination par leur étrangeté et leur exotisme. Congères de neige, rennes, ours polaires, phoques, traîneaux, skis, patins à glace, monuments runiques – autant de merveilles jamais vues pour les habitants du Sud!

Fig. 1.Islande sur la *Carta marina*.

La deuxième tâche consista à présenter les phénomènes sélectionnés visuellement, i.e. les traduire en images. Sur ce point, le mystère demeure entier: comment Olaus Magnus réussit-il à expliquer aux graveurs italiens, censés réaliser les planches, les choses qu'ils n'avaient jamais vues, telles que les rennes ou les skis? L'hypothèse la plus probable semble être celle des croquis fournis par Olaus lui-même, sinon on imagine mal comment il serait parvenu à ses fins. «Qui que fussent les artistes qui transposèrent ses mots en dessins et en gravures sur bois – probablement à l'aide d'esquisses qu'il leur avait fournies – on peut dire qu'Olaus fut bien servi. Dans leur mélange de précision et de concentration suggestive ces images peuvent être qualifiées de géniales», [6] écrit une spécialiste allemande, et elle a bien raison.

---

[6] Knauer, E. R.: Die *Carta Marina*, 1981, 29.

Cependant, à elles seules, les images ne suffisent pas, elles ont besoin d'être explicitées, amplifiées à l'aide de commentaires. Ces commentaires, fournis par l'auteur, relèvent d'une véritable traduction interculturelle. La relation entre les images et les textes qui les accompagnent est la suivante: les premières *désignent*, les seconds *traduisent*, en fournissant des équivalents familiers aux phénomènes inconnus. «'A' désigne une île qui s'appelle Islande; elle est deux fois plus grande que la Sicile et la surpasse par la quantité de merveilles...»[7], ainsi commencent les commentaires qui à la fois mettent l'accent sur l'aspect exotique de la région décrite et contiennent une tentative de comparaison avec la réalité italienne, familière au public présumé. Notons que la carte elle-même comporte également un certain nombre d'inscriptions, mais leur rôle est différent: elles véhiculent des informations purement factuelles – noms de villes, de fleuves, de régents, des indications du genre: *ambra, vacca marina, insula magnetum*, etc., tandis que le travail d'interprétation est réservé aux commentaires. *Aves candissime i nivibus viventes*, dit l'inscription au-dessus des deux grands oiseaux (F:e); la notice correspondante du commentaire explique qu'il s'agit «des oiseaux de neige qui font leur apparition par temps de grande froidure et de neige», qui «sont parfaitement blancs, grands comme des grues, et leur chair est délicieuse». *Naves frumentaries*, lit-on à côté des trois navires en bas de la carte (I:h) – «Ici sont construits des bateaux pour le transport du grain qu'on fait descendre le long de la Vistule jusqu'à Dantzig en Prusse. De là, il est convoyé en Espagne, en France, en Angleterre et en Hollande», précise le commentaire. Les étranges grottes affublées d'une inscription *criptoporticus* (A:o), qu'on voit dans la partie réservée à l'Islande, sont décrites dans le commentaire comme «les maisons et les églises construites avec des os – notamment des côtes – de baleine. A cause du froid, beaucoup d'autochtones vivent sous terre ou dans des grottes – appelées 'cryptoportiques' –, tout comme les Africains le font à cause de la chaleur». Ainsi, à chaque pas, on trouve dans les commentaires sinon des comparaisons *stricto sensu*, du moins des tentatives pour élargir le contexte, en inscrivant la réalité nordique dans la réalité européenne globale. Dans le même sens vont les efforts de l'auteur (pas très convaincants, il faut l'avouer) visant à établir un rapport entre les différentes mesures de longueur; après avoir dressé une table des concordances (G), il la commente ainsi: «La différence entre le mille wallon, allemand et gothique est la suivante: 40 milles wallons correspondent à 10 milles allemands, et 15 milles allemands à 10 milles gothiques. [...] Il n'est pas facile de connaître la longueur d'un mille. Je donne néanmoins ici les distances et les mesures pour toutes les personnes de bon sens [...]».

---

[7] Balzamo, E.: Carta Marina, 2005. Cité ci-après entre parenthèses.

La *Carta marina* se présente donc comme un ouvrage multilingue, et les trois textes – *Ain kurze Auslegung*, *Opera breve* et le commentaire latin – entretiennent entre eux des rapports complexes. Contrairement à ce que l'on a longtemps cru, le texte latin n'est pas l'original, à partir duquel auraient été établies les traductions italienne et allemande: c'est un abrégé, une version plus courte que les deux autres, certains passages manquent, et les coupes sont facilement repérables. Les commentaires sont en effet numérotés à l'aide d'une double indication – «A:a», «C:f», «H:b», etc. – dans laquelle la première lettre renvoie à la planche et la seconde à l'image commentée; or, dans le texte latin, toutes les lettres majuscules sont présentes, à la différence des lettres minuscules; les passages conservés sont sensiblement raccourcis, sans doute par manque de place[8]. Le texte latin pourrait ainsi être une traduction, mais à partir de quel original fut-elle établie: le texte italien ou le texte allemand? et dans ce cas, qui en serait le traducteur?

La comparaison entre les versions italienne et allemande qui, à première vue, paraissent identiques, permet de relever un certain nombre de différences: des petits ajouts dont la somme change considérablement le caractère respectif de chacun des textes. Par exemple, au début du texte allemand, l'auteur mentionne simplement l'abondance de phénomènes insolites qui, jusque-là, n'avaient pas bénéficié d'une description adéquate, tandis que dans le texte italien il insiste sur la rudesse du climat, en introduisant ainsi l'un des leitmotive de son œuvre. D'une manière générale, l'*Opera breve* met volontiers l'accent sur le côté merveilleux et insolite des endroits et des phénomènes présentés sur la *Carta marina*; alors que dans *Ain kurze Auslegung*, ce côté est sinon gommé, du moins fortement atténué. En revanche, certains détails factuels, qui concernent notamment l'aspect militaire, y sont soulignés,[9] de sorte que, comme le remarque un commentateur, l'*Auslegung* «contient plus de détails factuels et moins d'effets de style» que l'*Opera breve*.[10]

Que faut-il penser de ces remaniements? qui les a faits et dans quel but? Le dessein de l'auteur de la *Carta marina* est clair: la Réforme est en train de gagner du terrain, et pour alerter l'opinion publique, Olaus Magnus s'efforce de montrer l'importance des pays nordiques pour l'ensemble de la chrétienté

---

[8] Un relevé minutieux de ces différences se trouve dans l'ouvrage d'Brenner, O.: Die ächte Karte, 1886; ce fut Brenner qui, «par un heureux hasard», selon sa propre expression, découvrit la *Carta marina* en 1886. Sur l'histoire des deux exemplaires connus de la carte cf. Balzamo, E.: Den 'lyckliga slumpen', 2007.

[9] Pour plus de détails, cf. Balzamo, E.: Les frères, 2003, 142–5.

[10] Grape, H.: Olaus Magnus. Svensk, 1961, 15.

européenne, ferveur missionnaire qui le rapproche d'Adam de Brême et ses *Gesta Hammaburgensis ecclesiae pontificum* quelque cinq siècles auparavant. Désireux de frapper l'imagination des Italiens, auxquels son ouvrage s'adresse en premier lieu, Olaus Magnus trace un panorama de contrées exotiques, regorgeant de phénomènes insolites liés avant tout à leurs caractéristiques géographiques et climatiques, un véritable Pays des merveilles.

Peut-on dire avec certitude laquelle des deux versions fut à l'origine de l'autre: le texte allemand serait-il une version légèrement expurgée, légèrement plus sobre que le texte italien, ou bien le texte italien serait-il une traduction enjolivée de l'original allemand? Une troisième éventualité doit être envisagée: les deux textes seraient des traductions d'un original latin, non pas celui qui figure sur la carte elle-même, mais d'un «prototexte» qui ne fut jamais publié et qui aura servi de source aux trois versions que nous connaissons. Or, quel que soit le texte-source, les trois versions ne peuvent avoir d'autre auteur qu'Olaus Magnus. La nature des modifications, leur discrétion, toutes ces petites retouches qui changent imperceptiblement la tonalité des textes, sans altérer leur parenté, leur identité fondamentale, le caractère assurément intentionnel des changements, tout cela montre que l'auteur des traductions avait une connaissance intime du texte originel et une stratégie de traduction parfaitement consciente. Olaus Magnus semble être la seule personne capable d'accomplir cette tâche: il a rédigé les commentaires (peu importe en quelle langue), en tenant parfaitement compte du public auquel devait s'adresser chaque version – non seulement pour avoir passé dix années à Dantzig et avoir vécu en Italie à plusieurs reprises, mais aussi pour avoir entretenu des relations épistolaires étroites avec l'un et l'autre milieu. Bien que le latin fût sa principale langue de travail, il devait connaître l'italien aussi bien que l'allemand et être en mesure de rédiger les deux textes.[11]

Première représentation de l'Europe du Nord à l'époque moderne, la *Carta marina*, fournit aussi un exemple étonnant d'une «multi-traduction» mise au service d'un projet politique.

La *Carta marina* a joué le rôle de détonateur pour un projet encore plus ambitieux qui occupa notre homme pendant plus de quinze ans. Beaucoup d'images de la carte recèlent de véritables histoires, et dans les commentaires on sent également le désir non seulement de *décrire*, mais aussi de *raconter*. Plusieurs d'entre eux laissaient entendre que l'auteur envisageait de revenir sur le sujet: « … une description viendra en son temps» dit-il à propos de l'île de

---

[11] Sur la qualité de l'allemand, cf. Balzamo, E./Kaiser, R.: Olaus Magnus, 2006, 44–5.

Thulé, ou bien au sujet de certains monstres marins ou des astuces militaires: «
… j'espère pouvoir en raconter encore d'autres choses … ». La carte est donc
d'une importance capitale pour l'*Histoire des peuples du Nord* (*Historia de
gentibus septentrionalibus*) qu'Olaus Magnus écrivit à partir du milieu des
années 1540 et qu'il publia en 1555: un chapitre sur sept de ce livre est un
développement des commentaires de 1539; une image sur cinq est empruntée à
ou inspirée par la *Carta marina*.[12]

Dans cet ouvrage, Olaus Magnus poursuit et amplifie le travail
d'explicitation de l'univers septentrional amorcé dans la carte, et les fruits de
ce travail sont surprenants. Il fut le premier à décrire des phénomènes tels que
les différentes formes de flocons de neige ou à indiquer les limites de la formation des glaces sur la Baltique, sa zoologie n'a été remplacée que par celle de
Linné deux siècles plus tard, mais c'est surtout en tant qu'ethnologue qu'il est
resté inégalable: «C'est avant tout en tant que peintre de la vie du peuple suédois qu'Olaus Magnus demeure un classique insurpassé. […] Avant la venue
de Linné, il fut celui qui en sut le plus sur la vie dans les campagnes suédoises
et les coutumes populaires»,[13] lit-on dans la préface à une récente réédition
suédoise. L'innovation ne concerne pas seulement le choix de la matière et son
organisation, mais aussi le regard posé sur elle par l'auteur du livre.

Donc, une œuvre hautement originale? Sans doute. Et pourtant, en
l'abordant, le lecteur moderne risque d'avoir l'impression du contraire. Des
citations des auteurs antiques, des exemples tirés des traités médiévaux, des
constants appels et références aux autorités diverses prolifèrent à chaque page.
Quel que soit le sujet – qu'il s'agisse des différentes façons de fabriquer les
bougies, des procédés métallurgiques, des animaux domestiques ou de
l'élevage des abeilles –, on a droit à une foule d'informations empruntées à une
foule d'auteurs. Le procédé est toujours le même: chaque chapitre s'ouvre par
la description d'un phénomène donné suivie (plus rarement précédée) d'une
longue suite d'analogies. Ainsi, le premier chapitre du livre 2, intitulé «De
l'eau qui brûle», traite du soufre souterrain qui, en s'enflammant, «menace
d'anéantir toute chose dans les environs» (II:1). Après avoir décrit le phénomène tel qu'il est observable en Islande et en Ecosse, «mais aussi dans le Göta-
land méridional, à proximité de la ville de Växjö» et «près de Nidaros dans le
royaume norvégien», et expliqué ses mécanismes, l'auteur passe en revue les
ouvrages qui font mention du même prodige, en commençant par la Bible et en
passant par saint Augustin, saint Jérôme, Cassiodore, Volaterranus, en évo-

---

[12] Granlund, J.: Olaus Magnus, 1949, 4.

[13] Hagberg, K.: Préface, 1963, 19, 13.

quant des parallèles en Egypte et en Italie, avant de terminer avec Pline. «Il
puisait dans des sources allant d'Hérodote à Johannes Magnus. Il prenait sa
matière partout où il la trouvait, et il s'en servait d'une manière révélatrice
aussi bien de sa soif de connaissance que de la modestie de ses exigences cri-
tiques», [14] commente un expert. En effet, tout le monde s'y retrouve: les ouvrages des auteurs antiques – Hérodote, Strabon, Solin, Tacite, Ptolémée, Pro-
cope, Tite-Live, Virgile, Ovide, mais aussi Aristote et Pline – voisinent la
Cosmographie de Sebastian Münster, le *De animalibus* d'Albert le Grand, le
Speculum naturale de Vincent de Beauvais ... Parmi les contemporains, Olaus
utilise volontiers les ouvrages d'Albert Krantz, de Jacob Ziegler, de Franciscus
Irenicus et, bien entendu, celui de son frère bien-aimé, Johannes Magnus. Une
place particulière revient à Saxo Grammaticus: la majeure partie du livre 5
vient de ce dernier, notamment des livres V–VIII de *La Geste des Danois*. Les
paraphrases et les citations occupent ainsi un tiers de l'œuvre!

Comment expliquer cette façon de procéder? S'agit-il d'un désir d'étaler
son érudition? D'une dépendance bien connue de la pensée médiévale à l'égard
des autorités? De l'incapacité à estimer à sa juste valeur sa propre originalité et
celle de ses observations? Sans doute, il y a un peu de tout cela, et si le lecteur
moderne se serait bien passé de cette avalanche de savoir emprunté, le lecteur
de l'époque devait certainement être ébloui par tant de connaissance dans des
domaines aussi divers. Cependant, la raison principale se trouve ailleurs: elle
est dans la particularité du projet, dans son caractère profondément militant et
idéologique. Si Olaus Magnus fait rentrer dans son ouvrage tant de «références
extérieures», c'est pour doter la matière autochtone d'un contexte plus général,
celui de l'histoire naturelle universelle, pour intégrer les pays du Nord dans un
cadre plus vaste, en faire une partie du monde étudié. Chaque phénomène décrit par notre auteur bénéficie ainsi d'un double éclairage, étant présenté à la
fois comme une particularité des pays nordiques – ce qui permet de souligner
le caractère original et unique desdits pays – et comme un corrélat de quelque
phénomène universel.

Ni les ébauches ni les rédactions intermédiaires de l'*Histoire* n'ont été
conservées, mais l'examen du texte laisse penser qu'en travaillant là-dessus
l'auteur disposait de notes accumulées au fil des années (les mêmes qui auraient servi lors du travail sur la carte), aussi bien des citations tirées de ses
vastes lectures que de ses propres observations. L'hypothèse selon laquelle il
aurait tout écrit de mémoire semble devoir être exclue.[15] En rédigeant son ou-

---

[14] Grape, H.: Studier i Olai, 1942, 117.

[15] Granlund, J.: Olaus Magnus, 1949, 11.

vrage, il retravaillait ses notes, notamment en les traduisant en latin. Ce faisant, il insérait des phrases-liens, absentes dans les notes, qui devaient assurer la transition entre les parties, ainsi que des passages spéculatifs et appréciatifs.

Tout comme la carte, l'*Histoire des peuples du Nord* est un hymne aux pays nordiques – pays de merveilles, certes, mais également pays dépositaires des qualités humaines les plus précieuses. Pour le prouver, Olaus Magnus travaille à coup d'antithèses, dont la principale est celle de Nord / Sud. Tout est plus grand dans le Nord, plus intense et plus grandiose. Les pays nordiques couvrent un territoire plus étendu et plus vaste «que toute Italie, l'Espagne et la Gaule réunies» (IV:4). Les gens y vivent plus vieux, «parfois jusqu'à cent soixante ans et davantage» (IV:4), «les femmes et les jeunes filles sont très fécondes et belles, essentiellement parce que la nature elle-même leur a donné un teint blanc et rose» (IV:11), et le jeune marié lapon richement vêtu de fourrure de lynx et de martre est comparé à «un patricien de Venise» (IV:7). Même lorsqu'il s'agit des phénomènes négatifs, Olaus ne veut pas laisser la priorité aux pays du Sud: tout comme les avantages dans le Nord sont plus grands, les dangers et les nuisances sont plus redoutables. Ainsi, en été, «la lumière, même lorsque ses rayons sont les plus forts ou sa chaleur la plus brûlante, est moins gênante que les désagréables moustiques, lesquels sont sans doute encore plus pénibles que leurs pareils en Egypte» (IV:9). Les montagnes dans le Nord sont redoutables; mille dangers (notamment, les chutes de neige, plus dangereuses que «les pluies de cendre de l'Etna et les tempêtes de sable en Ethiopie») y guettent le voyageur, qui toutefois peut compter sur des relais, des auberges, où l'on peut se restaurer, même si ce n'est pas avec du vin «comme dans les Apennins ou dans les régions montagneuses d'Espagne, dont les populations sont plus avantagées, même si elles-mêmes ne se rendent pas compte de la chance qu'elles ont» (II:25). Cette façon de procéder, proche de celle qu'il avait employée pour la carte, possède un double avantage: elle permet à la fois d'affirmer la suprématie des pays du Nord et de fournir un terme de comparaison facilitant la compréhension. Comme le remarque un commentateur, «grâce à ces comparaisons et antithèses, la culture nordique acquiert une netteté qui autrement n'aurait pas été possible».[16]

Ainsi, le procédé est toujours le même: placer le phénomène dans le cadre référentiel familier (par ex., l'Island définie à partir de la Sicile), puis souligner les particularités, mais toujours en se référant aux choses familières. Dans son pays, raconte Olaus Magnus, on voyage en traîneau tiré par des rennes, «créatures aussi nombreuses dans ce pays que les ânes en Italie» (I:1);

---

[16] Granlund, J.: Olaus Magnus, 1949, 7.

là-bas, «on ne se sert jamais d'animaux pour dégager les grains de leurs épis, comme cela se fait en Italie, mais on profite des longues nuits pour le battre à l'intérieur même des granges» (XIII:7). Il compare le fromage italien – celui qu'on fabrique à Parme, à Vicence ou «dans d'autres régions et villages de la Lombardie» – avec les fromages produits en Suède, notamment dans le Västergötland, et, bien entendu, sa préférence va aux fromagers suédois: «Ces gens reçoivent les plus hautes louanges [...], car nul ne peut égaler leur savoir-faire.» De même, en parlant du tissage «pratiqué par les femmes du Nord d'une rare aptitude [pour ce métier]», tout en donnant comme modèle les tisserands italiens – «même en Italie leur travail serait considéré comme très habile» –, il ajoute (XIII:48, fig. 2):

«Il m'est arrivé d'admirer, chez les habitants du Nord, une étoffe de lin, merveilleusement bien faite, rehaussée de plusieurs rayures d'un bleu ciel, et quand plus tard je suis venu en Italie, j'ai trouvé à Rome un coupon qui aurait pu être fait par les mêmes mains, tellement il ressemblait au premier par la trame et le dessin».

Nous sommes en présence d'une démarche comparatiste par excellence, facilitée par le fait que ce va-et-vient permanent entre les cultures se fait dans une *lingua franca*, le latin, et s'appuie sur un travail préalable de traduction du suédois en latin, dont malheureusement nous ne pouvons pas nous faire une idée précise, faute d'archives conservées.

Cependant, le recours au latin n'a pas que des avantages: de nombreux problèmes terminologiques surgissent, car il s'agit souvent des phénomènes *analogues*, mais pas *identiques*. Olaus Magnus est pareil à Adam appelé à trouver des noms pour les différents êtres que Dieu a créés pour peupler la terre, car beaucoup de choses – jusqu'ici jamais décrites – n'avaient pas de nom «universel», i.e. latin, mais seulement un nom vernaculaire. Or, pour les baptiser – et par ce baptême les faire entrer dans la communauté des *universalia* –, il a en sa disposition une taxonomie référent à un autre univers, celui de l'Europe méridionale; il est donc obligé d'adapter les noms existants aux phénomènes nordiques par analogie. Le résultat, dans beaucoup de cas, ne peut être qu'approximatif. Ainsi, *siligo* qui en latin classique signifie «blé», désigne chez lui le seigle; par ailleurs, il a des difficultés avec les oiseaux et surtout avec les poissons.[17]

Olaus Magnus est lui-même conscient de ce problème: «Dans le Nord», écrit-il dans le prologue au livre XX:

---

[17] Cf. la préface à la traduction anglaise: Foote, P.: Description of the Northern Peoples, 1995–98, p. xix–xx.

«les lacs et les cours d'eau abritent tant de variétés de poissons, qui par leur apparence, leur constitution et leur taille diffèrent des autres, qu'il est sans doute plus agréable de les goûter que de discuter sur les appellations qui leur conviennent le mieux. Il m'est arrivé d'examiner les riches arrivages sur le marché de poissons à Venise, mais je n'ai pu relever que quatre ou cinq espèces – notamment le brochet, la tanche, l'anguille, l'ascidie (*orchis*) et l'ange (*squatina*) – pouvant être comparées avec les poissons du Nord, extrêmement variés. Toutefois, si l'on ne parvient pas à les nommer ni en latin, ni en grec, on devrait le leur pardonner à cause de leur goût exquis, d'autant plus facilement qu'un estomac vide ne peut se remplir de spéculations terminologiques douteuses visant à savoir quel est leur nom correct et à quelle famille ils appartiennent, tandis que, bien préparés et joliment servis, ils bénéficieront d'un accueil enthousiaste de celui-même qui les a choisis comme 'objet d'études'».[18]

Un problème de traduction se posait également au niveau des images ayant trait à l'artisanat et aux procédés techniques, surtout si ces derniers n'étaient pas les mêmes dans le Nord et le Sud. Les artistes travaillant sous les ordres de Olaus Magnus avaient tendance à recourir aux formes familières, ce qui nous vaut parfois des images non conformes à la réalité nordique, telle qu'elle est attestée dans d'autres sources. Une difficulté supplémentaire surgissait lorsqu'il fallait représenter des objets complètement inconnus, par exemple, les skis. La description que Olaus Magnus en fait dans le chapitre correspondant (IV:12, fig. 3) est assez claire: « ... larges lattes de bois, lisses et recourbées, attachées à leurs pieds [i.e. aux pieds des chasseurs]», tandis que l'illustration montre, au lieu d'attaches, une sorte de cavité creusée dans le bois dans laquelle le skieur glisse son pied.

---

[18] Signalerons en passant que, convaincu de la supériorité de la morue (*stockfisk*) de la Baltique, Olaus réussit à en imposer l'importation en Italie, à Trente, pendant les années du Concile (1545–63), ce qui donna naissance à une tradition culinaire (cf. Kostiukovic, E.: Nourriture [en russe], 2006, 93).

Fig. 2. *Historia de gentibus septentrionalibus*, XIII:48.

Fig. 3. *Historia de gentibus septentrionalibus*, IV:12.

Une autre difficulté encore consistait à rendre compréhensibles l'histoire scandinave ancienne (essentiellement celle qu'on trouve chez Saxo), les représentations païennes, les créatures surnaturelles relevant du folklore, les coutumes et les croyances populaires. Face à cette matière hétérodoxe, Olaus Magnus ne dispose que de l'*instrumentarium intellectuale* d'un homme d'Eglise du XVIe siècle, pour qui tous ces phénomènes possèdent inévitablement une forte connotation négative. Pour en rendre compte, il recourt à la nomenclature chrétienne, qui plus est exprimée en latin – ce qui nous vaut les esprits maléfiques, les démons, les fantômes, etc., dans lesquels on devine les trolls, les *tomtar*, les lutins et les elfes des croyances populaires. Il dut affronter ce problème déjà en dressant la carte, qui contient en effet l'image d'un diable – parfaitement conforme à l'iconographique classique: cornes, queue, griffes, nez proéminent –, balayant le sol d'une écurie, qui est commentée de façon suivante: «B: k désigne les mauvais esprits qui, sous une apparence visible, aident les hommes à l'écurie ainsi que dans les mines de fer, de cuivre et d'argent. Avant l'arrivée de la religion chrétienne, ces fantômes diaboliques avaient plus de pouvoir sur les êtres humains que de nos jours». L'*Historia* livre à ce propos des informations plus explicites, en évoquant les «mauvais esprits» qui peuvent revêtir «mille formes différentes» et qui sont à l'origine d'innombrables ennuis: ils «mettent les choses sens dessus-dessous dans la maison, portent préjudice au bétail, détruisent les récoltes et les habitations et polluent les cours d'eau» (III:22), nuisances attribuées par la tradition populaire aux trolls, lutins, *vittror* et autres ondins. Ailleurs (VI:10, fig. 4), il évoque des «mauvais esprits» qui jouent des tours aux ouvriers qui travaillent dans les mines; la vignette représente un diable noir, parfaitement conforme à l'iconographie chrétienne, mais on n'a aucun mal à comprendre qui se cache derrière: un troll de montagne (*bergtroll*), personnage fréquent des croyances populaires.

La même chose vaut pour un phénomène culturel typiquement nordique: les runes. Olaus Magnus leur porte un vif intérêt, et déjà la *Carta marina* contient un grand nombre d'indications d'emplacement des pierres runiques, on y trouve aussi quelques inscriptions faites avec des runes. Les images qui accompagnent les chapitres consacrés à l'écriture runique dans l'*Histoire* (I:34, fig. 5) ne sont pas toujours réussies: l'auteur dut avoir du mal à expliquer ses intentions aux illustrateurs italiens. Cependant, les noms qu'il cite sont corrects, on les retrouve sur les pierres conservées. La comparaison qu'il fait entre les pierres runiques et les monuments égyptiens, notamment les pyramides, est, certes, avant tout un tribut payé à la mode (l'égyptologie était en vogue en Italie quand il y séjournait), mais il avait également besoin de ce parallèle, car «comparées aux hiéroglyphes égyptiens, ses runes avaient l'air moins extravagant, par conséquent gagnaient en véracité»,[19] comme le remarque un spécialiste.

Fig. 4. *Historia de gentibus septentrionalibus*, VI:10.

Fig. 5. *Historia de gentibus septentrionalibus*, I:34.

L'œuvre d'Olaus Magnus comporte ainsi deux volets successifs et complémentaires: la *Carta marina* (1539) et l'*Histoire des peuples du Nord* (1555). Dans le premier dominent les images (mais le texte, celui du commentaire, est aussi important, ce qu'on oublie parfois, en réduisant la carte à sa dimension picturale); dans le second, c'est le texte qui joue le rôle principal. Le va-et-vient entre deux univers et deux cultures permet à l'auteur – bénéficiaire d'une

---

[19] Granlund, J.: Syn och sanning, 1946, 130.

expérience rarissime à son époque: avoir un pied dans chacune d'entre elles –
de créer une représentation d'une richesse éblouissante de l'Europe du Nord
qu'il parvient à rendre compréhensible, sans altérer son originalité foncière,
non pas en la réduisant aux représentations familières, mais en se servant des
similitudes pour mieux souligner les différences. Ce pari à première vue im-
possible, il l'a gagné – la preuve en est le retentissant succès de l'*Historia*,[20]
devenu rapidement un véritable best-seller européen.

Ainsi, le «projet existentiel» d'Olaus Magnus, conçu à la fin des années
1520, fut bel et bien réalisé, même si sur le plan politique il n'eut pas l'effet
escompté: pas plus que quiconque Olaus ne fut en mesure de changer le cours
de l'histoire européenne – la Réforme dans l'Europe du Nord se poursuivait, le
jeu d'alliances extrêmement compliqué au sein de l'Europe ne laissait au Saint-
Siège aucune marge de manœuvre dans le Nord. Olaus en était sans doute af-
fligé, mais la conscience d'avoir remporté une autre victoire devait atténuer
son amertume: il avait réussi à rédiger «un livre sur ce qu'il y a de glorieux et
de mémorable dans le royaume des Suédois et des Goths, supérieur à tout ce
qu'on ait jamais écrit depuis le début du monde et jusqu'à ce jour»,[21] ainsi
qualifie-il son *Histoire des peuples du Nord* dans une lettre à Gustave Vasa –
un jugement qui n'a rien d'exagéré.

---

[20] L'affaire est toutefois plus compliquée dans la mesure où ce n'est pas le texte
même d'Olaus Magnus, mais l'épitomé de C. Scribonius qui fut à l'origine de ce
succès; pour plus de détails, cf. Balzamo, E.: Les frères, 2003, 150.

[21] Cité dans: Grape, H.: Olaus Magnus. Svensk, 1961, 40.

Bibliografie

Balzamo, Elena: La fortune littéraire des frères Johannes et Olaus Magnus ou les enjeux de la traduction. Dans: Proxima Thulé: revue d'études nordiques, N°5 (2003), 135–57.

Balzamo, Elena: Olaus Magnus. *Carta Marina*, 1539, édité et raconté par Elena Balzamo. Paris 2005.

Balzamo, Elena: Den 'lyckliga slumpen': *Carta marinas* öden och äventyr. In: Biblis N°37 (2007), 4–29.

Balzamo, Elena: Den osynlige ärkebiskopen. Essäer om Olaus Magnus. Stockholm 2015.

Balzamo, Elena: Un archevêque venu du froid. Essais dur Olaus Magnus 1490–1557, Paris 2019.

Balzamo, Elena/Kaiser, Reinhard: Olaus Magnus, Die Wunder des Nordens, erschlossen von Elena Balzamo und Reinhard Kaiser. Francfort-sur-le-Main 2006.

Brenner, Oscar: Die ächte Karte des Olaus Magnus vom Jahre 1539 nach dem Exemplar der Münchener Staatsbibliothek. Christiania 1886.

Eriksson, Olof (Ed.): Översättning och kultur. Växjö 2007.

Foote, Peter (Ed.): Description of the Northern Peoples, Rome 1555, 3 vol. Londres 1995–98.

Grape, Hjalmar: Studier i Olai Magnis författarskap: Ett bidrag till den götiska rörelsens historia. Uppsala 1942.

Grape, Hjalmar: Olaus Magnus. Svensk landsflykting och nordisk kulturapostel i Italien. Stockholm 1961.

Grape, Hjalmar: Olaus Magnus, forskare, moralist, konstnär. Stockholm 1970.

Granlund, John: Syn och sanning hos Olaus Magnus. Dans: Fataburen: Nordiska museets och Skansens årsbok. Stockholm1946, 119–32.

Granlund, John: Olaus Magnus som folklivsskildrare. Dans: Saga och sed: Kungl. Gustav Adolfs akademiens årsbok. Uppsala 1949, 1–16.

Hagberg, Knut: Olaus Magnus. *Historia om de nordiska folken.* I urval av Knut Hagberg. Stockholm 1963.

Hjärne, Harald (Ed.): Olaus Magnus. Literära fragmenter. Självbiographiska anteckningar. In: Historiska handlingar, XII:2,1. Stockholm 1892.

Elena Balzamo

Knauer, Elfriede Regina: Die *Carta Marina* des Olaus Magnus von 1539. Göttingen 1981.

Kostiukovic, Elena: Nourriture. Le bonheur à l'italienne [en russe]. Moscou 2006.

Martin, Jules: Deux confesseurs de la foi au 16e s., Johannes et Olaus Magnus, archevêques d'Upsal. Dans: L'Université catholique 57 et 59 (1908).

Richter, Hermann: Olaus Magnus' *Carta marina* 1539. Lund 1967.

Die *Bibliothèque des Dames chrétiennes* – zu Aktualisierung und Attraktivitätssteigerung frühneuzeitlicher Betrachtungsliteratur

Stephanie Wodianka

Im Bestand der Universitätsbibliothek Rostock befindet sich ein knapp 600 Seiten umfassendes Büchlein im Kleinformat, das mit dem Erscheinungsjahr 1826 aus seiner Zeit gefallen zu sein scheint: Unter dem Reihentitel *Bibliothèque des Dames chrétiennes* vereint es in französischer Übersetzung meditative Literatur des XVII. Jahrhunderts. Der Herausgeber bleibt anonym und spezifiziert auf dem inneren Titelblatt seine ,Bibliothek für christliche Damen' folgendermaßen: „Le Combat spirituel, par Le R.P.D. Laurent Scupoli, clerc régulier théatin, suivi d'un traité de la paix d'âme, Par le même auteur: Traduction nouvelle, Par ***, augmenté de prières tirées des paraphrases de Massillon, et d'un morceau inédit du P. Bourdaloue.“[1]

Der Band erweist sich somit auf den ersten Blick als französische Neuübersetzung des zum damaligen Zeitpunkt bereits mehr als 200 Jahre alten

---

[1] Anonymus (Hg.), *Le Combat spirituel / Bibliothèque des Dames chrétiennes*, 1826. Die Bibliothek der Universität Rostock (Sondersammlung) führt den Band im Format in–32 unter der Signatur Fm 4132, die Zitate dieses Aufsatzes sind dieser Ausgabe entnommen. Das Buch wurde wahrscheinlich schon bald nach seinem Erscheinen durch Spende oder Kauf erworben. Ein weiterer Band der Reihe findet sich im Bestand der Stadtbibliothek Schwerin unter der Signatur AF IV 15. Dieser ist 1824 erschienen und enthält eine weitere Auswahl erbaulicher Literatur: „Lettres choisies des Pères: Lettres de Basile, de S. Grigoire de Naziance, de S. Jean-Chrysostome, de S. Augustin […]“. Ich danke Christiane Michaelis und Heike Tröger für ihre freundliche und kompetente Unterstützung bei den Recherchen zur bibliothekarischen Kontextualisierung des Rostocker Bandes. Die *Bibliothèque des Dames chrétiennes* umfasst laut Katalogauskunft der Bibliothèque Nationale de France insgesamt 20 Bände und wurde ab 1823 in 10 Chargen à 2 Bänden ausgeliefert. Der in Rostock vorliegende Band war somit Teil der ersten Auslieferung. 1828–39 erfolgte eine Fortsetzung der Reihe in ebenfalls 20 Bänden, der zur Subskription aufrufende *Prospectus* dieser weiterführenden Publikation nennt den „Abbé de La Mennais“ als Herausgeber der vorausgehenden Bände [https://catalogue.bnf.fr/ark:/12148/cb45029649r]. Félicité Robert de Lamennais (1782–1854) war zunächst *Ultramontain*, entwickelte sich aber später zu einem Vertreter des liberalen Katholizismus und der christlichen Demokratie. Es ist zu vermuten, dass er seinen Namen als Herausgeber nicht preisgab, weil ihm bereits 1826 ein ambivalenter Ruf vorauseilte. Sein Bruch mit der Kirche erfolgte aber erst 1833 mit der Publikation seines Werkes *Paroles d'un coroyant*, das von Papst Gregor XVI. verboten wurde. Nach seinem Tode verweigerte ihm die Kirche ein kirchliches Begräbnis.

Hauptwerks von Lorenzo Scupoli, einem italienischer Theatinermönch, der durch seine an eine anonyme „figliola amatissima in Dio" gerichtete Betrachtungsanleitung *Combattimento spirituale* im XVI. Jahrhundert zum Autor eines europäischen Bestsellers geworden war.[2] Zusätzlich enthält das Büchlein, so ist weiter dem Titel zu entnehmen, dessen Meditationstraktat *Della Pace interiore*.[3] Beide Texte, die den quantitativen Hauptteil des Buches ausmachen, werden als eine „Traduction nouvelle" dem französischen Lesepublikum präsentiert – der Neuheitscharakter der Übersetzung ist durch Großdruck hervorgehoben. Der Titel nennt weitere enthaltene Bestandteile der *Bibliothèque des Dames chrétiennes*: Ergänzt werden die Texte Scupolis durch Gebete, die den Psalmparaphrasen Jean-Baptiste Massillons entnommen seien, Hofprediger von Ludwig XIV., der sich in der höfischen Gesellschaft als Redner und Autor erbaulicher Texte großer Beliebtheit erfreute. Ferner kündigt der Titel ein „morçeau inédit" des Paters Louis Bourdaloue an, das den kleinen Band beschließt. Bourdaloue gehörte wie Massillon zu den im Umkreis des absolutistischen Hofes tätigen Geistlichen und galt als insbesondere bei den Damen geschätzter Prediger, an dessen Lippen die Zuhörerinnen so sehr hingen, dass selbst für die Verrichtung kleiner Geschäfte, die zur Unterbrechung des Hörgenusses geführt hätten, eine diskrete Notlösung erfunden werden musste.[4]

---

[2] Der *Combattimento spirituale*, der ‚Geistliche Kampf', erschien erstmals 1589 in Venedig und wurde noch zu Lebzeiten Scupolis fast 60 mal neu aufgelegt. Er wurde kurz nach seinem Erscheinen ins Deutsche (1590), Lateinische (1591), Französische (1595) und Englische (1598) übersetzt, noch im XVII. Jahrhundert ins Spanische, Flämische und Portugiesische, Polnische und Kroatische, im XVIII. Jahrhundert ins Armenische und Arabische, später ins Griechische, Russische, Bretonische, Chinesische, Japanische, Ungarische, Rumänische und Lettische – bis heute erschien das Werk in mehr als 600 Auflagen.

[3] Dieses kleinere Betrachtungswerk Scupolis findet sich zum ersten Mal in einer Ausgabe von 1657 im Anschluss an den *Combattimento spirituale*.

[4] Wikipedia weiß von einem nach dem Pater benannten ‚Urinal to go': „Die Benutzung des *Bourdalou* geht angeblich auf das Jahr 1700 zurück, als am Hofe König Ludwigs XIV. der damals berühmte Jesuitenpater Louis Bourdaloue seine Predigten hielt. Diese sollen so fesselnd gewesen sein, dass die Damen stundenlang den rhetorischen Künsten des Paters lauschten. Um nicht während der Predigt wegen eines ‚Bedürfnisses' die Kirche mitten im Vortrag verlassen zu müssen, sollen einige Damen eine *Saucière* mit in die Kirche genommen und diese zweckentfremdet haben. Die Porzellan-Manufakturen griffen diese Mode auf und schufen Gefäße, die der *Saucière* zwar ähnlich waren, aber nach Größe und Gestalt dem neuen Verwendungszweck entsprachen und als ‚*pot de chambre oval*' auf den Markt kamen. Nach kurzer Zeit entwickelten sich die Gefäße zu Luxusartikeln, die mit kostbarsten Dekoren und delikaten Details ausgestattet waren. Erst nach dem Tod des Paters Bourdaloue hat der Volksmund diesem inzwischen verbreiteten und beliebten neuen Gebrauchsgegenstand den Namen gegeben." (https://de.wikipedia.org/wiki/Bourdalou). Bei Bedürfnis nach weite-

Bereits dem Titelblatt ist also zu entnehmen, dass der anonyme Herausgeber der *Bibliothèque des Dames chrétiennes* alles aufbietet, was die gegenreformatorische Erbauungsliteratur an Trümpfen zu bieten gehabt hatte.[5] Und zudem – und das macht der Herausgeber ebenso von Anfang an mit Nachdruck deutlich – in einer neuen Übersetzung.

Ich möchte in meinem Beitrag anhand des in der Rostocker Universitätsbibliothek unter der Signatur Fm 4132 geführten Buchexemplars untersuchen, in welchem Verhältnis der Rekurs

auf die schon damals zweihundert Jahre alten ‚Klassiker' der katholischen Erbauungsliteratur[6] zum markierten Innovationsbewusstsein des anonymen Herausgebers im XIX. Jahrhundert stehen. Außerdem ist die kleine *Bibliothèque des Dames chrétiennes* aus dem Jahr 1826 in ihrer Textauswahl geeignet, um Charakteristika und Vielfalt meditativer Literatur des XVI. und XVII. Jahrhunderts zu illustrieren – und dabei zugleich zu zeigen, welche Akzente im XIX. Jahrhundert durch Auswahl und Editionsästhetik gesetzt werden, um diese für das avisierte Lesepublikum attraktiv zu machen.

---

rer Einarbeitung ins Thema, siehe Schmolda, U.: Vom Nachtscherm zur Klomuschel, 2011, 113–28.

[5] Sowohl Lorenzo Scupolis *Combattimento spirituale* als auch François de Sales' *Introduction à la vie dévote* sind Teil der Produktions- und Rezeptionswelle von Meditations- und Erbauungsliteratur, die im letzten Drittel des XVI. Jahrhunderts beginnt, ihren Höhepunkt im XVII. Jahrhundert erreicht und spätestens zu Beginn des XVIII. Jahrhunderts deutlich abflaut. Die Meditation entwickelt sich in den nachreformatorischen Jahrzehnten vom monastischen Privileg zu einer religiösen, in vielen Aspekten interkonfessionellen Massenbewegung und wird im Rahmen einer frömmigkeitsgeschichtlichen Wandlung Ausdruck gelebter Frömmigkeit mit dem Ziel der Verinnerlichung von Glaubensinhalten und der Gotteserfahrung.

[6] Die ab 1820 und bis 1839 in Paris verlegte Reihe *Bibliothèque des Dames chrétiennes* setze sich zum Ziel, die bekanntesten Werke der frühneuzeitlichen Erbauungsliteratur katholischer Provenienz in mehr als 20 Bänden neu herauszugeben und den zeitgenössischen Lesern zugänglich zu machen. Sowohl die Einzelbände sind als Zusammenstellung mehrere Werke, als kleine ‚Bibliothek', zu verstehen, als auch die Gesamtheit der in der Reihe erschienenen Bände.

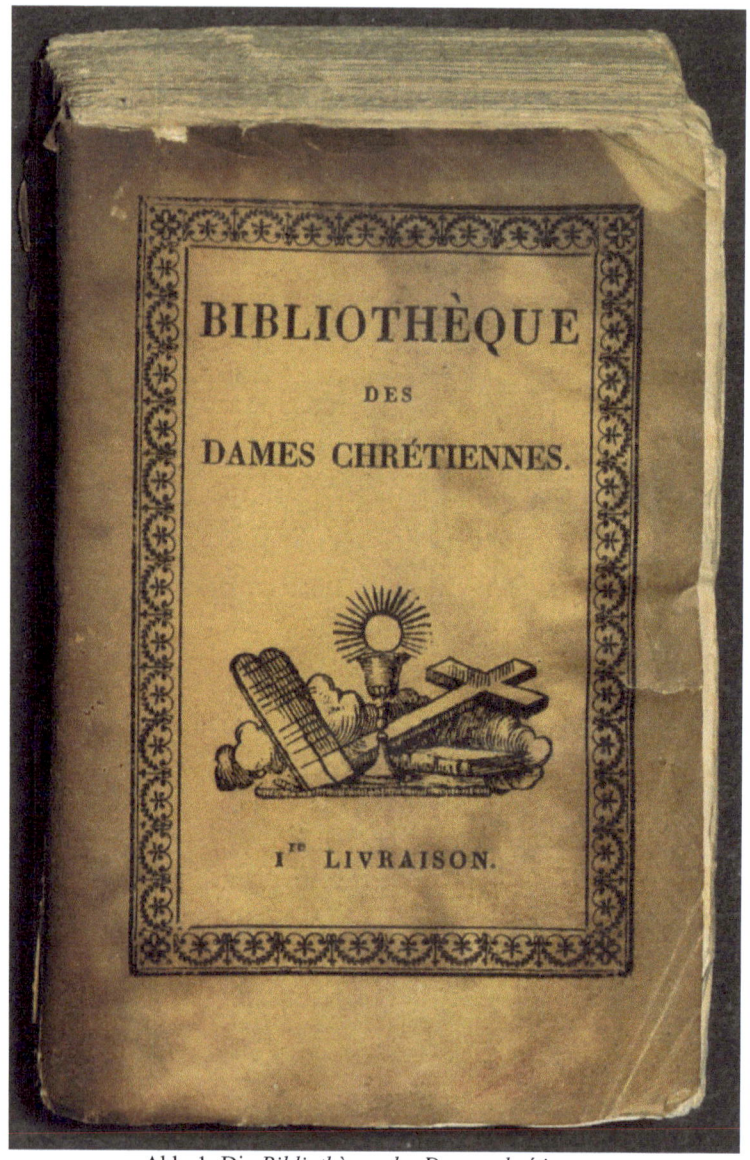

Abb. 1: Die *Bibliothèque des Dames chrétiennes*
in der Sondersammlung der Universitätsbibliothek Rostock.

1. Adressatinnen oder Adressaten?

Schlägt man das Büchlein auf, so erscheint nach dem Titelblatt ein „Avertissement du Père Brignon, de la Compagnie de Jésus, Auteur d'une traduction du Combat spirituel". Obwohl der anonyme Herausgeber die Neuheit seiner Übersetzung betont, setzt er somit ein Vorwort an die erste Stelle, das nicht aus seiner Feder, sondern aus der eines frühneuzeitlichen Übersetzers in einer Ausgabe von 1688 stammt. Großzügig wird dieses Vorgehen in einer Fußnote mit dem Verweis auf den Informationsgehalt des alten Textes kommentiert. Der Herausgeber stellt damit auch sein philologisch reflektiertes Vorgehen unter Beweis: „Nous avons cru devoir conserver, et sans y rien changer, cet ancien avertissement, lequel contient, tant sur l'auteur que sur l'ouvrage, des particularités qui peuvent sembler intéressantes." (S. V). Über den Abdruck von Brignons *Avertissement* erfährt der Leser, dass der bekannte, mittlerweile heiliggesprochene französische Geistliche und „directeur spirituel" François de Sales den *Combattimento spirituale* des Lorenzo Scupoli überaus geschätzt hatte und stets bei sich trug. Und in einer weiteren Fußnote meldet sich der anonyme Herausgeber kenntnisreich zu Wort und ergänzt, dass Francois de Sales den *Combattimento spirituale* sein „cher livre, son livre favori" genannt habe – um gelehrt hinzuzufügen: „ce sont ses propres expressions, rapportées par M. Le Camus, évêque du Bellay, dans L'Esprit de saint François de Sales (édition en 6 volumes). Note de l'éditeur." (S. VI). Dem Herausgeber ist es offensichtlich wichtig, einen philologisch und frömmigkeitsgeschichtlich informierten Eindruck bei seinem Lesepublikum zu machen und seine gewisse Überlegenheit gegenüber dem Kenntnisstand des Père Brignon zu beweisen. Er nutzt dessen Text zwar zur Einführung in den Text Scupolis, d.h. in seine Inhalte, seine Nützlichkeit und seinen Erfolg, aber er weist die alte Übersetzung auch in ihre Schranken. Dabei hatte schon Brignon ein reflexives Verhältnis zu seiner Übersetzung formuliert, das einerseits die Frage nach der zu Grunde zu legenden Textversion bzw. zur Autorschaft, aber auch die Frage der angemessenen Übertragung in die französische Sprache betraf: „Je n'y ai rien changé", beteuert Brignon seine Texttreue, „sinon qu'au lieu que l'auteur adresse toutes ses instructions à une personne dévote, véritable ou feinte, qu'il nomme sa très chère fille en Jésus-Christ, je le fais parler, en général, à tous ceux qui liront son livre: ce qui me semble plus conforme à notre manière de parler." (S. X). Bereits Brignon hatte also in seiner französischen Übersetzung des italienischen Textes eine grundlegende Änderung vorgenommen: Er hatte die Adressierung an eine anonyme ‚fromme Tochter' getilgt und stattdessen eine generalisierendere Anrede gewählt, die nicht mehr an ein weiblich markiertes Du im Singular, sondern an ein unbestimmtes Leserkollektiv gerichtet war. Sein Argument, dass dies dem französischen

Sprachgebrauch eher entspreche, scheint etwas schwach, umso stärker sind die Konsequenzen seines Texteingriffs: Brignons Übersetzung hatte damit zumindest oberflächlich den Charakter ‚weiblicher' Lektüre und Betrachtungsanleitung verloren.[7] Der anonyme Herausgeber der *Bibliothèque chrétienne* widerspricht Brignon in diesem Vorgehen zwar nicht und macht es auch nicht rückgängig, durch die editorische Kontextualisierung in der sich an ein weibliches Publikum richtenden *Bibliothèque des Dames chrétiennes* von 1826 gewinnt der *Combat sprituel* aber indirekt wieder eine geschlechtsspezifische Adressierung zurück, die er in der französischen Editionstradition bis dahin verloren hatte.

2. Lockmittel

Das folgende „Avertissement de l'Éditeur" (S. XI–XV) vertieft den Gestus editorischer, sprachlicher und geschmacklicher Überlegenheit, von dem auch schon die Fußnoten im ersten *Avertissement* geprägt waren. Fragen der Autorschaft seien mittlerweile zweifelsfrei geklärt,[8] und es sei eigentlich erstaunlich, dass die französische Übersetzung Brignons – obwohl sie nicht die einzige gewesen sei – trotz ihrer schlechten Qualität so großen Erfolg gehabt habe (S. XII/XIII):

> Toutefois elle est encore, et sous tous les rapports, si défectueuse: on y trouve tant de constructions vicieuses, de locutions devenues triviales, d'expressions qui ont vieilli, etc., que nous n'avons pu nous résoudre à la conserver: et si quelque chose a pu nous étonner en la relisant, c'est qu'on l'ait tant de fois réimprimée.

Ziel der vorliegenden, neuen Übersetzung sei es, eine sprachlich richtigere, dadurch aber auch dem Geschmack der Zeitgenossen angemesseneren Text zu präsentieren, der den Ansprüchen des nicht unbedingt frommeren, aber mit anspruchsvolleren Ohren ausgestatteten Publikums des XIX. Jahrhunderts genügen und somit seinen erbaulichen Nutzen aufs Neue entfalten könne:

---

[7] Wie Scupoli plädiert auch Francois de Sales für eine nicht nur den Klöstern vorbehaltene Meditationspraxis, und wie er wendet er sich an eine weibliche Betrachtungs-Schülerin, die das angesprochene und zugleich exemplarische Du seines Textes ist. Dennoch benutzt Francois de Sales aber das geschlechtsneutrale Demonstrativpronomen *ceux*, nicht *celles*, wenn er von der Zielgruppe seiner *Introduction à la vie dévote* spricht: „Mon intention est d'instruire ceux qui vivent en villes, en mesnages, en la cour, et qui par leur condition sont obligés de faire une vie commune quant'a l'exterieur". Die ‚Weiblichkeit' seines Meditationsmodells impliziert tiefgründigere Ambivalenzen, siehe dazu Wodianka, S.: François de Sales, 2000, 175–200.

[8] Siehe dazu Barni, P.: Il Combattimento spirituale, 1999, 561–80.

Nous espérons que cette traduction nouvelle, plus claire, plus correcte, et par conséquent mieux accommodée au goût d'un siècle où les oreilles sont devenues d'autant plus délicates qu'il y a moins de foi et de piété dans les cœurs, pourra être lue par bien des personnes que le mauvais style de l'autre aurait peut-être rebutés, et en qui la lecture de ce petit volume, véritable trésor des plus sublimes leçons du christianisme, est capable d'opérer de salutaires effets de conversion ou d'édification.

Durch die Kommentierung der eigenen Übersetzung scheint neben dem Mépris für das Werk des Vorgängers deutlich die Intention hindurch, mit bewährten erbaulichen Mitteln gegen die Glaubensvergessenheit seiner Zeitgenossen vorzugehen. Unüberhörbar ist das Bedauern darüber, dass das postrevolutionäre Frankreich nicht mehr an jene Frömmigkeitsbewegung anschließen konnte, die im XVI. und XVII. Jahrhundert über alle Konfessionen hinweg weite Verbreitung gefunden hatte. Der anonyme Herausgeber und Übersetzer ist sich bewusst, dass er andere und neue Register ziehen muss, wenn er die Franzosen seiner Zeit für die Lektüre von Meditationsliteratur gewinnen möchte. Eine Strategie besteht im Verweis auf die sprachlich-stilistische und geschmackliche Aktualisierung, eine andere in seiner Markierung fortgeschrittenen und philologisch reflektierten Kenntnisstandes, der die Lektüre aus dem Dunstkreis dümmlich-frömmelnder hin zu aufgeklärt-reflektierter Beschäftigung erhebt, die mit der Zeit und ihren Ansprüchen geht.

Weil diese beiden Strategien für manche zwar nachvollziehbar, aber nicht wirklich zur Lektüre animierend gewirkt haben mögen, setzt der Herausgeber der *Bibliothèque chrétienne* in seinem *Avertissement* noch eins drauf: Er kündigt an, dass der Band mit einem bisher nicht edierten Text beschlossen werde, der weitaus interessanter sei als die in früheren Ausgaben häufig dem Werk Scupolis beigegebenen „pensées sur la mort", die alle qualitativen Standards unterböten: „opuscules dont il [Scupoli] n'est point l'auteur, et qui sont au-dessous de la médiocrité" (S. XIV). Damit dürfte der Herausgeber die Leser auf seiner Seite gehabt haben – die wenig aussichts- und spannungsreiche Todesmeditation wird durch ein nicht ediertes, sozusagen bislang geheimes Dokument ergänzt, das zwei illustre Namen ins Spiel bringt: Mme de Maintenon, letzte Mätresse und seit 1783 heimliche morganatische Ehefrau von Ludwig XIV, und den bereits o.g. Père de Bourdaloue, den die weiblichen Gläubigen des XVII. Jahrhunderts nicht nur als *directeur spirituel* geschätzt hatten. Die als Françoise d'Aubigné geborene und später mit dem Komödiendichter Paul Scarron verheiratete Mme de Maintenon galt bei ihren Zeitgenossen einerseits als sehr tugendhaft und fromm – deshalb war sie auch für den Personalbestand der *Bibliotheque chrétienne* geeignet –, andererseits eilte ihr durch ihre ‚exotischen' Kindheitsjahre auf den Antillen, ihre Ehe mit einem Komödiendichter, durch die vorübergehenden, aber stets unbelegten Vorwürfe der Prostitution und durch ihr im Vergleich zu Ludwig XIV fortgeschrittenes Alter eine ambivalenter Ruf voraus. Auch wenn es sich ‚nur' um einen geistlichen Antwortbrief des Paters an Mme de Maintenon handelt, in dem er diese in ihren Frömmigkeitsübungen anleitet und bestärkt (damit rückt der Herausgeber im *Avertissement* allerdings noch nicht heraus), vermag diese Ankündigung das Interesse des Lesepublikums – zumindest im Vergleich mit einer *meditatio mortis* – deutlich angeregt haben, denn die berühmte Geliebte des Königs erfreute sich noch im Frankreich des XIX. Jahrhunderts einiger Bekanntheit, erst kürzlich war sie durch den Kriminalroman E. T. A. Hoffmanns *Das Fräulein von Scuderi* auch zu literarischem Ruhm gekommen. Der Herausgeber schürt entsprechend die Neugier auf das Dokument illustrer Prominenz: „Cette pièce, dont l'authenticité ne peut être revoquée en doute, intéressante à la fois, et par le sujet qu'elle traite, et par le nom de la personne à qui elle est adressée, est digne, en tous points, de la doctrine, de la piété et du rare talent de son illustre auteur." (S. XIV–XV). So ließ sich die Aussicht auf die Lektüreerfahrung von Doktrin, Frömmigkeit und Erbauung im Jahr 1826 durchaus ertragen.

3. Schwere Kost der Buße?

Bevor das erste Kapitel des *Combat spirituel* beginnt, findet der Leser die bereits auf dem Titelblatt angekündigten „Prières d'une âme pénitente. Distribuées pour les sept jours de la semaine" aus den Psalmparaphrasen des Jean-Baptiste Massillon.[9] Sieben ein- bis zweiseitige Bußgebete finden sich in diesem Teil des Buches. Vor dem Hintergrund des bisher Gesagten könnte man meinen, dass die angepriesene Attraktivität des Bandes spätestens hier auf eine erbauliche Grenze gestoßen sein dürfte. Wenn es das Ziel des anonymen Herausgebers war, seine Leser als Kämpfer für den *Combat spirituel* zu gewinnen – warum stellte er dieser Lektüre Bußgebete voran? Es wäre jedoch sachlich verfehlt und unhistorisch, den Bußgebeten Massillons eine ‚abschreckende' Wirkung zuzuschreiben. Zwar mag ihre Attraktivität nicht an den versprochenen Briefwechsel zwischen Mme de Maintenon und dem Père Bourdaloue herangereicht haben, aber zu unterschätzen sind diese Gebetstexte in ihrem

---

[9] Es handelt sich um gekürzte Fassungen seiner 1747 erschienenen *Sentiments de l'âme touchée de Dieu; tirés des Pseaumes de David ou Paraphrase morale de plusieurs pseaumes en forme de prière*. Eine neue Gesamtausgabe der Werke Massillons war erst kürzlich (1821) inklusive der *Paraphrases morales de plusieurs Pseaumes, en forme de prière* erschienen und könnte die Entscheidung für deren zwar wörtlich treue, aber gekürzte Aufnahme in die *Bibliothèque des Dames chrétiennes* beeinflusst haben.

ästhetischen und funktionalen Potential nicht. Zum einen deshalb, weil der Herausgeber als Verfasser der Gebetstexte Massillon nennt. Dieser wurde nicht nur bei seinen Zeitgenossen als begnadeter Prediger, sondern auch noch von Aufklärern wie Voltaire hochgeschätzt,[10] und er dürfte selbst im XIX. Jahrhundert zu jenen Geistlichen gezählt haben, die – ganz im Sinne des anonymen Herausgebers der *Bibliothèque des Dames chrétiennes* für eine aufgeklärte Frömmigkeit standen, die im zwar wieder monarchisch geführten, aber dennoch postrevolutionären Frankreich als Autoren ernst genommen werden konnten. Zum anderen stehen diese Bußgebete für die Literarizität meditativer Texte. Das Sprechen mit der Stimme Davids hatte schon im XVI. und XVII. Jahrhundert ein Ausdruckpotential entfaltet, das die Grenzen zwischen Meditationsanleitung, mitgesprochenem und so ‚angeeignetem' Betrachtungstext und selbst geschöpftem Wort fließend werden ließ.[11]

Die spätestens mit dem Konzil von Trient auch an die katholischen Gläubigen gerichtete Forderung, sich nicht nur im vorgegebenen Wortgebet, sondern auch im geistlichen Gebet mit ‚innerer Stimme' an Gott zu wenden, hatte nicht nur befreiende, sondern auch verunsichernde Wirkung auf die Gläubigen gehabt.[12] Die Klärung der Frage, wie man wohl mit einer solchen ‚inneren Stimme' sprechen könne, mit welchen Worten diese Stimme spricht und wie man diese findet, durchzieht die frühneuzeitlichen Betrachtungsanleitungen und Meditationstraktate der Frühen Neuzeit. Die Antworten sind divers, rekurrieren aber oftmals auf die Psalmen, die als biblische Texte weniger Gefahr laufen, dem Vorwurf übersteigerter Rhetorik ausgesetzt zu sein, und die dennoch lyrisches Ausdruckspotential besitzen. Die angeeigneten Worte des Psalmisten David konnten als Exempel dienen und zu eigenen, mit eigener

---

[10] In seiner Liste der *Écrivain francais* beschreibt ihn Voltaire als „Le prédicateur qui a le mieux connu le monde; plus fleuri que Bourdaloue, plus agréable, et dont l'éloquence sent l'homme de cour, l'académicien, et l'homme d'esprit; de plus, philosophe modéré et tolérant." (Voltaire, Œuvres complètes, Bd. 14, 122).

[11] Da die Meditation eine geistliche Übung ist, die stark von Planung und Systematisierung bestimmt wird, bedeutet sie in ihrer schriftlich niedergelegten Form häufig eine in Prosa abgefasste Meditationsanleitung, die mehr oder weniger geprägt sein kann von einer exemplarischen meditativen Haltung des Autors bzw. des im Text aufscheinenden Ich. Die Grenzen zwischen religiösem Traktat und religiöser Literatur sind deshalb fließend: Die Machart der Meditation wird auch zum bedeutungstragenden Strukturelement der Machart und Performativität literarischer Texte in Lyrik und Prosa. Siehe dazu Belin, C.: La Conversation intérieure, 2002 und Wodianka, S.: Betrachtungen des Todes, 2004.

[12] Zu „Sprachversagen und Stimm-Infarkt" bei der Betrachtung siehe Wodianka, S.: Die Stimme der Betrachtung, 2019.

Stimme gesprochenen Worten werden.[13] Wenn das Erbauungsbüchlein von
1826 solche Bußgebete Massillons präsentiert, so entspricht es damit zum einen dem Anspruch einer Leserschaft des XIX. Jahrhunderts, die Subjektivität
und individuelles Empfinden als Gegenstand literarischer Darstellung kennt
und schätzt. Zum anderen kommen die (gekürzten) Bußgebete Massillons aber
auch insofern ihrem Lesepublikum entgegen, als sie weder vorgefertigtes
Wortgebet i.s. des Vaterunser, des Glaubensbekenntnisses oder des Ave Maria
sind, noch eine tatsächlich eloquente Betrachtungsanstrengung von ihren Rezi-
pienten erfordern: Sie sind ‚fertige' Bußbetrachtungen, die die Leser konsu-
mieren können, ohne sich – wie z.b. in den Meditationsanleitungen von Lorenzo Scupoli und François de Sales – vor die Formulierungs- und Wortwahl gestellt zu sehen oder das eigene Betrachten kritisch reflektieren zu müssen.[14]

Hier ein Ausschnitt aus dem Gebet V., das auf die Paraphrase Massillons von Psalm 6 rekurriert (XXVI–XXVII):

En attendant, Grand Dieu! l'heureux moment de ma délivrance, et
dans la confiance que vous créerez en moi un cœur nouveau, je ne ces-
serai de gémir: j'arroserai, la nuit, mon lit de mes larmes: je ne donne-
rai point de relâche à mes cris et à ma douleur. Vous aimer, ô Père des
miséricordes! Qu'on vous importune: je ne craindrai donc point de las-
ser votre impatience. Mes larmes, mes prières, mon silence, mes
frayeurs, ma confiance, seront autant de voix qui montrent sans cesse
vers vous.

Massillon gehörte, wie sich hier zeigt, zu den Autoren meditativer Literatur, die selbst die Stille zur literarischen Betrachtungsstimme gemacht hatten
– und damit das literarisch-subjektive Potential der religiösen Betrachtung
entfalteten. Stöhnen (gémir), Weinen (larmes), Schreie (cris), Gebete (prières),
Schrecken (frayeurs), Vertrauen (confiance) und Stille (silence) stehen in einer
Reihe stimmhafter und stimmloser Betrachtungsvariationen, die nicht mehr im
Wortkorsett des Dominikalen Gebetes gebunden sind. Dabei durchlaufen die

---

[13] Leblanc, P.: Les paraphrases françaises, 1960.

[14] Interessanterweise bezeichnet der Herausgeber der Werkausgabe von 1826 die Psalmpa-
raphrasesn Massillons als „modèles excellents", die zugleich ein „langage propre et naturel"
ermöglichen (*Avertissement*, S. 2). Der Leser des *Combattimento spirituale* wird hingegen
bei seinem Weg durch das Betrachtungsdickicht immer wieder zu selbstreflexiver Vorgehensweise gezwungen. Seine Entscheidung muss nicht nur davon abhängen, welche er in
ihrer Komplexität verstanden hat, sondern auch davon, welche die für ihn individuell Nö-
tigste ist. Außerdem muss sich der Leser grundsätzlich und individuell um die Angemessenheit der Betrachtungsweise bemühen und sich in dieser Hinsicht selbst erkennen und einordnen.

sieben aus den Psalmparaphrasen Massillons zusammengestellten Bußbetrachtungen einen Prozess von tiefster Anfechtung in Selbst- und Sündenerkenntnis hin zu einer glückserfüllten Gotteserkenntnis am Ende des letzten Gebetes. Die erbauliche Kraft der Bußbetrachtung wird den Lesenden des XIX. Jahrhunderts hier exemplarisch auf engstem Textraum (S. XVII–XXXII) vor Augen geführt, bevor der Herausgeber das Wort an Lorenzo Scupoli weitergibt.

4. Werbestrategie

Lorenzo Scupolis *Combattimento spirituale* fordert von seiner „figliola amatissima in Dio" – die bereits in der französischen Übersetzung von Brignon zum geschlechtsneutralen ‚Leser' gemacht wurde – einiges ab: Keine worthaltige Abarbeitung von Gebeten und oberflächlichen spirituellen Ritualen, sondern die Aneignung der geistlichen Betrachtung als Habitus. Für Scupoli ist der Weg zur geistlichen Vollkommenheit keine punktuelle Herausforderung, sondern ein permanenter „Kampf".[15] Dieser ‚combattimento spirituale' bestehe folglich darin, sich selbst zu überwältigen. Lorenzo Scupolis Traktat verfolgt vor diesem Hintergrund ein Hauptinteresse: Die Anleitung zu einer Übung und einem Gebet, die dies erfüllen können und kein gefährlicher Selbstzweck sind. Sein Rezept ist dabei grundsätzlich: Geregelte Progression und Ordnung. Der Leser des *Combattimento spirituale* wird bei seinem Weg durch das Betrachtungsdickicht zwar geführt und geleitet, aber auch immer wieder vor die Entscheidung gestellt, welche der möglichen Alternativen er wählen möchte. Außerdem muss sich der Leser grundsätzlich und individuell um die Angemessenheit der Betrachtungsweise bemühen und sich in dieser Hinsicht selbst erkennen und einordnen. Scupolis *Combattimento spirituale* ist – obwohl es sich um ein in die Betrachtung einführendes Werk handelt – eine performativ komplexe Herausforderung.[16] Die *Bibliothèque chrétienne* bietet mit diesem ‚Bestseller' des XVII. Jahrhunderts durchaus harte Betrachtungs-Kost, die der Herausgeber durch die Neuübersetzung verdaulicher machen möchte.

Ein Textvergleich der vom Herausgeber angekündigten französischen Neuübersetzung des *Combattimento spirituale* Scupolis mit der als verfehlt bezeichneten und überarbeiteten Übersetzung von Jean Brignon zeigt aber, dass es sich hauptsächlich um grammatisch-stilistische Änderungen handelt, die den Inhalt des Textes weitgehend unberührt lassen. Auch die Anzahl und Reihenfolge der Kapitel wurde nicht verändert, die Neuübersetzung ist ‚Geschmackssache' und bedeutet weder eine ‚korrektere' Übersetzung des italieni-

---

[15] Zen, S.: Il *Combattimento spirituale*, 2012, 47–76.

[16] S. dazu Wodianka, S.: Soldat und Honigbiene, 2015, 47–62.

schen Originals von Scupoli (der Herausgeber behauptet auch gar nicht, den italienischen Text zum Vergleich konsultiert zu haben), noch eine strukturell-inhaltliche Änderung etwa im Zeichen einer Komplexitätsreduzierung. Um ein Beispiel für die Textmodifikation zu geben, hier eine kurze Gegenüberstellung aus dem ersten Kapitel des *Combat spirituel*:

> **Brignon**: Plusieurs, & sur tout les femmes, s'imaginent être consom-nez en vertu, lorsqu'ils se sont fait une habitude de reciter de longues prieres vocales, d'entendre beaucoup de Messes, d'assister à tout l'Office divin, de demeurer long-tems dans l'Eglise, & de communier souvent. (2) [...] Maintenant donc que vous savez ce que c'est que la perfection chrétienne, & qu'afin d'y parvenir, il faut vous résoudre à une guerre continuelle à vous-même, commencez par vous munir de quatre choses, comme d'armes sans lesquelles il est impossible que vous sortiez victorieux de ce combat Spirituel. Ces quatre choses sont la défiance de vous-même, la confiance en Dieu, le bon usage des puissances de votre corps & de votre ame, & l'exercice de la Priere. Nous en parlerons, avec la grace de Dieu, d'une maniére claire & suc-cincte, dans les Chapitres suivans. (11).

> **Anonymus 1826**: D'autres personnes, et surtout les femmes, s'imaginent être consommées en vertu lorsqu'elles se sont fait une ha-bitude de réciter de longues prières vocales, d'entendre beaucoup de Messes, d'assister à tout l'Office divin, de demeurer long-temps dans l'église, et de communier souvent. (S.2) [...] Maintenant donc que vous savez ceque c'est que la perfection chrétienne, et qu'une guerre continuelle contre vous-même est le seul moyen d'y parvenir, com-mencez par vous munir des armes sans lesquelles vous ne pourriez sor-tir victorieux de ce combat. Elles consistent en quatre choses, qui sont, la défiance de vous-même, la confiance en Dieu, le bon usage des puissances de votre corps et de votre âme, et l'exercice de la prière. Nous en parlerons, avec la grace de Dieu, d'une manière claire et suc-cinte dans les chapitres suivans. (S.11)

Die Neuübersetzung besteht also vor allem in der Aktualisierung der Rechtschreibung und Graphie (z.B. temps statt tems; Groß- und Kleinschrei-bung) und Grammatik (z.B. Genus-Angleichung les femmes – elles statt ils) sowie geschmacklichen, semantisch wenig differenten Änderungen (d'autres personnes statt plusieurs). Die Betonung der eklatanten Insuffizienz der frühe-ren Übersetzung und der Notwendigkeit, diese zu überarbeiten und zu aktuali-sieren, ist im Wesentlichen eine ‚Werbestrategie', die dazu beitragen soll, die *Bibliothèque des Dames chrétiennes* nicht als Sammlung epigonaler und frömmigkeitsgeschichtlich überholter Texte, sondern als zeitgemäße Lektüre frommer Leserinnen erscheinen zu lassen.

5. Intime Einblicke

Erst wenn sich die Lesenden durch 361 Seiten erbauliche Betrachtungsanleitung Scupolis ‚gekämpft' haben, gelangen sie zu dem vielversprechend angekündigten Text aus der Feder des Père Boudaloue. Dieser trägt den Titel *Instruction générale* – was verwundert, nachdem die zurückliegenden Kapitel den *Combat spirituel* und den Weg zum Seelenfrieden bereits in jedem Detail erklärt haben. Die Funktion dieser Überschrift ist eindeutig: Der anonyme Herausgeber hatte zwar die illustre Prominenz von Bourdaloue und Mme de Maintenon für seine Werbung in eigener Sache genutzt, nunmehr wird aber klargestellt, dass es sich nicht um den verbotenen Einblick in zweideutige Beziehungen, sondern um den Einblick in ein erbauliches Verhältnis zwischen *directeur spirituel* und Mme de Maintenon handelt. Dieser Verlust an Glanz und Glimmer wird aber durch eine Authentizitätsbeteuerung kompensiert, die den Lesenden immerhin verspricht – ganz entsprechend dem literarischen Geschmack, der seit Ende des XVIII. Jahrhunderts das Intime und Subjektive pflegt – etwas zu lesen, was der Öffentlichkeit bisher verborgen war und was möglicherweise nur ein kleiner Teil weiterer Dokumente ist, die aus Diskretion dem Feuer zum Opfer gefallen sind. Der Herausgeber kommentiert: „La note suivante se lit en tête du manuscrit qui est en la possession de M. H. de C***." Er zitiert also aus einem Manuskript, das folgende Inschrift trägt:

> Madame de Maintenon a donné ce livre, qui écrit de sa main, à madame de Glapion, apres en avoir brûlé d'autres et toutes les lettres qu'elle avait du Roi, surtout un grand nombre pendant la campagne de Mons. Ce fut une perte irréparable que tout ce qu'elle mit au feu ce jour-là, l'année 1713: mais elle ne voulut pas le laisser après elle.

Der folgende als *Inscription générale* bezeichnete geistliche Brief Bourdaloues an Mme de Maintenon ist laut der Inschrift der traurige Rest einer Briefsammlung, die neben weiterer Korrespondenz mit ihrem *directeur spirituel* auch Briefe des Königs enthielt und die seine Gattin linker Hand in weiser Voraussicht nicht hinterlassen wollte. Der Verlust ist groß und auch für die neugierigen Lesenden im Jahr 1826 bedauerlich, aber immerhin: Versprochen wird mit der Zitation der Inschrift ein ‚authentisch' verbürgter Brief, der – datiert auf das Jahr 1688 – immerhin so vertraulich und wertgeschätzt war, dass seine Besitzerin ihn im Unterschied zum Rest der Sammlung nicht dem Feuer, sondern ihrer Vertrauten übergeben hatte. Die finale Betrachtung der *Bibliothèque des Dames chrétiennes* schließt auch hier an den literarischen

Geschmack der Zeit an: Herausgeber- und Manuskriptfiktionen gehörten seit
den Briefromanen des XVIII. Jahrhunderts zu den Strategien der Romanliteratur, um Authentizität und unmittelbaren Einblick zu suggerieren. Die Lesenden
finden im Jahr 1826 auf diese Weise am Ende des Büchleins keine ‚befremdlich alte' Betrachtungsliteratur, sondern ein vertrautes ‚modernes' Textgenre
mit vertrauen Authentizitätssignalen.

Ein weiterer geradezu literarischer Textkniff des anonymen Herausgebers besteht darin, dass der fragende Brief der Mme Maintenon, der Impuls für
den Antwortbrief Bourdaloues war, dem Lesenden nicht vorliegt. Ihre um Anleitung, Rückmeldung, Hilfe und Unterstützung bittende Stimme ist getilgt –
oder besser: Sie ist eine von der Stimme der Lesenden zu füllende Leerstelle![17]
Die verständnisvoll-konstruktiven, aber auch klarstellenden Worte des Père
Bourdaloue lassen auf die in einem vorausgehenden Brief formulierten Gedanken, Reflexionen, Zweifel der Mme de Maintenon schließen, mit denen sie sich
vertrauensvoll an ihren *directeur spirituel* gewendet hatte. Der Brief Bourdaloues konzentriert sich überwiegend auf ein Problemfeld: auf die Frage der
Umsetzbarkeit der Betrachtungspraxis im Alltag bzw. auf das Verhältnis kontemplativer Betrachtung und tätigem Christentum – eine Frage, die sich für die
bürgerich-katholischen Betrachtenden des XIX. Jahrhunderts sicherlich mindestens ebenso gestellt haben dürfte wie für die frommen Betrachter im Umkreis des absolutistischen Hofes. Der (fiktive?) Brief Bourdaloues fängt somit
jene Reflexionen und Zweifel auf, die den Lesenden bei der Lektüre bzw. beim
Versuch der Umsetzung ihres *Combat spirituel* gekommen sein mögen. Und
mit der Lektüre von Bourdaloues Antwort-Brief mögen sie ihre eigene – mög-

---

[17] Die Stimme der Betrachtung kennt zwei Adressaten, zwei Kommunikationsrichtungen,
die in Einklang zu bringen sind: Sich selbst und Gott. Grundsätzlich ist von einer ‚Stimme
der Betrachtung' zu sprechen, weil in der Meditation die Selbsterforschung und Selbsterkenntnis als notwendige Etappen auf dem Weg hin zur Gotteserkenntnis von großer Bedeutung sind. Die Mediation als Frömmigkeitspraxis appelliert und trainiert die Gläubigen
deshalb darauf hin, ihre Stimme des Gewissens zum Sprechen zu bringen und zu hören. Die
Stimme der Betrachtung lässt sich weiter profilieren über die monastischen Wurzeln der
Mediation und ihre metaphorische Beschreibung als *ruminatio*, als zerkleinerndes, aneignendes Wiederkäuen des biblischen Wortes. Das Wort Gottes wird murmelnd in mundgerechte Stücke zerkleinert und erfährt dabei Wiederholung und stimmliche Materialität durch
den Meditierenden. Die *ruminatio* führt zugleich zu einer Verinnerlichung über die Stimme
(Aneignung des Betrachteten) und zu einer Veräußerlichung (Sonorität des Betrachteten).
Charakteristisch für die frühneuzeitliche Meditation ist eine performative Medienverschränkung des Schriftmediums mit dem Medium Stimme, aber auch der ‚Stimme im Text' mit
der ‚Stimme im Ohr'. Siehe zur Stimme der Betrachtung Wodianka, S.: Die Stimme der
Betrachtung und Niccoli, O.: Pregare con la bocca, 2014, 418–436 sowie Papasogli, B.:
Entre méditation et contemplation, 2008, 147–158.

licherweise fragende oder auch (selbst)zweifelnde – innere Betrachtungsstimme umso deutlicher gehört haben. Der anonyme Herausgeber geht somit über die literarischen Strategien des XVI. und XVII. Jahrhunderts hinaus, mit denen die Stimme des geistlichen Gebets zum Sprechen gebracht werden sollte. Er schafft eine Leerstelle für die Stimme der Lesenden, die im Zuge der Lektüre der brieflichen Antwort performative Artikulation ex negativo erfährt. Der Brief des Père Bourdaloue wird zur Antwort auf die eigenen Betrachtungsfragen, die bei der Lektüre des vorausgehenden *Combat spirituel* und des Traktats über *De la Paix de l'âme* aufgekommen sein mögen.

Die *Bibliothèque des Dames chrétiennes* bedient sich nicht nur literarischer Mittel, um die Attraktivität der präsentierten Erbauungstexte zu erhöhen und zeitgemäß zu gestalten, sondern der anonyme Herausgeber hat mit der Wahl (oder der Fiktion) des Briefes von Bourdaloue auch insofern Gespür für den Puls der Zeit unter Beweis gestellt, als in ihm – fast am Rande – auch das Potential der religiösen Betrachtung für die literarische Autorschaft seiner (weiblichen) Lesenden angesprochen wird. Die *Bibliothèque des Dames chrétiennes* war – das war den Lesenden im XIX. Jahrhundert durchaus bewusst – auch als eine Bibliothek denkbar, die nicht nur von christlichen Damen gelesen, sondern selbst geschrieben werden konnte.[18] Bourdaloue erkennt und benennt in seinem Brief an Mme de Maintenon dieses Potential und kommentiert es mit Zustimmung und Warnung. Grundsätzlich befürwortet er die Verschriftlichung des Gebets bzw. der Betrachtung, da durch die Lektüre des Geschriebenen ein mehrfacher Nutzen der Betrachtung zu erwarten ist:

> Je trouve très bon que, pour fixer votre esprit dans l'oraison, vous écriviez en la faisant les lumières et les vues que Dieu vous y donne: c'est un moyen très propre, non seulement à vous appliquer dans le moment au sujet que vous méditez, mais pour en conserver le souvenir et pour en pouvoir plus longtemps profiter, relisant après les choses dont vous aurez été touchée.

Doch zu vermeiden sei in jedem Falle eine zu große Beteiligung des Geistes (statt des Herzens), denn dann drohe die geistliche Übung zur schöpferischen, intellektuellen Übung zu werden:

> Il faut seulement prendre garde que l'application que vous aurez à écrire, à force d'occuper votre esprit, ne dessèche votre coeur et ne

---

[18] Schon in der Frühen Neuzeit diente die Betrachtung manchen weiblichen Betrachtenden als Sprungbrett eigener geistlich-literarischer Textproduktion, und bereits in dieser Zeit wurde dieses Potential kritisch beäugt. Siehe Cousson, A.: L'Écriture de soi, 2015 und Carr, T. M. Jr.: Voix des abbesses, 2006 sowie Vasta, M. M.: Esperienza religiosa, 1992.

l'empêche de s'unir à Dieu par des affections vives et tendres, dans lesquelles consiste l'essentiel de l'oraison: car alors ce que vous appelez oraison deviendroit étude, et ce ne seroit plus prier, mais composer.

Mme de Maintenon wird für ihren Brief, der zugleich zu Papier gebrachtes Gebet gewesen sei, gelobt – in der vertrauten Brief-Publikation ist die Grenzverwischung von Selbstbekenntnis und Selbstausdruck domestiziert:

Si vous évitez cet inconvénient, l'écriture jointe à l'oraison, à l'examen de votre conscience et aux autres exercices intérieurs, vous pourra être d'un très grand fruit, et je conçois en particulier que votre dernière lettre, prise de la sorte, en même temps que vous l'écriviez, étoit pour vous une véritable oraison. Mais je suppose toujours que le cœur en fût occupé aussi bien que l'esprit, et même encore plus que l'esprit: car, encore une fois, dans l'oraison, l'esprit ne doit agir que pour le cœur.

Der „esprit" der christlichen Damen muss bei der Betrachtung stets im Dienste des Herzens stehen, er darf nicht zum Selbstzweck werden oder sich unter dem Zeichen des „amour propre" verselbständigen. Auch deshalb muss die (fiktive) Annotation des Manuskriptes von der Feuervernichtung der Briefsammlung zeugen: Mme de Maintenon soll in keinem Fall als Modell publizierender christlicher Damen missverstanden werden. Der anonyme Herausgeber eignet sich im letzten Teil seines Büchleins die Worte Bourdaloues an, um seine *Dames chrétiennes* davor zu warnen, mit Eigenliebe und Eigensinn jenseits der Betrachtung darauf abzuzielen, die Regalreihen der *Bibliothèque chrétienne* nicht nur zu lesen, sondern selbst schöpferisch zu füllen.

6. Fazit

Das hier vorgestellte Erbauungsbüchlein aus dem Jahr 1826 war – wie die anderen der nahezu 30 Reihentitel aus der *Bibliothèque des Dames chrétiennes* – neben ihrer religionspraktischen Funktionalisierung auch dazu angedacht, die christlichen Damen davon abzuhalten, sich mit jenen anderen Bibliotheksregalen zu beschäftigen, die Romane enthielten und dazu verleiteten, sich allzu lange und allzu intensiv in literarischen Fiktionen zu verlieren (oder zu finden), die vom rechten Wege abbringen konnten. Der hier vorgestellte Band aus dem Bestand der Universitätsbibliothek Rostock zeigt dabei ein ihm eingeschriebenes Paradox: Er arbeitet zur Attraktivitätssteigerung seines Inhalts mit genau jenen Mitteln, die die christlichen Damen aus ihrer Romanlektüre kannten. Der *Combat spirituel* war im XIX. Jahrhundert nicht mehr ohne den Rekurs auf die literarische Erfahrung seiner Leserinnen zu gewinnen.

Bibliografie

Anonymus (Ed.): Le Combat spirituel, par Le R.P.D. Laurent Scupoli, clerc régulier théatin, suivi d'un traité de la paix d'âme, Par le même auteur: Traduction nouvelle, Par ***, augmenté de prières tirées des paraphrases de Massillon, et d'un morceau inédit du P. Bourdaloue, Paris 1826 (Bibliothèque des Dames chrétiennes).

Barni, Paola: Il Combattimento spirituale di Lorenzo Scupoli: appunti sul problema editoriale. In: Annali di storia moderna e contemporanea, 5 (1999), 561–80.

Belin, Christian: La Conversation intérieure. La Méditation en France au XVIIe siècle. Paris 2002.

Carr, Thomas M. Jr.: Voix des abbesses du Grand siècle. La Prédication au féminin à Port-Royal. Tübingen 2006.

Cousson, Agnès: L'Écriture de soi. Lettres et récits autobiographiques des religieuses de Port-Royal. Angélique et Agnès Arnauld, Angélique de Saint-Jean Arnauld d'Andilly, Jacqueline Pascal. Paris 2015.

Leblanc, Paulette: Les paraphrases françaises des psaumes à la fin de la période baroque (1610–1660). Paris 1960.

Niccoli, Ottavia: Pregare con la bocca, con gli occhi e col cuore nell'Italia della prima età moderna. In: The Italianist 34 (2014), 418–436.

Papasogli, Benedetta: Entre méditation et contemplation. La voix dans l'écriture spirituelle au XVIIe siècle. In: Millet, Olivier (Ed.): La spiritualité des écrivains. Genf 2008, 147–158.

Schmolda, U.: Vom Nachtscherm zur Klomuschel. Hygieneporzellan und Sanitärkeramik. In: Ottillinger, Eva. B. (Ed.) Intime Zeugen: Vom Waschtisch zum Badezimmer. Ausstellug. Kath. Hofmobiliendepot, Wien 21. September 2011–22. Januar 2012. Wien 2011, 113–128.

Vasta, Marilena Modica: Esperienza religiosa. Scritture femminili tra Medioevo ed età moderna. Acireale 1992.

Voltaire, Œuvres complètes, Paris : Garnier 1877–1883.

Wodianka, Stephanie: François de Sales und die ,Introduction à la vie dévote' – weibliche Meditation für jedermann? In: Kurz, G. (Ed.): Meditation und Erinnerung in der Frühen Neuzeit. Göttingen 2000, 175–200.

Wodianka, Stephanie: Betrachtungen des Todes. Formen und Funktionen der *meditatio mortis* in der europäischen Literatur des 17. Jahrhunderts. Tübingen 2004.

Wodianka, Stephanie: Soldat und Honigbiene: Zum Devianzpotential geistlicher Übung bei Lorenzo Scupoli und François de Sales. In: Horatschek, Anna/Al-Taie, Yvonne/Auerochs, Bernd (Ed.): Kollision und Devianz: Diskursivierungen von Moral in der Frühen Neuzeit. Berlin/München/Boston 2015, 47–62.

Wodianka, Stephanie: Die Stimme der Betrachtung: Medienkonflikte in der romanischen Meditationsliteratur. In: Merten, K./Ort, C. M. (Eds.): Religiöse Medienkonflikte in der Frühen Neuzeit. Berlin: Oldenbourg 2019 (im Erscheinen).

Zen, Stefano: Il *Combattimento spirituale* del teatino Lorenzo Scupoli. Una teoria della „perfezione cristiana". In: Zen, Stefano (Ed.): Oratori devoti, combattenti spirituali, soldati di Cristo. Percorsi della perfezione cristiana in Italia nella prima età moderna. Neapel 2012, 47–76.

Zu den Autoren

Prof. Dr. Rafael Arnold ist seit 2010 Professor für Romanische Sprachwissenschaft an der Universität Rostock. Nach einem Studium der „Romanischen Philologie" an der Universität Heidelberg und „Jüdische Studien" an der Hochschule für Jüdische Studien in Heidelberg wurde er 2002 in Heidelberg für seine Dissertation über *Die Sprache der sephardischen Juden in Italien im 16. und 17. Jahrhundert* promoviert. – Seine Forschungsgebiete, zu denen er vielfältig publizierte, sind neben dem Judenspanischen (Ladino), Historische Sprachwissenschaft, Lexikographie, Sprachkontakt, Übersetzungen aus romanischen Sprachen und das mittelalterliche Spanisch. Außerdem ist er Herausgeber des Gesamtwerks von Luís de Camões. Seit 2016 leitet er mit Prof. Dr. Jutta Langenbacher-Liebgott das DFG-Projekt *Diccionario del español medieval electrónico – DEMel*, das ab 2020 online konsultierbar sein soll.

Elena Balzamo ist in Russland geborene, polyglotte Essayistin, Literaturkritikerin und Übersetzerin sowie Kennerin der russischen und skandinavischen Literaturgeschichte. Sie lebt heute in Frankreich und hat zahlreiche literarische Texte aus dem Schwedischen übersetzt, v.a. Werke von August Strindberg. Ihre Leistungen wurden in Frankreich, Schweden und Russland preisgekrönt (z.B. mit dem Übersetzungspreis der Schwedischen Akademie und dem Sévigné-Preis). Gemeinsam mit Reinhard Richter hat sie die deutschsprachige Übersetzung der von Olaus Magnus im Jahr 1555 erstmals in lateinischer Sprache publizierten *Historia de gentibus septentrionalibus* im Eichbornverlag herausgegeben und auf diese Weise *Die Wunder des Nordens* (2006) auch dem deutschen Lesepublikum auf faszinierende Weise zugänglich gemacht.

Prof. Dr. Albrecht Buschmann ist Professor für spanische und französische Literatur- und Kulturwissenschaft an der Universität Rostock. Arbeitsschwerpunkte: Literatur des republikanischen Exils, Literatur und Gewalt in sozialer Nähe, Theorie und Praxis des literarischen Übersetzens. Publikationen u.a.: *Max Aub und die spanische Literatur zwischen Avantgarde und Exil* (2012); *Die Macht und ihr Preis. Detektorisches Erzählen bei Leonardo Sciascia und Manuel Vázquez Montalbán* (2005). Als Herausgeber: *Decir desaparecido(s): Formas e ideologías de la desaparición forzada* (2019, mit Luz C. Souto); *Literatur leben. Festschrift für Ottmar Ette* (2016, Julian Drews et al.); *Gutes Übersetzen. Neue Perspektiven für Theorie und Praxis des Literaturübersetzens* (2015); *Horacio Castellanos Moya y el arte de sobrevivir en Centroamérica* (mit Alejandra Ortiz, 2009).

Felix Hartleb ist Referendar in den Fächern Französisch, Geschichte und Politik an einem Gymnasium in Berlin-Köpenick. Zuvor hat er Französisch, Geschichte und Spanisch auf Lehramt Gymnasium in Jena studiert und konnte sein sprachliches und kulturelles Interesse u.a. durch einen einjährigen Schüleraustausch nach La Réunion und ein Erasmus-Semester in Nizza vertiefen. Bis zum Beginn seines Referendariats hat er als studentische und wissenschaftliche Hilfskraft für Herrn Prof. Dr. Marcus Reinfried am Institut für Romanistik der Friedrich-Schiller-Universität Jena gearbeitet.

Priv.-Doz. Dr. Alexander Teixeira Kalkhoff vertritt den Lehrstuhl für Romanische Sprach- und Medienwissenschaft am Romanischen Seminar der Albert-Ludwigs-Universität Freiburg. Promotion (Romanische Philologie in Deutschland) und Habilitation (Gestaltphonologische Interpretation von romanischen Diphthongen) an der Universität Regensburg. Anschließend Vertretung von Lehrstühlen in Regensburg und Düsseldorf. Publikationen u.a.: *„Erloschen ist die Fackel, zerrissen ist das Band / Und deines Namens entsinne ich mich kaum noch." – Die deutsche Romanistik und der Erste Weltkrieg.* In: Estelmann, Frank/Zegowitz, Bernd (Ed.): Literaturwissenschaften in Frankfurt am Main, 1914–1945, 2017, 65–81; gemeinsam mit Johanna Wolf: *Vom Wunderbaum zum Regenbogen.* In: Krämer, Philipp/Lenz, Markus A./Messling, Markus (Ed.): Rassedenken in der Sprach- und Textreflexion, 2015, 437–48; gemeinsam mit Johanna Wolf: *Kontingenz: Zufall und Kalkül. Zur Fachgeschichte der Romanischen Philologie (1820–1890).* In: Oesterreicher, Wulf/Selig, Maria (Ed.): Geschichtlichkeit von Sprache und Text, 2014, 131–52; *Perfectionnement logique et rationnel dans l'enseignement du français en Allemagne au XIXème siècle,* in: Haßler, Gerda (Ed.): Nationale und transnationale Perspektiven der Geschichte der Sprachwissenschaft, 2011, 175–82; *Romanische Philologie im 19. und frühen 20. Jahrhundert* (2010).

Prof. Dr. Steffi Morkötter ist Lehrstuhlinhaberin für Fremdsprachendidaktik an der Universität Rostock mit Schwerpunkten auf Englisch und Französisch. Promotion (Anglistik) an der Universität Osnabrück und Habilitation (Romanistik) an der Justus-Liebig-Universität Gießen. Publikationen u.a.: *Förderung von Sprachlernkompetenz zu Beginn der Sekundarstufe.* 2016; L'apprentissage de transfert par les jeunes apprenants. In: Buchi, Éva; Chauveau, Jean-Paul & Pierrel, Jean-Marie (Ed.): *Actes du XXVIIe Congrès international de linguistique et de philologie romanes (Nancy, 15–20 juillet 2013).* 2016, 1311–1324; Aufgabenformate zum Kompetenzschwerpunkt Hör(seh)verstehen Englisch. In: Klein, Erwin & Meißner, Franz-Joseph (Ed.):

Hör- und Hörsehverstehen fördern und prüfen. 2016, 84–117; mit Franz-Joseph Meißner: Kompetenzorientierung als Herausforderung für die Ausbildung von Lehrerinnen und Lehrern romanischer Sprachen. *Quo vadis, Romania?* 44/2014–15, 60–75; *Language Awareness und Mehrsprachigkeit.* 2005.

Prof. Dr. Marcus Reinfried lehrt seit 2007 Didaktik der romanischen Schulsprachen an der Friedrich-Schiller-Universität Jena. Zuvor hat er 20 Jahre lang Französisch, Deutsch und Geschichte an Gymnasien unterrichtet. Von 1999 bis 2014 war er Mitherausgeber der Zeitschrift *französisch heute*, von 2010 bis 2013 Präsident der SIHFLES (*Société Internationale pour l'Histoire du Français Langue Etrangère ou Seconde*). Publikationen u.a.: Hrsg., gemeinsam mit Laurenz Volkmann: *Medien im neokommunikativen Fremdsprachenunterricht* (2012); Hrsg., gemeinsam mit Adelheid Kierepka, Renate Krüger und Jürgen Mertens: *Frühes Fremdsprachenlernen im Blickpunkt* (2004); Hrsg., gemeinsam mit Franz-Joseph Meißner: *Mehrsprachigkeitsdidaktik* (1998); *Das Bild im Fremdsprachenunterricht* (1992).

Prof. Dr. Stephanie Wodianka ist Lehrstuhlinhaberin für Französische und italienische Literaturwissenschaft an der Universität Rostock und Mitglied des DFG-Graduiertenkollegs ‚Deutungsmacht und Deutungsmachtkonflikte in Religion und belief systems'. Publikationen u.a.: Hrsg., mit Sebastian Neumeister: *Histoire culturelle des points cardinaux* (2016); Hrsg., gemeinsam mit Juliane Ebert: *Metzler Lexikon moderner Mythen* (2014); *Zwischen Mythos und Geschichte. Ästhetik, Medialität und Kulturspezifik der Mittelalterkonjunktur* (2009); Hrsg., gemeinsam mit Astrid Erll: *Film und kulturelle Erinnerung: plurimediale Konstellationen* (2008); Hrsg., gemeinsam mit Klaudia Knabel u. Dietmar Rieger: *Nationale Mythen – kollektive Symbole. Funktionen, Konstruktionen und Medien der Erinnerung* (2005); *Betrachtungen des Todes: Formen und Funktionen der meditatio mortis in der europäischen Literatur des 17. Jahrhunderts.*

Prof. Dr. Michael Max Paul Zeuske war Lehrstuhlinhaber für Vergleichende Geschichte/Amerika (Universität Leipzig 1992–1993), für Iberische und Lateinamerikanische Geschichte (Universität zu Köln 1993–2018) sowie Gastprofessor an der *Universidad de la Habana* (2018–2019). Seit August 2019 ist er Senior-Professor am *Center for Dependency and Slavery Studies* (BCDSS - Exzellenzcluster) an der Universität Bonn. Publikationen u.a.: *Die Geschichte der Amistad. Sklavenhandel und Menschenschmuggel auf dem*

Atlantik im 19. Jahrhundert (2012, in englischer Übersetzung 2014); *Sklaven-Sklavenhändler, Negreros und Atlantikkreolen. Eine Weltgeschichte des Sklavenhandels im atlantischen Raum* (2015); *Sklaverei. Eine Menschheitsgeschichte. Von der Steinzeit bis heute* (2018, spanische Übersetzung 2018); *Handbuch Geschichte der Sklaverei. Eine Globalgeschichte von den Anfängen bis heute* (2 Bde., 2. Auflage 2019). Er ist Autor von mehr als 20 Monographien und über 200 Artikeln.

Rostocker Studien zur Universitätsgeschichte

Band 1
Die Universität Rostock zwischen Sozialismus und Hochschulerneuerung.
Zeitzeugen berichten. Teil 1.
Herausgegeben von Kersten Krüger.
Rostock 2007.

Band 2
Die Universität Rostock zwischen Sozialismus und Hochschulerneuerung.
Zeitzeugen berichten. Teil 2.
Herausgegeben von Kersten Krüger.
Rostock 2008.

Band 3
Die Universität Rostock zwischen Sozialismus und Hochschulerneuerung.
Zeitzeugen berichten. Teil 3.
Herausgegeben von Kersten Krüger.
Rostock 2009.

Band 4
Martin Buchsteiner und Antje Strahl
Zwischen Monarchie und Moderne. Die 500-Jahrfeier der Universität Rostock
1919.
Rostock 2008.

Band 5
Kurt Ziegler
Zum 50-jährigen Bestehen der Tropenmedizin an der Universität Rostock.
Rostock 2008.

Band 6
Jobst D. Herzig und Catharina Trost
Die Universität Rostock 1945-1946. Entnazifizierung und Wiedereröffnung.
Herausgegeben von Kersten Krüger.
Rostock 2008.

Band 7
Anita Krätzner
Mauerbau und Wehrpflicht. Die politischen Diskussionen am Rostocker
Germanistischen Institut in den Jahren 1961 und 1962.
Herausgegeben von Kersten Krüger.
Rostock 2009.

Band 8
Tochter oder Schwester – die Universität Greifswald aus Rostocker Sicht
Referate der interdisziplinären Ringvorlesung des Arbeitskreises „Rostocker
Universitäts- und Wissenschaftsgeschichte" im Wintersemester 2006/07.
Herausgegeben von Hans-Uwe Lammel und Gisela Boeck.
Rostock 2010.

Band 9
Frauenstudium in Rostock: Berichte von und über Akademikerinnen.
Herausgegeben von Kersten Krüger.
Rostock 2010.

Band 10
Maik Landsmann
Die Universitätsparteileitung der Universität Rostock von 1946 bis zur
Vorbereitung der Volkswahlen der DDR 1954.
Herausgegeben von Kersten Krüger.
Rostock 2010.

Band 11
Juliane Deinert
Die Studierenden der Universität Rostock im Dritten Reich.
Herausgegeben von Kersten Krüger.
Rostock 2010.

Band 12
Wissen im Wandel – Disziplinengeschichte im 19. Jahrhundert. Referate der inter-
disziplinären Ringvorlesung des Arbeitskreises „Rostocker Universitäts- und Wis-
senschaftsgeschichte" im Wintersemester 2007/08.
Herausgegeben von Gisela Boeck und Hans-Uwe Lammel.
Rostock 2011.

Band 13
Angela Hartwig
Das Universitätsarchiv Rostock von 1870 bis 1990.
Herausgegeben von Kersten Krüger.
Rostock 2010.

Band 14
Angela Hartwig, Bettina Kleinschmidt
Bestandsübersicht des Universitätsarchivs Rostock.
Herausgegeben von Kersten Krüger.
Rostock 2010.

Band 15
Universitätsgeschichte und Zeitzeugen. Die Verwaltung der Universität Rostock und Nachträge.
Herausgegeben von Kersten Krüger.
Rostock 2011.

Band 16
Frauen in der Wissenschaft. Referate der interdisziplinären Ringvorlesung des Arbeitskreises „Rostocker Universitäts- und Wissenschaftsgeschichte" im Wintersemester 2008/09
Herausgegeben von Gisela Boeck und Hans-Uwe Lammel.
Rostock 2011.

Band 17
Gert Haendler
Erlebte Kirchengeschichte. Erinnerungen an Kirchen und Universitäten zwischen Sachsen und den Ostseeländern.
Herausgegeben von Hermann Michael Niemann und Heinrich Holze.
Rostock 2011

Band 18
Wie schreibt man Rostocker Universitätsgeschichte?
Referate und Materialien der Tagung am 30. Januar 2010 in Rostock.
Herausgegeben von Hans-Uwe Lammel und Gisela Boeck.
Rostock 2011.

Band 19
Benjamin Venske
Das Rechenzentrum der Universität Rostock 1964-2010.
Rostock 2012.

Band 20
Rostocker gelehrte Köpfe, Referate der interdisziplinären Ringvorlesung des Arbeitskreises „Rostocker Universitäts- und Wissenschaftsgeschichte" im Wintersemester 2009/2010.
Herausgegeben von Hans-Uwe Lammel und Gisela Boeck.
Rostock 2012.

Band 21
Die Universität Rostock in den Jahren 1933-1945.
Referate der interdisziplinären Ringvorlesung des Arbeitskreises „Rostocker Universitäts- und Wissenschaftsgeschichte" im Sommersemester 2011.
Herausgegeben von Gisela Boeck und Hans-Uwe Lammel.
Rostock 2012.

Band 22
Die Universitätsbibliothek Rostock. Aufbruch und Umbruch seit 1972.
Direktoren berichten.
Herausgegeben von Kersten Krüger.
Rostock 2013.

Band 23
Susi-Hilde Michael
Recht und Verfassung der Universität Rostock.
Im Spiegel wesentlicher Rechtsquellen 1419–1563.
Teil 1: Darstellung
Rostock 2013.

Band 24
Susi-Hilde Michael
Recht und Verfassung der Universität Rostock.
Im Spiegel wesentlicher Rechtsquellen 1419–1563.
Teil 2: Quellen.
Rostock 2013.

Band 25
Henning Rohrmann
Forschung, Lehre, Menschenformung.
Studien zur „Pädagogisierung" der Universität Rostock in der Ulbricht-Ära.
Rostock 2013.

Band 26
Daniel Lehmann
Zwischen Umbruch und Erneuerung.
Die Universität Rostock von 1989 bis 1994.
Rostock 2013.

Band 27
Von Rechtsquellen und Studentenverbindungen, Lateinamerikanistikpionieren und politisch Unangepassten.
Facetten Rostocker Universitätsgeschichtsschreibung (1).
Herausgegeben von Gisela Boeck und Hans-Uwe Lammel.
Rostock 2014.

Band 28
Jüdische kulturelle und religiöse Einflüsse auf die Stadt Rostock und ihre Universität.
Herausgegeben von Hans-Uwe Lammel und Gisela Boeck.
Rostock 2014.

Band 29
Denkmale – Statuten – Zeitzeugen.
Facetten Rostocker Universitätsgeschichtsschreibung (2).
Herausgegeben von Gisela Boeck und Hans-Uwe Lammel.
Rostock 2015.

Band 30
Das Hauptgebäude der Universität Rostock 1870-2016.
Herausgegeben von Kersten Krüger und Ernst Münch.
Rostock 2016.

Band 31
25 Jahre Konzil der Universität Rostock 1990-2015.
Hochschulerneuerung im akademischen Parlament.
Herausgegeben von Kersten Krüger.
Rostock 2016.

Band 32
Romanistik in Rostock.
Beitrag zum 600. Universitätsjubiläum
Herausgegeben von Rafael Arnold, Albrecht Buschmann, Steffi Morkötter und Stephanie Wodianka.
Rostock 2019.

Bezugsmöglichkeiten bis Band 22: Universität Rostock, Universitätsarchiv, Universitätsplatz 1, 18051 Rostock, Telefon: +49-381 498 8621; Fax: +49-381 498 8622, ab Band 22 im Buchhandel und Buch Shop BoD http://www.bod.de/bod-shop.html.